U0105176

中国语文教育研究丛书

顾之川 主编

郭 睿 著

国际汉语教师研究

GUOJI HANYU JIAOSHI YANJIU

◆本书为北京语言大学科研项目
（中央高校基本科研业务专项资金资助）成果，
项目编号为 18YJ010003

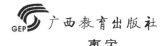

广西教育出版社

南宁

图书在版编目（CIP）数据

国际汉语教师研究 / 郭睿著.—南宁：广西教育
出版社，2020.7
　（中国语文教育研究丛书 / 顾之川主编）
　ISBN 978-7-5435-8742-7

　Ⅰ.①国… Ⅱ.①郭… Ⅲ.①汉语—对外汉语教学—
教学研究 Ⅳ.①H195.3

中国版本图书馆 CIP 数据核字(2019)第 268952 号

策　　划：黄力平　　　　　组稿编辑：林春燕　黄力平
责任编辑：马宏兰　　　　　装帧设计：刘相文
助理编辑：麻　莉　　　　　责任技编：蒋　媛
特约编辑：林春燕　　　　　封面题字：李　雁
责任校对：谢桂清

出 版 人：石立民
出版发行：广西教育出版社
地　　址：广西南宁市鲤湾路 8 号　　邮政编码：530022
电　　话：0771-5865797
本社网址：http://www.gxeph.com
电子信箱：gxeph@vip.163.com
印　　刷：广西壮族自治区地质印刷厂
开　　本：787mm×1092mm　1/16
印　　张：18
字　　数：281 千字
版　　次：2020 年 7 月第 1 版
印　　次：2020 年 7 月第 1 次印刷
书　　号：ISBN 978-7-5435-8742-7
定　　价：45.00 元

如发现印装质量问题，影响阅读，请与出版社联系调换。

序

　　中国教育正在加速推进现代化，立德树人成为教育改革总任务，完善中华优秀传统文化教育成为共识，新课标已陆续颁布，小学、初中语文教材已重新回归国家统编时代，高中语文新课标教材已在北京、天津、上海、辽宁、山东、海南开始试用，新高考改革方案正在稳步推进，语文教育的重要地位日益凸显。我国语文教育改革迎来新的发展机遇。我们必须清醒地看到，我国语文教育取得了举世公认的成就，同时也面临着诸多困难和问题。如何站在历史的高度，以严谨求实的科学态度，总结梳理中国语文教育教学改革所取得的成就，直面存在的困难和问题，深入剖析原因，为语文教育改革与发展献计献策，推进语文教育现代化，成为新一代语文教育工作者的神圣使命和义不容辞的责任。

　　2013年10月，中国教育学会中学语文教学专业委员会召开第十届年会，选举产生了新一届理事会。新一届理事会成立后，我们研究制订了《中国教育学会中学语文教学专业委员会事业发展规划（2013—2018）》，其中有一项重要内容，就是要"策划一套图书"。具体设想是：这套图书应分理论与实践两部分，前者重在全面系统地总结改革开放30多年来我国语文教育的经验教训，作为今后发展的借鉴；后者重在归纳梳理我国当代语文名师的教育教学思想，深入挖掘20世纪80年代语文名师的当代价值，同时推出一批当代语文名师，为新生代名师擂鼓助威。我们这一设想，与时任广西教育出版社副总编辑黄力平编审的想法不谋而合。他邀我们组织编撰"中国语文教育研究丛书",纳入他们正在组织实施的中国学科教育研究系列图书的出版计划。

编辑这套"中国语文教育研究丛书"的基本思路是:

把握时代脉搏,聚焦立德树人。

这套丛书着眼于推进语文教育现代化,把握时代脉搏,聚焦立德树人。围绕语文教育改革创新,推出一批反映、代表乃至引领我国语文教育现代化的研究成果,具有鲜明的中国当代特色。从时间上说,以改革开放到新世纪的发展历程为主,尤其注重反映我国实行新课改以来的语文教育研究;从内容上说,则力求反映我国语文教育理论与实践研究成果。

树立整体观念,开展综合研究。

这套丛书力求树立整体观念,开展语文教育教学的综合研究,全面深入系统地梳理总结我国语文教育改革成就和存在的问题。既有语文教育语用观、传统文化教育、语文工具论、语文教育民族化等理论层面的深入剖析,又有语文教材编制、语文教师专业发展、语文教学创新设计、语文考试评价改革等实践层面的研究。

拓展研究视野,实现互联互通。

这套丛书强调语文教育整体观念,整体观照中国语文教育各领域。纵向上,打通小学、中学与大学,努力挖掘语文教育的共同价值,避免过去那种"铁路警察,各管一段"的情况;横向上,涵盖中小学语文教育、汉语国际教育及华文教育等,并以宽广的国际视野,从中华文化圈的角度,审视我国语文教育教学改革的成就与突出问题。

理论联系实际,研究注重实效。

本丛书注重沟通语文教育理论研究与语文教育教学各组成要素的实践,包括教材编写实践、教学实践、考试命题实践以及教师培训与专业发展实践,努力克服过去学科理论研究与教育教学实践"两张皮",教育理论研究"不接地气"等缺陷,既注意反映我国语文教育理论研究的新成果,也注重将一线语文教师的教学经验、教学智慧进行理论上的梳理与提升。研究尤重建设性,以建设性思维为统领,着眼于解决我国语文教学领域存在的实际问题。

坚持守正创新，强调原创研究。

这套丛书坚持守正创新，注重权威性与代表性，继承我国语文教育优良传统，借鉴国外先进的母语教育理念和方法，注重吸收各种语文教育理论和各个教学流派的研究成果，反映作者最新的原创性研究成果。弘扬改革创新主旋律，传递语文教育教学正能量，在保证科学性的基础上，注意可读性。内容新颖，资料翔实，数据齐全，为以后的语文教育研究留下可资参考借鉴的理论成果。

我们这一设想，得到我国语文教育界专家同仁的积极响应和大力支持，他们同意将其最新研究成果惠赐给我们，列入本丛书。

广西教育出版社是我国很有影响的教育出版社之一，在教育理论、教材教辅及文化艺术等方面，均出版了不少影响深远的系列图书。尤其是出版于20世纪90年代的"学科现代教育理论书系"，曾极大地推进了我国教育改革，实现了社会效益与经济效益的双丰收。进入新时期以来，该社审时度势，又策划出版学科教育研究书系，立足于中国本土，以独特敏锐的眼光，打造具有中国特色的学科教育理论体系。这不仅是教育创新的要求，也是新时代的呼唤。

目前，这套丛书正在陆续出版，作为丛书主编，我既有欣喜，也有不安，深恐由于自己的浅陋和粗疏而使各位作者的佳构留下缺憾，更期待着广大读者尤其是语文教育界同仁的批评、指教。令人欣喜的是，在广西教育出版社诸位同仁的努力下，经国家出版基金管理委员会批准，"中国语文教育研究丛书"（第一辑）被确定为2017年度国家出版基金项目，获得经费资助。这也是对我们这套丛书的学术价值与出版意义的肯定。在此，我不仅要对黄力平编审、广西教育出版社相关编辑等同仁表达谢意，更要对北京大学中文系温儒敏、曹文轩两位教授的热情推荐表示感谢。

值此新中国成立70周年，中国教育学会中学语文教学专业委员会成立40周年之际，南国传佳音，我得到一个好消息，说这套丛书已出版的8种，经过教育部组织专家评审，全部列入全国中小学图书馆馆配目录，即将重印。这再次证明这套"中国语文教育研究丛书"的学术价值与出版意义。

学术总是薪火相传，研究贵在创新发展。牛顿说他站在巨人肩膀上，杜甫说"转益多师是汝师"。我们进入一个大众创业、万众创新的时代，改革创新成为当今中国的时代主题。建设创新型国家，培养创新型人才，语文教育工作者肩负着神圣使命。语文百年，众多语文人默默耕耘，浇灌出语文学科生态园的参天大树；百年语文，无数语文人直面问题，探寻语文教育改革创新之路。我们策划、组织这套丛书，就是想为实现中华民族伟大复兴的中国梦略尽语文人的绵薄之力。我们的愿望如此，至于效果怎样，那就要由实践来检验了。

顾之川

于京东大运河畔两不厌居
2016 年 3 月 23 日初稿
2017 年 4 月 18 日第一次修改
2019 年 9 月 24 日第二次修改

顾之川简介：浙江师范大学教授，人民教育出版社编审。兼任中国教育学会中学语文教学专业委员会理事长，国家社科基金评审专家，教育部考试中心特聘专家，教育部"国培计划"首批专家，国家统编义务教育语文（七至九年级）教科书主编。主要从事语文教育研究和语文教材编写工作，主编人教版多套初中、高中语文教材。著有《语文工具论》《顾之川语文教育新论》《顾之川语文教育论》《语文论稿》《明代汉语词汇研究》《顾之川语文人生随笔》等，并有古籍整理著作多种。

前　言

　　教师是最丰富、最活跃、最具能动性的教育要素。拥有一支高素质的国际汉语教师（下文简称"汉语教师"）队伍是高质量汉语国际教育的基本前提和条件。高素质的汉语教师可以"化腐朽为神奇"，通过改编、增删等方式改造原本"水土不服"的教材，甚至自己编写教材；可以尝试、探索适合学生的有效的教学方法；可以有效开发和利用教学环境中的积极因素来为汉语教学服务；等等。在从事十年教师教育研究的基础上，周燕（2010）也认为"教师是外语学习环境下提高英语教学水平的关键"。那么，如何才能提升自己从而成为高素质汉语教师呢？这就涉及对汉语教师素质结构及每项素质的理解和操作。

　　就以往的相关研究成果来看，既有学者对汉语教师业务素质的探讨（如吕必松，1989；刘珣，1996；张和生，2006；崔希亮，2010；郭睿，2017），也有国家汉语国际推广领导小组办公室组织制定的纲领性标准，即《国际汉语教师标准》（2007，2012）。这些成果重点探讨的是汉语教师应具备的知识和能力，而且论述较为传统，缺少对前沿性成果的吸收和阐释。以知识素质为例，已有成果大多罗列一些静态的知识类型，比如本体性知识（如语言学知识）、工具性知识（如教育学、心理学知识）和文化知识等，而对一些比较新的成果，比如实践性知识和学科教学知识，则很少提及或语焉不详。

　　鉴于此，本书力图弥补已有相关研究之不足，重点构建汉语教师素质结构，分别从教育教学理念素质、知识素质、能力素质等方面进行构建；探讨汉语教师各项素质的内涵和发展路径，使其具有可操作性，促进汉语教师专业发展；弥补以往汉语教师素质研究中的缺失，比如教育理念、礼仪素质，以及教师评价、教学效能感、职业倦怠，等等。

具体来说，本书结构如下：

第一章为国际汉语教师的使命及其角色，在分析汉语国际教育发展新形势的基础上探讨汉语教师的基本使命，以及在完成使命的过程中汉语教师所应承担的角色。

第二章为国际汉语教师的素质结构，构建了汉语教师所应具备的素质结构，包括教育教学理念素质、知识素质、能力素质等几个方面。

第三章为国际汉语教师信念，主要探讨汉语教师信念的内涵、特征、结构、影响因素，以及提升教师信念的途径等。

第四章为国际汉语教师知识，主要探讨汉语教师知识的内涵、特点和结构，重点探讨汉语教师所应具备的学科教学知识（pedagogical content knowledge）和实践性知识（practical knowledge）。

第五章为国际汉语教师能力，首先构建了一个汉语教师能力框架，包括教学能力、跨文化交际能力、外语能力、反思能力、科研能力、文化传播能力等，然后重点论述教学能力、跨文化交际能力和文化传播能力等，具体包括如何理解这些能力、如何获得这些能力等。

第六章为国际汉语教师礼仪，主要讨论了汉语教师礼仪的含义、特征、意义，以及其所包含的课堂礼仪、办公室礼仪、社会交往礼仪等内容，还有提高礼仪水平的途径等。

第七章为国际汉语教师职业倦怠和教学效能感，主要调查和论述汉语教师职业倦怠、教学效能感以及二者关系。

第八章为国际汉语教师评价，主要探讨了汉语教师评价的内涵、特征、基本要素等，以及汉语教师评价的维度、标准和原则。

另外，还有一些关于汉语教师素质方面的知识，比如职业道德素质、心理素质等，笔者在《汉语教师发展》（2010）一书中已有拙论，此处不再赘述。

目　录

第一章　国际汉语教师的使命及其角色

　　汉语国际教育事业持续发展，而且已经呈现出不同于以往的新形势。作为从事汉语教学的专业工作者，汉语教师在汉语国际教育事业中肩负着不可替代的重大职责，必然要有所担当。尤其在汉语教育、跨文化交际、树立良好中国形象等事务中，汉语教师承担着更为重大而又多样的社会职责和使命。

　　职责和使命不同，汉语教师的角色就不同。随着国际教育理念和教育技术的发展，国内外汉语教育情境的拓展及时代对汉语人才要求的提高，汉语教师也应积极扮演更加多样的角色。

　　在本章，我们先明确汉语教师在新形势下所肩负的职责和使命，再探讨其所应扮演的几种基本角色。

第一节 汉语教师的使命

汉语教师的使命取决于汉语国际教育发展的新形势。而汉语国际教育发展的形势又由国家的综合国力、国际关系、教育理念、教育对象、教育环境和手段等各个方面的发展情况所决定。

一、汉语国际教育发展的新形势

随着中国综合国力的不断增强，汉语国际教育事业也得到持续发展，呈现出以下几个新形势：

1. 汉语越来越重要，教学规模持续扩大，教学层次提高

随着中国综合国力的提升，汉语在国际交流中越来越重要。世界范围内，汉语学习者也越来越多，教学规模持续扩大，汉语教学的层次也有所提高。以前来华留学生主要是非学历语言生，1999 年来华留学生中，学历生所占比例为 25.7%[1]；随着汉语国际教育的发展，2017 年来华留学生中，学历生有 24.15 万人，所占比例提升至 49.38%[2]。在国外，以前，汉语主要是大学里的选修课；发展到今天，汉语国际教育不仅总体规模越来越大，而且类型也越来越多样，除开设大学的选修课外，还开办了孔子学院、中小学的孔子课堂，开设了 AP 中文课程，以及开展社区和成人的汉语教育等。在美国犹他州和明尼苏达州某些实行沉浸式汉语教学的中小学，汉语甚至已成为必修课。杨蓉蓉（2009）提到的英国汉语教学情况，李立国等（2010）提到的来华留学生教育发展情况，刘华等（2014）介绍的近几年海外华文教育发展的情况，都证实了这一点。

2. 汉语教学目标更加全面、综合

以前汉语教学目标通常被表述为"培养学习者运用汉语进行交际的能力"。随着汉语国际教育的发展，2014 年出版的《国际汉语教学通用课程大纲（修订版）》中有关"汉语教学目标"的提法不仅强调了学习

---

[1] 数据来源于教育部国际合作与交流司《来华留学生简明统计1999》。
[2] 数据来源于教育部国际合作与交流司《来华留学生简明统计2017》。

方法和策略、丰富了文化方面的内容，而且还强调了学习者的主体地位，突出其主动性，注重培养学习者对待汉语和中华文化的积极情感和态度，使其具有国际视野。

3.汉语教学内容更加丰富

以前的汉语教学内容主要包括语音、词汇、语法等语言要素，听、说、读、写等语言技能，还有一些文化知识。《国际汉语教学通用课程大纲（修订版）》对教学内容的规定，除语言要素、语言技能和文化知识外，还明确提到了功能、话题、语篇、策略（包括情感策略、学习策略、交际策略、资源策略、跨学科策略等）；在文化方面还强调了文化理解、跨文化意识、国际视野等。此外，海外的学习者还会主动要求学习一些具有专门用途的汉语内容，比如韩国孔子学院学习者（主要是家庭主妇）要求开设"烹调汉语"课程，美国夏威夷的出租车司机、酒店管理员想学习为中国游客服务所必需的汉语。英国汉语教学比较关注当代中国的社会状况，语言和文化并重。比如在大多数英国大学的中国研究课程里，学生除学习汉语外，还学习政治、经济、法律、商学、社会学、文学等；在中小学层面，汉语教学也不只是教语言，而是将语言与中国文化密切地联系在一起（杨蓉蓉，2009）。

4.学习者加速低龄化，对汉语教师的要求提高

以前汉语教师的"舞台"主要在课堂内，面对来自各国的成年留学生，汉语教师只需具备一定的课堂教学能力就能胜任这份工作。随着汉语国际教育事业的发展，汉语教师，尤其在国外任教的汉语教师，不仅要面对成年学习者，而且要面对各国的中小学生，即低龄的未成年汉语学习者。这就要求汉语教师不仅要具备较强的课堂教学能力，还要具备一定的课堂管理能力，维持好课堂教学秩序。当然，跨文化交际能力、文化传播能力、中华才艺表演能力等，也是汉语教师在国外独当一面所必需的能力。

5.汉语国际教育环境更加开放和多元

以前的汉语教学主要在学校、班级和课堂内，由于网络信息技术的发展，电脑、智能手机等工具成为大多数学习者的标配，汉语学习的环境走向开放。以前汉语教学的主要阵地在国内，外国留学生首先考虑到中国来学习汉语（即接受对外汉语教学），现在由于孔子学院（课堂）等

海外教学机构（平台）的迅猛发展[1]，汉语国际教育的阵地已拓展至多个国家和地区，汉语教学也走向了世界。适应不同国家、地区、民族、宗教背景学习者多方面需要的汉语教学，呈现出鲜明的个性化和多元性特征。

二、汉语教师的基本使命

面对汉语国际教育发展的新形势及其带来的各种新机遇、新挑战和新要求，汉语教师要切实提高自己的综合素质，完成时代赋予的基本使命。

1. 提供高质量的汉语教学

汉语教学是汉语教师的本职工作。提供高质量的汉语教学是汉语教师首要的、最基本的职责和使命。要履行和完成好这一职责和使命，汉语教师要学习《国际汉语教学通用课程大纲（修订版）》，领会其精神，更新汉语教学理念，着眼于学生语言综合运用能力的发展，对学生进行汉语跨文化交际能力、国际视野和多元文化能力、汉语学习的动机兴趣、汉语学习的策略方法等方面素质的培养；提高教学能力，灵活运用、优化组合适合学习者的教学方法和技巧；根据学习者的具体情况改编和丰富教材，搜集鲜活的语料；积极运用现代教育手段（如幻灯片、微电影、动画等）；加强自我学习，实现自己的专业发展。

2. 传播中国优秀文化，培养学生深层次的文化认同感

传播中国优秀文化、培养学生深层次的文化认同感是汉语教师的重要职责和使命。语言本身就是文化的一部分。教授汉语离不开中国文化的教学，汉语教师要积极做好中国文化的继承者、阐释者和传扬者。汉语教师要履行和完成好这一职责和使命，应做到以下四点：第一，有积极传播文化的意识；第二，要具备广博的通识性文化知识、系统扎实的汉语语言学知识，以及独特的实践性知识；第三，在进行汉语教学的同时积极进行文化传播，把具体的语言结构知识跟文化介绍结合起来，让学习者明白其文化内涵；第四，了解文化传播的常用方法，比如通过一

---

[1] 截至2017年12月31日，全球146个国家（地区）建立525所孔子学院和1113个孔子课堂。参见http://www.hanban.edu.cn/confuciousinstitutes/node_10961.htm.

些具体的中国文化体验课程进行文化传播，让学习者对中国文化有明确、具体的认识和体验，再如通过一些文艺活动把文化送进社区，让当地民众对中国文化有感性的认识和理解。

3. 当好民间外交大使，树立良好的中国形象

在海外任教的中国汉语教师往往被当地人视为中国人普遍形象的代表，其为人处事、言谈举止等各个方面的表现都代表着中国人的形象。因此，汉语教师应在完成本职工作的基础上，积极与当地同事、学生、家长以及当地社区民众进行跨文化交际，展现良好的形象，当好民间外交大使，为中国形象加分。要履行这一职责和完成好这一使命，汉语教师应做到以下四点：第一，教好汉语，把本职工作做好，这是根本；第二，提高修养和礼仪水平，跟学生、同事建立良好的关系；第三，遵守规则，遵循当地的风俗习惯，跟房东、学生家长等建立良好的关系；第四，积累一些交际技巧，比如留心收集一些有用、有趣的故事，将其作为跟外国同事、朋友交流时的谈资，或者用来纠正对方的偏见；等等。

第二节　国际汉语教师的角色

在教育界，早在 20 世纪 60 年代就有关于教师角色的详细探讨（如 Trow，1960；Morris，1961；Pullias et al.，1977；陈明初，1983；张伟平，1988；秦德林，1989；李建中，1989；刘昌明，1990）。比如 Pullias et al.（转引自郑燕祥，1986）[158] 提到教师是向导、现代化者、模范、探索者、辅导者、创作者、权威、远景的鼓舞者、常规的实行者、窠臼的打破者、说书者、演员、舞台设计者、社区建设者、求学者、面对现实者、解放者、评价者、保存者、终点制订者、个人。秦德林（1989）也提到，教师是学习的组织者和指导者；教育科学的研究者和实践者；学者、专家；教学艺术家；表率、楷模；家长的代理人，学生的知己和朋友；人际关系学家；组织纪律的监督者和执行者。进入 21 世纪后，新一轮基础教育课程改革开始，探讨教师角色转变的论文大幅增加，每年都有数百篇探讨相关主题的论文发表，当然也有一些讨论教师角色的著作（如莫尔，2001；陈永明等，2003；黄甫全，2003；刁培萼等，2005；申继亮，2006）。

具体到汉语作为第二语言教学界，直到 21 世纪以后才有了专门对教师角色进行探讨的文献，而且数量也不多。如耿淑梅（2009）认为对外汉语教师应是多元文化的理解者、所有学生的关怀者、本土知识的专家和传授者、多元文化教育环境的创设者、行动研究者。张群芳（2015）认为教师在对外汉语任务型教学中是学生需求的发现者、学习动机的激发者、任务完成的支持者。综合来看，这几篇文献只列出了汉语教师应该承担的几种角色的类型，对具体每种角色类型并没有详谈，对汉语教师角色的定义、特点、分类，以及汉语教师如何更好地进行角色定位等问题也缺乏深入探讨。可见，在汉语教师角色这个课题上，还有很多基础性的问题要探讨和回答。

一、对汉语教师角色的认识

本部分主要探讨汉语教师角色的定义、特点和分类等方面，以便读者对汉语教师角色有一个基本认识。

（一）汉语教师角色的定义

教师角色代表着教师在社会上的身份和地位，同时也包含着社会对教师及其作用的期望。教师角色主要是通过教师行为体现出来的。Biddle（1990）[282]认为，教师角色有三种含义：教师角色就是教师行为；教师角色就是教师的社会地位；教师角色就是社会对教师的期望。盛宾（2005）提到："教师角色是指处在教育系统中的教师，所表现出来的由其特殊地位决定的符合社会对教师期望的行为模式。"还提到："教师与其社会地位身份相联系的被期待行为，包括两个方面：一是教师的实际角色，二是教师的期望角色。"

汉语教师角色是教师角色的一种，是教师角色在汉语作为第二语言教学学科内的具体化。在教师角色定义的基础上，结合汉语作为第二语言教学的特点，我们这样界定"汉语教师角色"：

汉语教师角色是指处在汉语作为第二语言教学系统内（主要是在课堂教学系统和师生关系中）的汉语教师的特定身份、地位、职责，以及由此而被学生、家长、教师本人及其他社会民众期望表现和实际表现出来的教学行为规范和行为模式。

这个定义包含以下几层意思：

第一，汉语教师的特定身份、地位、职责以及在此基础上的教学行为规范和行为模式是其角色的基本内容。汉语作为第二语言教学系统复杂多样，汉语教师因此拥有多重身份，但师生关系是汉语教师要处理的最主要的社会关系，其在课堂教学中的行为规范和行为模式就构成了最基本、最重要的教师角色内容。

第二，汉语教师角色的实质是学生、家长、教师本人及其他社会民众对汉语教师职业行为及其对学生言语发展作用的期望。换句话说，汉语教师角色就是汉语教师被期望表现出来的职业行为模式及其对学生言语发展所产生的促进作用。其中，期望、行为、作用是汉语教师角色的核心关键词。

第三，汉语教师角色可分为期望角色和实际角色两个层面。期望角色，是汉语教师被期望表现出来的教学行为规范和行为模式；实际角色，是指在理解、领悟期望角色的基础上，汉语教师在具体教学实践中实际表现出来的教学行为规范和行为模式。在多数情况下，二者是有差别的，期望角色的标准通常高于实际角色。

（二）汉语教师角色的特点

余文森等（2007）提到教师角色具有自主性、个体创造性、示范性和多样性等特点。李中国（2008）也曾探讨过教师角色的特点，他认为教师角色具有理念性、系统性、主体性、实践性、创造性等特点。在此基础上，再结合对汉语教师角色的理解，我们认为汉语教师角色有以下几个特点：

1. 理想性和实践性的统一

前面提到，汉语教师角色可分为期望角色和实际角色两个层面。这两个层面分别主要体现了理想性和实践性。就理想性来说，无论是汉语教师的身份、地位，还是职责、行为，都是学生、家长及其他社会民众等基于一定的教育理念对教师产生的一种期望，是教师努力的方向。而在具体实践中，并非所有的汉语教师都能完全做到社会所期望的样子。就实践性来说，汉语教师角色只有在教学实践中才能实现和完成。因为汉语教师角色最终体现在教学行为规范和行为模式上。教育教学是一个实践操作性强的职业。学生等主体是根据汉语教师在教学实践中的行为来感受其角色特点的；教师也在汉语教学实践中不断提高角色行为（即实际角色）水平，完善角色内容，并逐渐接近期望角色。

2. 层次性和多样性的统一

汉语教师角色兼具层次性和多样性。汉语教师角色的层次性是从纵向维度来谈的，是指汉语教师在不同层次的任务中扮演不同的角色。比如在具体的课堂教学实践中，汉语教师扮演的都是传授者、指导者、促进者等基础性角色；在高一级层次中，汉语教师扮演的可能是研究者、设计者、评价者、引导者、管理者等发展性角色；在学生终身教育层次中，汉语教师扮演的是教育者、跨文化视角和包容性人格的培养者等角色。汉语教师角色的多样性是从横向维度来谈的，是指汉语教师在不同的社会关系中面对不同的主体，充当不同的角色。比如在师生关系中面对学生时，汉语教师是指导者；面对同事（包括同教汉语的教师和教其他科目的教师）时，汉语教师是合作者；面对学生家长或其他社区民众时，汉语教师既是合作者，又是汉语语言文化的示范者和跨文化交际者。有时，即便面对同一主体，汉语教师角色也有多样性，比如面对学生时，汉语教师同时充当传授者、操练者、指导者、资源提供者、评价者等多重角色。

3. 变动性与发展性的统一

汉语教师角色的层次性和多样性是静态分析的结果。从动态发展的角度来看，汉语教师角色具有变动性和发展性。变动性是指即便在同一汉语教学实践中，随着教学活动的开展、空间环境的变化、教学内容的变更，汉语教师所承担的主要角色一直在变动。比如，在刚开始上课的复习提问阶段，汉语教师主要是评价者；到了讲解语言点阶段，汉语教师主要是讲解者和操练者；到了学生练习阶段，汉语教师又主要承担指导者、促进者、资源提供者等角色。发展性是指随着社会的发展、教育理念的调整、教育技术手段的进步，汉语教师角色会有所发展。比如，在传统的汉语教学中，汉语教师更多地充当讲解者、传授者、操练者、资源提供者等角色；随着语言教学理念的调整、多媒体网络教学条件的进步，汉语教师更多地充当设计者、研究者、指导者、促进者等角色，原来的讲解者、传授者等角色不再是主要角色。

当然，角色是由汉语教师个体来充任的，具体通过汉语教师的教学行为来体现，受汉语教师的教育理念、语言教学理念所影响。因此，汉语教师角色具有一定的主体性。

（三）汉语教师角色的分类

在普通教育界，吴康宁等（1997）根据角色功能和课堂教学任务把教师的课堂角色分为正式角色和非正式角色。教师的正式角色是为完成课堂任务而明确规定的角色，包括学习动机的激发者、学习资源的指导者、教学过程的组织者、课堂行为与学习效果的评价者；非正式角色是教师扮演的非明确规定的角色，包括教育知识的分配者等。王兴芳（2006）曾根据不同教学模式来对教师角色进行分类。比如，讲授型教学模式下的教师角色有学习引导者和难点解惑者；自主学习模式下的教师角色为知识辅导者；协作模式下的教师角色有组织者、辅导者和参与者；虚拟实验模式下的教师角色包括设计者、参与者和监督者。

汉语教师角色也可以参考上述分类方法，分为正式角色和非正式角色，具体可以根据不同的教学模式来分类。

根据所处课堂教学环节的不同，汉语教师角色可以进行如下分类：在课前的教学设计环节，汉语教师主要是设计者、资源提供者等；在课堂教学的导入环节，汉语教师主要是引导者；在讲解环节，汉语教师主要是讲解者、传授者等；在操练和活动练习环节，汉语教师主要是指导者、组织者、促进者、咨询者等；在提问和测试环节，汉语教师主要是设计者、评价者等；在课后反思阶段，汉语教师主要是研究者等。

根据所处汉语教学层次的不同，汉语教师角色还可以进行如下分类：在课堂教学层面，汉语教师是设计者、传授者、指导者、资源提供者、促进者、评价者、研究者等。在教育层面，汉语教师是中国文化的体现者、传播者，是学生综合素质发展的教育者、促进者，是业务骨干、种子教师，是汉语国际教育事业的领导者等。在教育以外的生活领域，汉语教师是跨文化交际者、中华文化传播使者等。

二、汉语教师的基本角色

对教师所应承担的基本角色，普通教育界的研究较多（如霍力岩，2001；陈培瑞，2002；黄甫全，2003；黄宇星，2003；莫尔，2010；申继亮，2006；余文森等，2007；朱淑华，2011），这些研究的出发点各不相同，所提出的教师应承担的角色也有差异，主要有传授者、设计者/研制者、引导者、组织者、指导者、领导者、促进者、协作者/合作者、监控者、培养者、评估者、管理者、探求者/研究者、自省者、建构者、创造者、学习者、学者、榜样、朋友、诊断者等。黄甫全（2003）[50]详细梳理了国内外对教师角色的研究。国外一般把教师角色分为三类，按照从最消极的到最积极的感情因素排列：消极角色包括"替罪羊""侦探和纪律执行者"；权威的角色包括"家长的代理人""知识的传授者""团体的领导""模范公民"；支持的角色包括"治疗学家""朋友和知己"。国内学术界分别从多个角度对教师角色进行探索：（1）师生关系中的教师角色，从"学生发展为本"的立场分析，教师是知识的输出者、学生自主学习的引导者、学生创造能力的培养者、知识和学习方法的给予者、因材施教者；（2）一般意义上的教师角色，教师是人类文化的传递者、新生一代灵魂的塑造者、学生心理的保健医生、学习者和学者、人际关系的艺术家、教学的领导和管理者；（3）"隐喻"里的教师角色，教师是蜡烛、人类灵魂的工程师、园丁、一桶水；（4）网络社会中的教师角色，教师将从传统课堂教学中的主讲者转变为组织者和辅导者，从课程教材执行者转变为课程教学的研究者、扮演协调者、扮演管理者，从知识学习指导者转变为未来生活设计者，从文化知识传授者转变为知识体系建构者，从教育教学管理者转变为人际关系的艺术家；（5）综合视野里的教师角色，教师是言传身教者、教书育人的教育者、文化知识的传递者、智力资源的开发者、未来生活的设计者、心理健康的指导者、学生集体的组织者、学校与社会的沟通者、教育现代化的开拓者。

在外语教学界，陈明初（1983）认为精读课教师分别担任三种角色：解说员、指挥员、指导员。随后，孟雁君（1989）、陈吉棠（1996）、史惠风（1997）、贝文力（1997）、Gardner et al.（1999）、文秋芳（1999）、李保军（1999）、张庆宗（2000）、华维芬（2001）、陆巧玲等（2002）、王一普（2005）、王艳（2007）、雷丹（2008）、齐登红等（2004）、常海潮（2011）、周燕等（2013，2014）、郭燕玲（2012）、曹群英（2009）、陆杨（2010）、陈晓明等（2005）、郑玉琪（2014）、廖锦超（2005）、李晶洁（2002）等诸位学者都对外语教师角色进行了探讨。其中有针对外语教师角色的研究（如孟雁君，1989；贝文力，1997；陆巧玲等，2002；常海潮，2011），有对阅读、听力、写作、口语等语言技能课程中外语教师角色的研究（如陈吉棠，1996；文秋芳，1999；李保军，1999；张庆宗，2000），有对网络教学环境中外语教师角色的研究（如雷丹，2008；齐登红等，2004；曹群英，2009），有对后方法时代教师角色的探讨（如郑玉琪，2014）。

汉语教学界对汉语教师应承担的角色进行探讨的研究不多。程伟民（2000）认为，对外汉语教师在课堂上主要扮演的角色是语言教练，向学生演示要学习的内容，然后组织学生展开语言实践，指导学生练习并检查结果；对外汉语教师还是中国文化的传播者，通过自己的言行，用最自然的方式向外国人展现中国的文化和中国人的社会生活。陈薇等（2013）

提到：“由于职业使命的对外性，就必然要求对外汉语教师应既是语言教师，同时又是文化传播者、学术研究者和具有一定政治素质的涉外工作人员。”

考虑到国际教育理念的发展、国内外汉语课堂教学实际情况、教育技术的更新、时代对汉语人才的需求等各个方面的因素，汉语教师在教育教学中应该要扮演好以下八种基本角色：设计者、促进者、合作者、评价者、管理者、学习者、研究者、跨文化交际者。

1. 设计者

“设计者”角色意味着汉语教师能够完成设计课程，准备教学材料、教学活动、试卷，设置学习环境等方面的工作。以前国内的汉语教师承担的主要是实施者、执行者角色，较少扮演设计者角色。因为那时的课程、教材、教学活动、试卷等基本上都是集体（主要是教研室主任、教学业务带头人、骨干教师等）商量制定的，或者是由汉语言或汉语教学的学科专家制定，汉语教师可以直接拿来使用。

随着汉语国际教育的发展，更多的汉语教师走出国门面对不同的学生。学生学习汉语的目的不同，所处的教育体制不同（比如有的在孔子学院，有的在中小学，有的在大学东亚系），可以获取的汉语教学资源也就有很大差异，更不用说各个国家和地区的语言教学理念也不相同。在这种情况下，汉语教师首先应是一个设计者，根据当时当地的实际情况设计合适的汉语课程、教材、活动、测试、环境等。

作为设计者，汉语教师的首要任务是设计整个汉语课程。在了解学生原有汉语水平、学习需求和目的、认知特点等各方面情况和汉语（或外语）课程标准（教学大纲）的基础上设计汉语课程的目标（包括整体目标和具体目标），根据目标设计主题或模块，根据主题或模块设计不同层次的教学内容，选择教学材料等资源，根据目标、内容及学生特点设计教学方法、教学活动和学习任务清单，最后设计课程评价的方案等。

汉语教师还要设计课堂教学环境，尤其是言语学习或交际的情境。课堂教学环境既包括符合教育规律、有利于汉语学习的物理环境，也包括能引导学生主动参与言语交际的尊重、信任、宽容、友好、关怀、支持性的心理环境。

汉语教师要根据学生原有的汉语水平设计教学内容，突出重点和难点。

汉语教师还要设计多媒体课件，即在透彻把握所教汉语内容的基础上，理清脉络，拓展资源，增加声音、影像等信息表征元素，以便学生更好地掌握所学内容。

2. 促进者

"促进者"角色意味着汉语教师能够从各个方面有效促进学生的汉语学习，使其更快更好地形成言语交际能力。比如选择合适的语料或活动，用最有利于促进学习的方式来展示这些语料或活动，通过各种方式引导和鼓励学生做出恰当反应等。江庆心（2006）就曾论述过教师介入学生自主学习（其实就是教师充当"促进者"角色）的重要性。

在国内，20世纪90年代以前的汉语教学受语言学发展程度、传统语言教学理念、教师为中心等因素的影响，汉语教师在"精讲多练"中主要充当的是汉语语言点的讲解者和具体句型的操练者等角色。随着第二语言教学研究的发展，以学生为中心等理念深入人心，学界普遍认识到，教是为学服务的。因此，学生的学得到更多关注，自主学习、合作学习、任务式学习成为主要学习方式。在这种情况下，除了讲解者、传授者和操练者，汉语教师还要扮演好组织者、指导者、引导者和资源提供者等"促进者"意义上的角色。

为促进学生更好地理解和掌握所学知识，汉语教师要在学生较难理解的语言点上融入自己的理解（即个人的实践性知识和学科教学知识）；对学生提出的各种问题，及时反馈，鼓励肯定；引导学生将课堂所学内容与日常交际或任务联系起来，将新知识与已掌握的知识联系起来，与生活经验联系起来；引导学生自我评价，并在此基础上进行改善；监督学生的口语交际活动，当学生不知道该怎样开始某个学习活动，或下一步该做什么、说什么时，给予适当提示，当学生没能正确表达或完成任务时，进行纠正或给予帮助。

汉语教师要组织、"导演"好课堂上的言语交际活动（比如小组合作学习活动），以增强学生练习的效果；组织好学生针对中国文化专题的探究活动，包容、鼓励其各种"奇思妙想"，耐心回答其各种问题；留意观察学生的汉语表现，在此基础上协调安排教学内容的多少、呈现顺序，教学进度和教学方法等方面。

汉语教师要指导学生制定符合自己情况的学习目标，寻找适合自己的学习方法和学习策略，在自己学习特点的基础上养成良好的学习习惯，利用多媒体等信息技术收集、处理所需信息并完成任务；观察、指导学生解决汉语学习过程中出现的各种问题，既包括汉语知识和技能方面的问题，也包括情感、态度、毅力等非知识性问题，比如因学习困难而出现的泄气、心灰意冷等现象。李丹丽（2012）详细论述过二语课堂互动话语中教师"支架"的构建。教师构建"支架"，帮助学生完成交际任务，扮演的就是促进者角色。

汉语教师要充分利用自己的教学经验，积极寻找、改造和准备各种资源，比如在上课前向学生提供学习计划、学习指南、资料卡片、课件视频等各种资源；结合学生的实际情况和教学实践，把既定的教学内容增删、重组、变通、转化为符合学生特点的课程资源；带领学生去当地的唐人街、图书馆、博物馆等，积极利用公共资源来促进学生的汉语学习；查找、筛选网络、书籍、报刊等资源，以及灵活运用课件、动画等多媒体资源产品。

汉语教师要积极引导学生理解汉语学习的意义和价值，正确认识自己在汉语学习上的优缺点，探究自己感兴趣的文化内容；指导学生利用手机、网络等获取汉语言文化知识；针对学生的疑问，为其提供线索，进行点拨，引导其独立思考，尽量不要直接告诉其答案；引导学生对一些重要的专题进行质疑、探究和发现，使其更深入、主动、富有个性地学习；引导学生走出教材、走出课堂，走向日常生活，充分利用社区里、社会上的各种资源，进行言语交际学习。

3. 合作者

"合作者"角色意味着汉语教师把学生视为一个有人格尊严和独特经验的独立个体，以平等的身份与其对话和交际。除了作为学生的合作者，汉语教师还是同事、学生家长以及其他社区民众的合作者。

传统的汉语教学往往以教师为中心，注重传授汉语言知识和训练语言技能。汉语教师充当的主要是传授者和控制者，告诉、命令、指示学生做什么、不做什么，很难做到在尊重学生人格和尊严的基础上与其平等对话、合作。

现代教育理论认为，师生之间是一种民主、平等的合作关系。教师是"平等中的首席"，跟学生之间的交流和对话是平等的。在汉语教育领域，汉语教学的根本目的是培养学生的汉语交际能力。汉语教师充当的主要是合作者，即把自己置于与学生一样的平等地位，充分尊重学生的人格，以合作者的身份参与课堂教学活动，给予学生多方面的支持，帮助他们顺利完成交际任务，进而提高其汉语交际能力。

汉语教师要积极营造师生共同参与的学习共同体。在学习共同体内，教师与学生平等对话、互相尊重、相互欣赏、分享汉语教学资源和学习经验，提倡不同观点和见解的充分交流，保持思想和讨论的开放性，共同获得发展和提高。

汉语教师要积极与同事合作，分享学习者情况，相互沟通信息，交流教学经验；必要时，跟同事一起制订学习计划，以便让学生的学习内容可以前后照应；加深对教学的思考，通过教材编写小组、行动研究小组、教学研究小组、青年课题组等形式与同事进行合作、互动、交流。

汉语教师还要跟学生家长、其他社区民众、学校各个方面的职员进行通力合作，取得社会各方面人士的理解、支持、配合，形成合力，以保证汉语教学工作的顺利开展。

4. 评价者

"评价者"角色意味着汉语教师能对学生的汉语学习情况（比如对某个知识点的掌握程度、实现目标的程度等）、语言学能、学习动机、学习态度等诸方面给出恰当的评价，以便有针对性地进行教学，最大限度地促进学生汉语交际能力的发展。

评价者是汉语教师一直以来都在扮演的角色。传统意义上的评价者角色，理念相对保守：在评价目的上集中在对学生汉语水平的甄别和认定，而不是为了更好地促进学生汉语水平的发展；在评价内容上集中在汉语言知识和技能等，较少兼顾到汉语交际能力，更少注意到学习态度和动机等方面；在评价方式上过多地使用以纸笔考试为主的终结性评价方式，很少使用档案袋评价、观察式评价等形成性评价方式；在评价主体上缺乏对学生、同伴等方面的意见考量；等等。

汉语教师要更新自己的评价理念，树立发展性评价观，即用发展的眼光看待学生，着眼于学生动态发展的全过程。评价是为了最大限度地促进学生汉语综合运用能力的发展，使学生能够自主学习、持续发展，而不仅仅是为了甄别和认定不同学生的汉语水平。评价内容要覆盖汉语知识、技能、交际能力、学习态度、情感、意志力等各个方面，尤其要符合学生的实际情况（比如个性差异和原有汉语水平的不同），使用弹性化的评价尺度，肯定其成绩、优点和长处，帮助其发展相对比较欠缺的方面，最终实现其汉语综合运用能力的发展。评价方式要注意形成性评价与终结性评价相结合，尤其要注意对学生在日常汉语学习过程中的言语表现，及其反映出的情感、态度、策略、意志等方面的细微变化和潜在发展情况进行评价（也可以通过搜集代表性的材料，进行档案袋评价），以便及时发现学习过程中存在的问题和不足。在评价过程中，汉语教师要积极参考学生自我评价和同学相互评价的结果，并把这些评价结果跟自己的评价结果综合起来，以便得出更加全面的评价。如果有可能，也可以吸收家长对自己孩子的评价。

在日常的课堂教学之中，汉语教师对学生原有汉语水平的判定、对学习材料的选择、对学生掌握知识程度的了解、对学生学习方法是否恰当的判断、对学生作业的批改和反馈等，都涉及评价，都属于评价者的角色行为。

汉语教师还要有意识地对自己的教学效果做出评价，即采用一定的方式、方法（比如测量、调查、观察等）全面、系统、科学地收集有关课堂教学过程和结果的信息和数据，并根据一定的标准对课堂教学整体和各个部分进行价值判断，以便对其进行修改和完善。跟评价学生学业一样，汉语教师要重视形成性评价、重视针对教学过程各个环节的评价，不仅要关注教学目标有没有达到，而且要关注那些超出预期的结果。对那些超出预期的结果，汉语教师要积极分析其对教学有益的成分，并在教学中加以利用，进而提高汉语教学的质量和水平。

5. 管理者

"管理者"角色意味着汉语教师能通过制订明确的规则和采取一定的

措施维持正常的课堂教学秩序，能应对学生违纪行为和突发事件，消除不利影响，保证教学活动的顺利开展。对独当一面的汉语教师来说，管理者角色还涉及对汉语教学项目或孔子学院（课堂）的日常管理。

管理者也是汉语教师一直以来扮演的角色。但以前的汉语学习者基本上都是成年人，自我控制力较强，所以，这一角色并没有显得特别重要。随着汉语国际教育的发展，低龄学生越来越多，他们主要分布在国外中小学和孔子学院。由于国内外教育理念的差异，以及低龄学生不够成熟、自控力差，国外中小学的汉语课堂教学秩序往往比较乱。让学生把注意力集中在学习上成为对汉语教师的一大考验。课堂管理成为汉语教师所必备的一项非常重要的教学技能。管理者角色对汉语教师来说也变得非常重要。

汉语教师要转变管理理念，抛弃"管理就是控制""管理就是应对学生违纪行为"的传统理念，树立"预防比应对更重要"和"决策比行动更重要"等现代理念。"预防比应对更重要"是指课堂秩序管理主要通过制订规则有效预防违纪行为，而不是等违纪行为发生以后再采取措施去应对；"决策比行动更重要"是指在管理所包含的决策和行动两个层面上，决策更为重要。比如，有学习者迟到，汉语教师是批评他还是若无其事、不加理睬，对此做出决策比具体采取措施更重要、更关键。

汉语教师要了解学生、尊重学生和热爱学生，了解不同国家和地区的管理文化；提前制订公平、合理、简明、有效的课堂教学常规，提出合理要求，既给予自由，也给予责任；预测可能出现的问题，并帮助学生形成自觉遵守纪律的习惯和较强的自我控制能力；有意识地引导学生自觉接受管理、参与班级管理和自我管理，使其从他律走向自律、走向自觉。

汉语教师要有意识地积累一些有效监督、管理学生的方法、技巧和惯例（如何让学习者遵守课堂纪律，如何维护课堂秩序，如何强化学生维护秩序的积极行为），能够具有前瞻性地预测大部分违纪行为，并能因势利导、迅速有效地进行应对，以维持良好的课堂教学环境和氛围。

汉语教师要对课堂教学有一定的掌控力，能采取一定的决策和有效措施来应对课堂上出现的各种突发事件，并善于从学生的违纪行为或突发事件中捕捉有教育意义的因素，将其转化为教学资源。

6. 学习者

"学习者"角色意味着汉语教师能够持续不断地学习语言学、教育学、心理学、管理学、各国文化等各种专业知识，以便不断提高自己的教学水平。只有扮演好学习者这一角色，不断地提高自己、丰富自己，使自己拥有一个动态发展的素质结构，汉语教师才能提供高质量的汉语教学。王俊菊等（2008）就讨论过作为学习者的大学英语教师学习活动的类型、内容、效果、特性及意义。郭遂红（2014）也探讨过基于教学情境的非正式学习对外语教师专业发展的促进作用。

按照传统观念，汉语教师在参加工作以前已经把专业知识和技能掌握好，参加工作以后主要是输出和应用。即便学习也主要是学习实践层面的教学方法和技巧。在见识过各种类型的学习者，使用过多种教材，经历过多种课型，对汉语教学的基本套路都熟悉以后，大部分汉语教师就很少再继续学习新的内容（包括汉语言知识和教学技能等），而倾向于重复以前的套路，久而久之，就成了单纯的"教书匠"。为了避免成为这种"教书匠"，汉语教师要转变观念，成为终身学习者，持续不断地学习，提升自己，进行自我调适以适应汉语国际教育的新发展。

汉语教师要坚持深入、系统地学习汉语言和中国文化等教学内容。只有自己明白了，才能讲解清楚。首先在汉语语言学方面，汉语教师要结合学生容易犯错的地方加强对现代汉语语言学的学习，尤其是汉语中的难点（比如虚词等）。更何况，语言学本身一直在发展，有些新的理念非常有利于汉语教学，比如构式语法。其次是在中国文化方面，语言和文化不可分割，中国文化博大精深，涉及中国社会的各个方面，汉语教师既需要结合所教内容重点学习某些方面的知识，也需要广泛涉猎，成为"杂家"。

汉语教师还要学习教育学、心理学方面的各种知识。教育学、心理学方面的知识都属于工具性知识。理念越先进，越有利于汉语知识和技能的传授和训练。我们以前把教学的本质认定为传递知识，行为主义心理学的盛行影响了第二语言教学实践，比如讲解多、操练多；而现在更多人把教学的本质界定为对话和交流，当前盛行的人本主义心理学同样影响到第二语言教学领域，比如交际法、任务式学习法、沉浸式学习法等新教学法的提出。语言教学的历史、发展趋势，尤其是一些主流的教学流派观点更值得汉语教师反复琢磨。

汉语教师还要了解学生的个性特征、文化背景，以及所在国的教育制度、法规等。个性特征主要指有关学习的语言学能、认知风格等方面的知识；文化背景主要是指学生的母语文化的各个方面；所在国的教育制度主要涉及外语教学的理念、学制、课程标准等。了解这些知识都有利于提高汉语教学的质量和效率。

对于一些现代化的教育技术，尤其是近年出现的新技术、新成果，汉语教师也都需要学习，以便提高汉语教学的质量和水平。

7.研究者

"研究者"角色意味着汉语教师能够针对教学过程中遇到的各种问题进行研究，而不仅仅是重复原有的教学经验。汉语教师面对的学生和教学环境不同，教学内容和教学方法也不相同，如何更有效、有针对性地开展汉语教学，这需要汉语教师进行研究。在课堂教学中，学生的汉语输出会犯这样或那样的错误，课堂教学秩序会有这样或那样的问题，教学活动的组织可能有这样或那样的困难，这同样需要汉语教师进行研究。只有通过一定的研究，汉语教师才能形成对汉语教学的正确认识，才能采取有效的针对性措施，保证教学的高质量和高水平，提高自己的学术水平。

以前的汉语教师往往被认定为教学理论的"消费者"。这是相对于汉语教学专家作为教学理论的"生产者"来说的。汉语言学科专家和教学专家通过研究"生产"出汉语应该如何教的理论或模式，汉语教师在教学过程中只需要"消费"（应用）这些专家得出的理论或模式就可以了。即便遇到以前没有碰到过的新问题，也只是反馈给学科专家或教学专家，让他们来研究。

汉语教师应树立科研意识，关注语言学、汉语语言学、第二语言教学、汉语教学等领域的科研动态，利用自己的研究为教学服务，将其当成教学工作的有机组成部分和依托。比如，看到一个第二语言教学的新理念或新模式，汉语教师不妨将其应用到教学实践中去检验，从中总结经验和教训，并将其提炼、深化为心得和规则，把普遍性的理论和观念沉淀为属于自己的实践性知识。另外，在日常教学中，汉语教师要对自己的教学理念、教学过程、教学行为、教学结果等方面进行反思、研究，并提出具有针对性的改进意见。

汉语教师要对学生各方面的学习情况进行研究，尤其要关注其在汉语表达中所犯的错误。了解了学生各方面的情况，汉语教师才能对症下药，进行有针对性的教学和指导，以保证较高的教学质量和水平。

汉语教师要以行动研究为主，主要针对自己在汉语教学过程中碰到的各种问题进行研究，以提高汉语教学水平。

8.跨文化交际者

"跨文化交际者"角色意味着汉语教师（尤其是在国外任教的汉语教师）在与学生、同事、学生家长、当地社区其他民众交际时要始终注意交际方的文化背景差异，及时调整自己的言谈举止，以便顺利完成交际任务。

国内的汉语教师与学生进行交际也属于跨文化交际，但因为局限在课堂范围内，所以"跨文化交际者"这一角色体现得并不明显。随着汉语国际教育的发展，更多的汉语教师走出了国门，在世界各地任教。这部分汉语教师不仅在课堂上与学生进行跨文化交际，而且在课下与同事、学生家长、当地社区其他民众都在进行跨文化交际。

要做好跨文化交际者，汉语教师首先要是一个多元文化的理解者。汉语教师要充分了解每个学生的母语文化背景，尝试从跨文化的视角理解其在汉语学习和交际过程中的各种言语行为，尽量减少对其言语行为的误解。比如，有的学生喜欢插话，这在某些文化中可能显得不太礼貌，但在有些文化中则可能表示"对话题感兴趣"。其次要了解任教学校的文化、同事的文化背景、社区文化等，以便正确理解同事、学生家长、社区民众等主体的言谈举止，减少误会。

在充当跨文化交际者的同时，汉语教师还是中国文化的诠释者和传播者。汉语教师在日常生活中、在课堂教学中、在社区活动中，扮演的角色都属于中国文化传播者。

当然，除了以上论述的八种基本角色外，汉语教师还承担着一些其他角色，比如学生在学习、生活上的知心朋友，课堂上言语交际活动或角色扮演活动的主持人（也可归为前面提到的促进者、组织者角色），学生学习懈怠时的激励者，正确、得体语言的示范者等。这些角色同样重要，也需要汉语教师扮演好。

三、汉语教师角色的实践

明确了对汉语教师角色的基本认识，以及要扮演的诸种基本角色之后，汉语教师还要明确在实践中如何更好地扮演这些角色。当然，这也离不开学校资源、社会环境等外部客观条件的改善。

（一）汉语教师应转变观念、提高教学能力

拥有正确、先进的教育观念、语言教学观念和较强的汉语教学能力，是汉语教师成功扮演以上角色的根本前提。

1. 树立正确的教育观念和语言教学观念

前面提到的汉语教师所应扮演的很多角色都是因为教育观念的变化而产生的。比如促进者，为什么以前叫传授者，现在叫促进者呢？根本性的原因就是知识观的变化。以前人们普遍认为知识是客观的、普遍的、价值中立的，汉语教师的主要任务是把汉语知识传递给学生，扮演的角色就是传授者。随着建构主义知识观的出现，知识被看作是多元的、文化性的、境域性的、有价值倾向的。学生获取知识的方式不限于汉语教师教学，还可以在各自母语和文化的基础上进行建构。在这种教育观和知识观的指导下，汉语教师扮演的就是帮助学生建构知识的促进者角色。反过来说，要扮演好促进者这一角色，汉语教师首先应树立正确的教育观、知识观和学习观；要扮演好学习者这个角色，汉语教师首先要树立终身学习的观念；要扮演好研究者角色，汉语教师首先要树立"教师即研究者""行动研究"的观念；要扮演好合作者角色，汉语教师首先要树立"建立起相互尊重、相互理解、相互信任、平等、民主、合作的新型师生关系""以学生为中心"的观念；等等。很多语言教学观念的转变也有助于汉语教师扮演其他的角色。比如"语言是在交际中练会的，单靠机械操练是不够的"，这就需要汉语教师针对教学内容设计各种交际活动，扮演设计者角色，同时也扮演跨文化交际者的角色。再如"语言教学已进入

后方法时代"，认识到这一点，汉语教师就不会过于倚重某一种教学方法，而能结合学生的具体情况和教学内容的特点对整个汉语教学进行自主设计和安排。

2. 切实提高多种教学能力

树立正确的教育教学观念是前提，具备多种教学能力则是汉语教师扮演以上角色的必备条件。只有掌握了各种角色所对应的教学能力，才能扮演好各种角色。要当好设计者，汉语教师至少应具备教学设计能力，能够在把握具体汉语教学内容和学生特点的基础上设计教学目标、教学过程、教学活动、评价方式、教学环境等；要当好促进者，汉语教师要具备判定学生的语言理解和表达的重点和难点的能力，并能够进行有针对性的启发和诱导，还要具备为学生提供合适的学习主题和材料的能力，运用网络、计算机、多媒体等现代教育技术的能力等；要当好合作者，汉语教师要具备一定的交际能力，以便跟学生、同事、学生家长、其他社区民众等主体进行合作；要当好评价者，汉语教师要具备设计试卷、确立标准、统计测试结果的能力，并掌握多种评价方式；要当好管理者，汉语教师要具备制订课堂教学常规、处理突发事件的能力等；要当好学习者，汉语教师要具备广泛涉猎、终身学习、获取新知识的能力；要当好研究者，汉语教师要具备设计调查问卷、访谈提纲的能力，利用教育技术查阅信息的能力，并能针对教学中出现的具体问题开展有效研究；要当好跨文化交际者，汉语教师应具备分析交际对象的特点、调控交往的能力，进行得体交际的人际关系能力，等等。只有具备了各种角色所对应的多种能力，汉语教师才能更好地扮演这些角色。

（二）学校要建立支持性教学制度和营造良好的组织氛围

汉语教师要更好地扮演角色，离不开学校的支持。建立支持性教学制度和营造宽松、友好、合作的氛围是汉语教师扮演好以上角色的外部条件。

1. 建立科学的支持性教学制度

一些学校要求教师直接使用统一制订的教案、教学进度和评价标准等，这使教师更倾向于成为一个传授者、实施者，很难成为设计者。汉语教师要成为设计者，首先学校要敢于放权，相信汉语教师，让其全权负责自己班上的汉语教学，不仅负责教学设计和实施，还负责教学效果评价和学生汉语水平的评价（即扮演评价者角色）。汉语教师一旦成了设计者，遇到问题时自然会向其他教师学习、请教，或者跟其他教师合作（即扮演合作者、学习者和研究者等角色）。在海外，由于大部分国家和地区实行教育分权制度，加之当地真正懂汉语的教师不多，汉语教师往往会全面负责所在教学机构的汉语教学，即扮演设计者、评价者、合作者、学习者、研究者等角色。这就需要汉语教师努力去学习和适应。

评价制度也在很大程度上影响着汉语教师角色的扮演。如果学校等机构完全根据学生的汉语考试成绩来评价汉语教师的教学水平，汉语教师会更倾向于扮演知识传授者。相反，如果学校等机构参考学生的汉语综合运用能力，同时又采用学生评价、同事评价、专家听课评价等多种评价方式，而且无论是同事还是专家都持一种比较开放的教学和评价理念，汉语教师会更倾向于扮演设计者、促进者、合作者、研究者等角色。

还要建立汉语教师培训制度。要扮演好上述角色，汉语教师需要转变观念、提高相关角色的相应能力。除了汉语教师自己努力，学校也要给予有针对性的培训，以便汉语教师能更快更好地转变观念、提高能力。学校层面的培训要制度化，具体表现为：培训对象层次化，比如有针对新手教师的，也有针对熟练教师的；培训时间常态化；培训形式多样化，比如办讲座、工作坊，组织合作研究、一对一辅导等；培训内容广泛化、具体化，广泛化是指凡是有助于汉语教学的内容都值得培训，具体化是指针对培训对象的需要进行具体培训，比如对使用教育技术能力不强的汉语教师进行教育技术培训。

2. 营造宽松、友好、合作的组织氛围

学校等教学机构要尽力营造宽松、友好、合作的组织气氛。只有在宽松的组织氛围中，汉语教师才能按照自己的认识和理解去设计适合学生的课程和教学，做好设计者；才能发挥自己的特长，采取各种方式促进学习者的汉语学习，做好促进者；才能有条件跟同事、学生进行教学合作，做好合作者；才会尝试使用一些相对先进的评价方式（比如档案袋评价），做好评价者；才能有条件针对自己教学过程中出现的一些问题进行研究，做好研究者；才能有条件跟同事、学生、学生家长、其他社区民众等进行交流，做好跨文化交际者；等等。相反，没有宽松的组织氛围，汉语教师就无法很好地去扮演很多角色。

只有在友好、合作的气氛中，汉语教师才能更好地观摩同事的课堂，与同事进行合作研究，分享彼此的教学心得，相互沟通、倾诉心中的困惑，最终构建一个同伴互助的学习共同体；才能更好地就某些问题跟学生合作，指导学生去探究并获取知识，形成学习共同体。作为共同体的一员，汉语教师扮演的就是合作者角色。

另外，社会条件对汉语教师能否更好地扮演这些角色也有很大影响。比如，社会是否普遍尊重教师的专业自主权，是否有相应的教师权益法规并能得到严格实施，社会对教师的角色期待是否合理，等等。因此，汉语教师，尤其是在国外任教的汉语教师，要积极了解所在国家或地区的教育法规、社区对教师的期待等方面的情况，以便据此调整教师的角色行为。

第二章 | 国际汉语教师的素质结构

汉语教师是传递中国语言文化知识，训练汉语言技能和交际技能，进行一定的品德、情感、意志和国际视野教育，把学习者培养成具有一定汉语综合运用能力的专业人员；同时还是一个在跨文化环境中承续和传播中国文化的专业人员。要适应汉语国际教育发展的新形势，完成时代赋予的使命，扮演好属于自己的角色，汉语教师就要具备一定的素质结构，并且每项素质都应达到一定的水平。

在本章，我们先对汉语教师素质的定义和特点进行理解，然后再在相关研究的基础上对汉语教师应该具备的素质结构进行构建，并对其每个维度进行介绍。

第一节　对汉语教师素质的认识

汉语教师素质是有关汉语教师的一个基本问题、核心问题，对汉语课堂教学效果影响极大。英语教学界的很多学者（如夏纪梅，2002；贾爱武，2005；周燕，2010）都持类似的观点，即认为英语教师素质是影响英语教学效果的重要因素。

一、汉语教师素质的定义

（一）教师素质

素质在教育教学界是一个耳熟能详的概念，主要有两层含义：第一层主要是指先天性的遗传素质，是能力形成和发展的自然前提（顾明远，1990a；王焕勋，1995）；第二层主要是指公民或专门人才的基本品质，属于个人在后天环境、教育影响下形成的品质（顾明远，1990a）[27]。我们探讨的教师素质，主要是第二层含义，即教师作为专门人才所具备的基本品质。

教师作为专门人才所具备的基本品质到底属于哪个方面的品质？对此，学界有不同的认识：有学者认为是心理品质，比如"教师素质，是指教师在教育教学活动中表现出来的，决定其教育教学效果，对学生身心发展有直接而显著影响的心理品质的总和"（林崇德等，1996；朱仁宝，2004）。有学者认为同时属于心理和行为品质，比如"教师素质是教师为完成教育、教学任务所应具备的心理和行为品质的基本条件"（顾明远，1990b）[16]，"教师素质即是群体或社会对扮演教师这一特定角色必须具备的心理和行为品质的要求"（谢安邦等，2007）。有学者认为是职业品质，比如"所谓教育素质，是指教师从事教育活动应该具有的一种职业品质。这种职业品质概括地说应由三个方面组成，一是作为经师即教学生求知的素质，二是作为人师即教学生做人的素质，三是教育的有效性即教师如何有效地教书育人的素质"（唐松林等，2000）。还有学者认为教师素质就是各个方面素质的一个综合，比如"教师素质是教师基于社会需要、职业需要、个人需要和个人天赋而养成的人生观、价值观，养成的与职业要求相应的知识、技能、理论、艺术、思想水平以及生理素质、心理状态和行为习惯"（冯志亮等，2000）。

从本质上说，学者们给出的这些定义并不矛盾，因为行为品质是心理品质的外在表现，职业品质属于一种比较概括的说法，最终也需要落实到心理品质和行为品质上。

（二）汉语教师素质

在分析教师素质定义的基础上，可以认为：

汉语教师素质是汉语教师在汉语教育教学活动中所表现出来的，影响教学效果的一种相对稳定的心理和行为品质的集合，是包括有关汉语教学的知识、能力、理念、职业道德、人格、身心等多个维度的一个动态发展的系统结构。从不同的角度可被分为基本素质和专业素质、合格层面的素质和优秀层面的素质、个体素质和群体素质等类别。

它至少包含以下三个层次：

第一，它是一种职业品质。即它是汉语教师在汉语教育教学活动中所表现出来的，影响教学效果的、相对稳定的心理和行为品质集合。这个集合不是松散的，而是融合在汉语教师身上的、作为整体素质的系统结构，是动态发展的。

第二，从横向上说，它包括有关汉语教学的知识、能力、理念、职业道德、人格、身心等多个维度。甚至可以说，只要能在汉语教学活动中表现出来，且能影响到汉语教学效果的教师品质，都属于汉语教师素质。

第三，从不同的角度来看，汉语教师素质有不同的分类。从学科专业角度来看，汉语教师素质可被分为基本素质和专业素质两个层面：前者是指教师等各个职业都应具备的普遍性的基本素质；后者是指汉语教师从事教学所需的独特素质，比如汉语言知识、跨文化交际能力。从专业发展阶段角度，汉语教师素质可被分为合格层面的素质和优秀层面的素质（甚至包括专家层面的素质）：前者是指从事汉语教学所必需的素质，是完成教学任务、实现教学目标的基本保证（如一些基本教学技能）；后者是指在合格层面的基础上使汉语教学更有效的素质（比如更多的教学机智）。汉语教师素质还可分为个体素质和群体素质，前者是指作为个体的教师所具有的素质，后者是指所有的汉语教师都应具备的共同素质。

二、汉语教师素质的特点

教育界学者（如喻梦林，1986；顾明远，1990b；陈德珍，1996；许明，2002；朱仁宝，2004；谢安邦等，2007）曾提到教师素质的一些特点，比如时代性、阶级性、职业性、师范性、结构性、层次性、因果性、稳定性、群体性、多元性（多样性）、培养性、动态性、整体性，还有身心与行为品质的统一性等。在此基础上，汉语教师素质应具有以下特点。

（一）永恒性和时代性的统一

汉语教师素质也是一种职业品质，是教师这个职业的内在要求。比如公平对待不同国籍、种族、民族、宗教等背景的学生，掌握大量有关所教学科（比如汉语语言学）的知识和教学技能等。这些职业品质是永恒的，只要存在教师这个职业，这类素质就一直被需要。与此同时，不同的历史时期对汉语教师素质的要求有些许不同。顾明远（1990b）、许明（2002）都曾提到这一点。以掌握多媒体教育技术这一素质为例，它属于当前汉语教师应该具有的素质，但在20世纪中期多媒体教育技术还未普及的时候，它就不属于汉语教师必须具备的素质。这是汉语教师素质的时代性。

（二）结构性和层次性的统一

汉语教师素质是一个相对稳定的心理和行为品质的集合。从横向角度来说，它包括有关汉语教学的知识、能力、理念、职业道德、人格、身心等多个维度，具有很强的结构性。具体到每个维度，也包括很多方面，也有很强的结构性。以知识维度为例，它包括汉语言学科知识、教育心理知识、实践性知识、学科教学知识等多个方面。从纵向角度来说，它包括合格层面的汉语教师素质、优秀层面的汉语教师素质，甚至还有专家层面的汉语教师素质等几个层次，具有鲜明的层次性。相对于合格层面的汉语教师素质，优秀层面的汉语教师素质的层次肯定更高，具体来说知识结构更优化完整、技能更娴熟。吕必松（1989）根据业务素质的不同将汉语教师分为七个层次。可见，汉语教师素质是一个多维度、多层次的复杂结构。

（三）基础性与专业性的统一

汉语教师素质中有一些是基本素质，比如一定的百科文化知识、观察能力、沟通交流能力等。这些素质不仅是汉语教师，也是其他学科的教师，甚至是其他职业的专门人才必须具备的基本素质。这些基本素质是汉语教师从事教学活动的基础，具有基础性。同时，汉语教师素质中还包括一些从事汉语教学所必需的独特素质，比如跨文化交际能力、文化推广能力等，这类素质跟汉语教师所承担的任务及其劳动特点有很大关系，是汉语教师特有的，其他学科教师不一定具备，属于汉语教师的专业素质，具有专业性。

（四）稳定性和动态发展性的统一

前文提到，汉语教师素质是相对稳定的心理和行为品质的集合。这里的相对稳定是指在一定社会历史时期内作为群体的汉语教师素质是比较稳定的，变化不大。但经过相当长的一段时间后，作为群体的汉语教师素质是有一定程度的变化和发展的。作为个体的汉语教师素质同样是逐步形成，不断发展的。在其职业发展的某个阶段（比如适应期或成熟期），汉语教师素质只是在进行量的积累，一般不会有较大变化；一旦经过足够长时间的学习和积累，跨过了职业发展的某个阶段，汉语教师素质便会有质的飞跃，或者是知识的丰富，或者是教学技能的娴熟，或者综合表现为由合格的汉语教师成长为优秀的汉语教师。可以说，汉语教师素质的形成是一个从低到高，不断积累、发展的过程。

（五）多元性和整体性的统一

汉语教学的特殊性和复杂性，决定了汉语教师素质是多元的，包括有关汉语教学的知识、能力、理念、职业道德、人格、身心等多个维度。同时，汉语教师素质又是一个相对稳定的系统和结构，是一个整体，表现为汉语教师的教学水平。此外，在汉语教学过程中解决具体问题（比如纠错和讲解等）或完成教学任务时，汉语教师需要发挥各个方面的素质，换句话说，汉语教师在解决具体问题或完成教学任务时体现出来的是其整体素质。

（六）个体性与群体性的统一

汉语教师素质既可以理解为作为个体的汉语教师的素质，也可以理解为作为群体的汉语教师的素质。无论是讨论汉语教师已具备的素质，还是探讨其应该具备的素质，抑或如何更好地发展其素质，都是个体性和群体性的相互统一。群体素质是由每个个体的已有素质决定的。期望汉语教师群体达到什么素质水平，要对每个汉语教师提出素质发展的明确要求。想提高汉语教师群体的素质，同样要从发展汉语教师个体的素质入手。

另外，汉语教师素质还有可塑性（也叫培养性）、地域性、模糊性等特点。可塑性是指汉语教师素质是可以有意识、有目的、有计划地培养起来的，也可以自我发展和提高。地域性是指即使在同一时期，不同地区（比如国内、欧美地区、非洲地区等）的各方面情况和条件不同，对汉语教师素质的要求也是不同的。模糊性是指汉语教师素质可以从理论上进行分析，但在具体教学实践中有相当的模糊性，也难以准确清晰地进行评估。

第二节　汉语教师素质结构

一、有关教师素质的已有研究

（一）有关教师素质的研究

国外学者对教师素质的研究早在 20 世纪 40 年代就有高质量的成果。比如 Witty（转引自林本，1975）[49-50] 先后从 47000 个学生的意见中归纳出以下结论。（1）学生认为教师应具备的条件是：合作，民主的态度；仁慈，为别人设想；忍耐；广泛的多方面的兴趣；和蔼可亲的外表与态度；公正无私；幽默感；善良的气质与稳定而一致的行为表现；对学生之问题有研究之兴趣；处事有伸缩性；曾观察并了解学生，不时给予适当的夸赞；精通教学技术。（2）学生认为教师应该力求避免的缺点有：脾气暴戾，无耐心；无公平，有偏爱；不愿帮助学生；不合理地要求学生；忧郁，不和善；对学生讽刺或嘲笑；令人讨厌的外表；缺乏耐心，执拗；多嘴多舌，几近啰唆；以上凌下的态度与言辞；骄矜自负；缺乏幽默感。Freeman（1941）认为一名优秀的语言教师要具备 6 个要素：（1）正确的语音和地道的语调，它是合格语言教师的基本素质；（2）熟练的口语；（3）掌握所教语言的语法和句法;（4）掌握大量词汇,系统学习词源学;（5）对他国文明、文学作品的透彻领会；（6）语言教师的人格特征。美国于 1955 年发布过中学外语教师资格标准，分别从听、说、读、写、语言分析、文化、职业训练等维度描述了优秀（superior）、良好（good）、合格（minimal）等各层次外语教师的标准（转引自陈永捷等，1985）。从研究方法上来说，国外有关教师素质的研究以量化研究为主，主要是通过广泛调查归纳总结出教师受学生欢迎的某些优秀人格品质。比如，美国教育协会就曾在调查的基础上提出教师的 18 项优秀品质：健康而有活力、有智慧、好学、情绪成熟及平衡、爱儿童、有同情心、对教学充满兴趣和热情、乐观幽默、友善、工作习惯良好、能与人合作、兴趣广泛、容忍、明快、公正、良好的仪表、讲解清晰的能力、人格（转引自王连生，1988）。Richards（1987）指出教师素质包含语言学知识、语言学习和习得理论、语言教学法、学科知识、教学实践、宽泛知识面、创造力、判断力、决策和推理能力、适应能力、兴趣、态度、自控力、热情、课堂教学管理技能。Miller（1987）提出了优秀英语教师的十大素质：教师应对他的职业具有极大的热忱；教师应具有创造性；教师在课堂上应自如流畅、幽默风趣；教师应对学生高标准、严要求；教师应循循善诱、耐心细致，而不要嫌弃学困生；教师应该时常照顾到学生的情趣；教师应通晓语法，及时指点，恰到好处；教师应该在课后用短时间为学生解疑；教师应对学生一视同仁，不要因学生的性别、婚姻、种族和学习语言的需要感不同而对他们持有不同的看法；教师不应该把个人情绪和精神包袱带到教室里。周风（1998）考察发现，国外强调教师应具备科学文化素质、专业素质、身心素质、思想道德素质等四个方面的素质。Martha（1990）认为第二语言教师专业发展的首要目标（教师素质）包括有关语言学习和课堂研究的基础性理论知识（a knowledge of the theoretical base of the field in language learning and classroom research）、了解自己和学生的知识（informed knowledge of self and students）、对待变化柔性和开放的态度（attitudes of flexibility and openness to change）、决策和沟通技能（decision-making and communication skills）、评价不同教学情境和课堂条件变化所应具备的分析技能（the analytical skills necessary for assessing different teaching situations and the changing conditions in a classroom）、意识到不同教学方法及将其运用于实践的能力（awareness of alternative teaching approaches and the ability to put these into practice）、自信和根据需要改变教学方法的技能（the confidence and the skills to alter one's teaching approach as needed）、不同教学方法的实践经历（practical experience with different teaching approaches）。美国 NBPTS 外语标准委员会 2000 年通过的《外语教学标准》（National Board of Professional Teaching Standards，2001）为优秀外语教师设定了 3 个方面的 14 条标准。1. 为学生顺利学习做好师德和专业准备：（1）了解学生；（2）公平对待不同的学生；（3）掌握外语知识；（4）具有文化知识；（5）掌握语言习得知识。2. 激励学生学习：（1）

积极有效地调动学生学习外语与文化的动力，利用不同的教学策略帮助学生提高外语水平、增长知识，培养他们批判性和创造性的思维能力；（2）具备课程和教学的衔接能力；（3）创造具有包容性的、关爱的、挑战性的和激励性的课堂环境，使学生能在课堂上进行有意义的交际并积极地学习；（4）利用教育资源；（5）评估。3.支持学生学习：（1）反思业务成长；（2）与其他学科的同事、家人、学校群体成员以及自由社区一起工作，为提高学生的兴趣服务；（3）集体互助；（4）支持外语教育。阿伦兹（Arends，2016）[20]认为有效教师应具备以下五种高级属性：有效教师能与学生、家长、同事建立互相依赖的关系；有效教师能为孩子和青少年们创造一个民主、公平的课堂环境；有效教师对于知识有着积极的态度，他们必须掌握至少三类知识，即有关学科的广泛知识，有关人类发展和学习的知识，以及教育学知识；有效教师掌握整套教学技能，能激发学生的动机，提高学生的基本技能，提高学生的思维能力，并培养自律的学习者；有效教师善于反思、解决问题。

　　国内有关教师素质结构的研究也很多，主要是在理论思辨的基础上提出几项素质（如顾明远，1990b；马跃，1996；叶澜，1998；唐松林等，2000；教育部师范教育司，2003；陆谷孙，2003；朱仁宝，2004；谢安邦等，2007；邓夫勤，2008；高艳红，2014），也有一些实证性的教改实验和调查研究（如林崇德等，1996；张宜等，2003；吴一安，2008；邢利红，2011），但数量不多。就研究对象来说，既以中小学教师为主，也有高校教师（如束定芳等，2008；陆谷孙，2003；戴曼纯等，2004；吴一安，2005，2008），还有幼儿教师（如刘阳美等，2000）和网络英语教师（如周颖，2008）方面的研究；有些研究还具体到中小学的语文、英语等各个学科教师（如韩梅，1999）。孙邦正（转引自林本，1975）[82-84]在归纳以前学者研究成果基础上总结出优良教师的品质。第一，学识方面：要具有丰富的普通学识；对担任教学的科目有广博而深刻的研究；具备丰富的教育事业知识。第二，教学能力：能准备并组织教材；运用教科书的能力；能运用各种教具来加强教学效果；善于激发学生求知的欲望和动机；善于讲解并提示教材；能利用问答和讨论帮助学生学习；精于板书；

教学过程安排得当；能指导学生；能适切地指导学生作业；能简洁而适切地考查学生成绩；教室管理的能力。第三，训导能力：了解人师的责任；认清训导目标；能躬行实践；重视潜移默化的启导方法；了解学生心理；能鉴别学生个性，以提供合适的辅导。第四，品格：健康；仪表端庄；态度活泼，和蔼而大方；声音悦人；语言流利，能讲国语；仁爱而富有同情心；热心；公正；诚实；能自制；精细；敏捷；合作的态度；创造精神；进取；节俭。第五，专业精神：敬业，能自觉本身所负责任的重大，安贫乐道；乐业，有充沛的教育爱，于工作获取乐趣。

综合国内外的这些研究，学者们普遍较为认同的教师素质包括以下几类。（1）道德素质：思想品德、职业观和职业道德、职业理想、高尚的生活目的、热爱教育和学生、为人师表的思想和行为、情感等诸方面。（2）教育理念：教育思想观念、外语教学观、终身学习、外语教师发展观等诸方面。（3）知识素质：所教学科知识、广博的科学文化知识、本学科最新发展和动向、教育理论知识等诸方面。（4）能力素质：教学能力、外语学科教学能力、指导学生学习能力、心理辅导能力、教学机智、组织教育教学活动的能力、教育管理能力、教学科研的能力、教学评价能力、探索开拓创造能力、教学监控能力及教学行为与策略等诸方面，以及各项能力所包含的教学技能和行为。（5）身心素质：健康的身体和心理（如个性心理品质或人格特质）等诸方面。

（二）有关英语教师素质的研究

有关英语教师素质研究的文献也不少。比如 Scrivener（1994）[7-8] 曾论述有效教师的一些特征：倾听学生、尊重学生、给予清楚积极的反馈、幽默感、耐心、了解学科知识、激发学生的自信、信任学生、重视学生的问题、良好的组织能力、不把简单的事情复杂化、热心、适当权威、诚实、丰富的教学方法。从研究方法上说，既有理论思辨类文章（如张安柱，1990；张逸岗等，1996；韩梅，1999；赵丽娟，1999；周凌等，2016）和教师标准类文件规定比较研究（如韩宝成等，2016），也有根据个人访谈进行的归纳整理（如张莲，2005；史耕山等，2009；展素贤等，2015）和叙事研究（如陆忆松等，2008），还有一定规模的问卷调查研究（如张宜等，2003；戴曼纯等，2004；吴一安，2005；郭桂杭等，2015）。从研究对象上说，既有对合格英语教师素质的研究（如束定芳等，2008；陆云，2000；戴曼纯等，2004）和对优秀英语教师素质的研究（如吴一安，2005；陆忆松等，2008；史耕山等，2009；展素贤等，2015；李伟英等，2017），有对职业教育领域英语教师素质的研究（如刘黛琳等，2012；郭桂杭等，2015），也有对某一课型外语教师素质的研究，比如对高校英语报刊课程教师素质的调查（端木义万等，2012），还有针对某一项素质的探讨，比如对信息素养的研究（如谢徐萍，2005；秦美娟等，2009），对评估素养的研究（林敦来等，2011）。有的研究（如韩梅，1999）得出的结果认为英语教师素质结构跟普通教师的素质结构几乎一致。但大部分研究（如陆忆松等，2008；史耕山等，2009）对英语教师素质结构界定得更为细致，如下：（1）师德，包括思想和道德修养、人品人格魅力和敬业精神；（2）情感，包括热爱教育和学生；（3）自我发展，包括危机意识和终身学习；（4）专业知识、专业能力/学科教学能力，包括语言素质（语言基本功和综合技能）、课堂管理能力（创造活跃的课堂气氛和擅长与学生交流）、总结反思能力和知识面（语言文化知识和相关学科知识）；（5）心理素质；（6）教育技术。

二、汉语教师的素质结构

在 2006 年以前，有关汉语教师素质的研究主要是论述汉语教师应具有的意识、知识和能力结构，以及应掌握的教学基本功（张和生，2006）。吕必松（1989）、刘珣（1996）、程伟民（2000）、金宁等（2000）、陆俭明（2005）、计道宏（2006）、李凌艳（2006）都曾探讨过汉语教师素质。

2007 年以后，有关汉语教师素质的研究成果也有不少。中华人民共和国国家汉语国际推广领导小组办公室（下文简称"国家汉办"）组织专家编写出版了《国际汉语教师标准》（2007，2012），对汉语教师素质描述得比较全面。但因为只是一个纲领性的标准，《国际汉语教师标准》在很多方面（如职业道德）只提到了一些术语或概念，没有展开。万爱莲（2008）曾提到对外汉语教师应具备创新能力。此外，还有一些探讨汉语教师综合素质的文章和专著，如崔希亮（2010）曾提到一个合格的汉语教师应该具备四项基本的要素：（1）教师的知识发展，即知识准备；（2）教师的素质发展，即素质养成；（3）教师的教学发展，即专业技能；（4）教师生涯发展，即生涯规划。郭睿（2010）则针对汉语教师综合素质的相关内容出了一本书，即《汉语教师发展》。还有一些对汉语教师具体教学技能的论述（郭睿，2013，2015，2017）。韩东（2012）、单亚兰（2013）和冯胜利等（2018）也曾论述过对外汉语教师的素质。韩东（2012）曾提到对外汉语教师应具备的素质主要包括以下几个方面：具备良好的汉语表达能力；相对全面的语言学知识；掌握相关的教育理论知识以及基本的教育技能；掌握必备的文化知识；具备一定的科研能力；具备一定的教育改革能力；具备一定的外语表达能力；具备一定的管理能力。单亚兰（2013）曾调查过学生眼中的对外汉语教师素质，但也更多聚焦在课堂教学能力方面。冯胜利等（2018）[37-40]认为汉语教师的基本素质包括品德与个性（如诚实、敬业、实事求是、公平公正、仪表端庄、风趣幽默、机智细心）和知识结构（扎实的汉语语言学和语文学的知识、现代历史和现代文学的基础、对学生母语知识的了解）。总体而言，已有的研究虽然对某些具体素质进行了论述，但较少论及整体的汉语教师素质结构。

综合有关教师素质结构的既有研究，我们认为汉语教师素质结构主要包括以下几个维度：

教育教学理念素质，涉及教育信念（比如以学生发展为中心）、课堂教学意识、终身学习等。有关教育教学信念的详细论述见本书第三章"国际汉语教师信念"。

知识方面的素质，至少应包括汉语学科内容知识、一般教学法知识、汉语学科教学知识、有关教师和学生的知识、教学情境知识、中外文化知识和实践性知识等几种知识类型。详细论述见本书第四章"国际汉语教师知识"。

能力方面的素质，除了观察能力、沟通能力等基本能力外，至少还应包括教学能力、跨文化交际能力、外语能力、反思能力、科研能力、文化推广能力（尤其是海外孔子学院教师）、表演中华才艺能力等专业能力。详细论述见本书第五章"国际汉语教师能力"。

　　职业道德方面的素质，爱学生、爱教育、讲究教师礼仪等。有关汉语教师礼仪的详细论述见本书第六章"国际汉语教师礼仪"。

　　身心素质，主要是指身体素质和心理素质。

第三章　国际汉语教师信念

　　汉语教师信念是指汉语教师对汉语作为第二语言教学等各个方面确信为真的看法。它主导着教学设计、教学实施、教学评价等教学行为，进而决定汉语教学质量和效率。信念决定行为。只有汉语教师信念变了，其教学行为才会发生变化，课堂教学实践才会跟着发生改变，并最终实现常态化。汉语教师信念还带有一定的情感色彩（即极度信服和尊重，被确信为真），是教师理解、接受语言教学信息的认知过滤器，那些与教学信念不相符的信息往往会被排斥、过滤掉。

　　在本章，我们先对汉语教师信念的内涵、特征、结构以及影响因素等方面进行一定的了解，然后再对汉语教师信念的提升途径进行探讨。

第一节　对汉语教师信念的认识

Freeman（2002）[2] 提到，美国对教师信念的研究大致始于 20 世纪 70 年代（如 Abelson，1979）；对语言教师信念的研究要晚一些，大致在 20 世纪 80 年代末 90 年代初（如阿符钦尼科夫，1982；Nespor，1985；Pajares，1992）；此后十几年，无论是理论的建构、研究取向的多元化，还是研究方法的多样性，有关语言教师信念的研究都取得了长足发展，研究成果大量出现（Borg et al.，2001；项茂英等，2016）。国内有关汉语教师信念的研究起步相对较晚[1]，近几年才陆续出现（如郭胜春，2012；汲传波等，2012）。从研究内容上看，这些有关汉语教师信念的研究都比较具体，比如对对外汉语教师教学信念和教学行为关系进行的研究（郭胜春，2012），对汉语国际教育硕士教学信念的探讨（李泉，2015），对职前汉语教师的语法教学信念的研究（汲传波等，2012），对在职对外汉语教师语法教学信念的调查（安然，2015），对新手汉语教师词汇教学信念的调查（水易，2016），对汉语教师在课堂纠错反馈方面的信念的研究（祖晓梅等，2015），也有综述性的文献（刘弘，2013）。从研究方法上看，这些有关汉语教师信念的研究，既有理论思辨研究（如李泉，2015）和量化研究（如汲传波，2016），也有叙事研究（如战菊，2010），还有个案研究（如郭胜春，2012）。

虽然已有一定的数量，但总体来看，有关汉语教师信念的研究还有待充实，因为还有很多方面没涉及，缺乏系统性，也缺乏对汉语教师信念整体认识的探讨。相对而言，有关外语（英语）教师信念的研究更早（如李慧莲，2002；胡亦杰等，2003；楼荷英等，2005；郑新民等，2005；解芳等，2006；高强等，2013；窦岩，2015），也更充分、细致，如针对优秀教师信念的研究（解芳等，2006）、针对职业信念的研究（濮

---

[1] 虽然业界对汉语教师信念进行的研究开始较晚，但对教学理念等近似领域的探讨早就存在，如赵金铭（2007）、江新等（2011）。英语界同样如此，如胡新建等（2012）探讨的大学英语教师对教学研究的认知和理解。

实，2014）、针对口语纠错信念的研究（胡亦杰等，2003）、针对教学信念与课堂教学实践关系的研究（覃成强，2007；高强等，2010；高强等，2013）、针对课程与信息技术整合信念的研究（陈冰冰等，2008a；陈冰冰等，2008b；张雁玲等，2011）、针对语法教学方法认识的研究（张香存，2005）、针对语言意识的实证研究（如朱涌河，2015）、针对任务型教学中教师信念的研究（如朱彦等，2017）、基于跨文化交际能力培养的量化研究（如张淳，2014），还有针对学习者自主信念的调查研究（如项茂英等，2016；刘熠等，2018）。

本节主要从内涵、特征、结构、影响因素等方面来认识汉语教师信念。

一、汉语教师信念的内涵

教师信念有广义和狭义之分。广义的教师信念即"教师的教育信念"，是指教师对教育领域各个方面所持有且坚信为真的看法，比如关于教育目的和作用的信念、关于学生发展的信念、关于学校发展的信念、关于学校和家庭的角色的信念、关于教师职业的信念等，当然也包括在各个教学要素上的信念。赵昌木（2004）、谢翌（2006）、李家黎等（2010）[60]都认同广义的教师信念。狭义的教师信念即"教师的教学信念"，是指教师在具体学科教学的各个方面（比如教学目标、教学内容、教学方法、师生角色、师生关系、教学评价、教学环境等）所持有且坚信为真的看法。Pajares（1992）、Calderhead et al.（1996）、俞国良等（2000）、Borg et al.（2001）认同狭义的教师信念。在另外一些文献中，教师信念、教育信念、教学信念经常被相互替换。

本书取用狭义的教师信念，即主要讨论汉语教师的教学信念。在内涵上，本书认同 Calderhead et al.（1996）[709]的界定，即"教师信念通常指教师的教学信念，即在教学情境与教学历程中，教师对教学、学习、学习者、课程、教师自我或教师角色等相关概念所持有且信以为真的观点"。

在教师信念定义的基础上，结合汉语教学的特点，我们这样界定汉语教师信念(beliefs of teachers of Chinese as a second language)的内涵：

在汉语作为第二语言教学领域内，汉语教师对教学本质、教学目标、教学内容、教学方法、教学评价、教学管理、学习、师生角色、教学效能等方面所持有且坚信为真的、一系列相对稳固的看法。这种看法建立在教师长期学习经历、教学情境和实践经验的基础之上，以情节方式储存，包含了认知成分、情感成分、评判成分、行动倾向等，极大影响着汉语教师的教学行为和课堂质量。

它主要包含以下几层意思：

第一，它是汉语教师长期以来针对汉语作为第二语言教学是什么、教什么、怎么教等问题所持有的独特解释和判断的价值体系，包含了认知成分、情感成分、评判成分和行动倾向等。要注意的是口头上认同的观念并不一定就是汉语教师信念。顾桂菁（1994）就提到过，中国教师口头上说要采用交际法，实际上仍按自己的老规章办事，原因之一就是交际法对教与学的观点和中国教师的传统认知格格不入。由此可见，交际法的部分主张并不真正是文章中提到的、当时的中国教师的信念。

第二，它是相互关联、相互作用的一个复杂系统结构，包括对语言（主要是汉语）、教学行为、教学目标、教学内容、教学方法、教学评价、教学管理、汉语学习、教师角色、学生角色、师生关系、教学效能感等各个方面的具体信念，是以个人逻辑和中心—边缘为原则组织起来的。

第三，它是汉语教师课堂教学行为的内在基础或内心指引，是教师自觉按照某种原则或路子进行汉语教学的精神支柱和激励力量，极大地影响着课堂教学质量的高低，但与教学行为并不一定完全一致。楼荷英等（2005）通过定量和定性研究后发现大学英语教师的教学信念与教学行为有较为密切的关系，但二者有时也并不一致。

二、汉语教师信念的特征

在充分理解汉语教师信念内涵的基础上，综合 Pajares（1992）、Borg et al.（2001）、楼荷英等（2005）、谢翌（2006）、吕林海（2008）、李岩等（2009）、徐泉（2011）等人的研究，可归纳出汉语教师信念具有以下特征：

（一）假定性

即"假定为真理""认为是正确的"。Borg et al.（2001）将此特征表述为真理成分（the truth element）。这是汉语教师信念的实质性特征。前文提到，教学信念是汉语教师对汉语作为第二语言教学所持有且确信为真的看法。本质上，它是汉语教师根据自己的学习经历和教学实践对汉语教学形成的一个主观假定，有的经过证实，有的并没有经过证实，有些看法只是推想，甚至属于想当然。比如周燕（2005）调查发现英语教师对以学为本的教学理念和教学方法普遍持认同态度，但教师的教学理念和方法与他们的课堂行为之间并不存在必然的相关性（62%的教师认为课堂上花时间最多的活动是讲解课文）。这说明大部分英语教师关于以学为本的教学信念并没有得到证实或实践。楼荷英等（2005）的研究也证实了这一点。Hativa et al.（2001）认为教师具有心理认同的（espoused theory）和实践应用的（theory-in-use）两套理论。

（二）系统性

汉语教师信念包含着对汉语作为第二语言教学各个部分、各个层面、各个环节的信念，是一个系统。具体某个部分、层面、环节的信念还可以再细分。安然（2015）就把语法教学信念分为交际意义取向、形式准确取向、归纳取向、演绎取向、句型操练、语法作用、语法术语、自身语法教学评价、语法教学信念来源等类别。汉语教师信念之间有主次、有层级，有逻辑关系、有假设关系，相互关联、相互作用，形成一个复杂的系统。

（三）个人性

教学信念建立在汉语教师长期学习和教学实践的基础之上，是整合相关信息建构而成的，以情节方式储存。不同的汉语教师的学习和教学经历不同，其教学信念在很大程度上也有差异。当然也有不同的汉语教师在同一问题上持相同或相似的观点的情况。刘桦（2004）[93-94]就提到："多数英语教师对教与学的信念是相对一致或相似的。"另外，教学信念也有个人倾向性（或者说"喜欢"）成分。Borg et al.（2001）将这一特征表述为"value commitments"。

（四）层次性

根据所处地位和所起作用不同，汉语教师信念可分为基本信念和派生信念。基本信念处于体系的中心位置。比如"汉语教学主要是一种技能教学""汉语教学的目标是培养学生的言语交际能力"就属于基本信念，而由此衍生的"词语要在语境中呈现，重点讲解词语的用法"就属于派生信念。Smith（1993）将教师信念分为发展取向的（developmentally oriented）和传统取向的（traditionally oriented）两类，汉语教师信念也可以分为发展取向的和传统取向的两类。发展取向的教师信念以学习者为主体，倾向于对话、交际，注重汉语综合运用能力；传统取向的教师信念以教师为中心，倾向于传授、操练，注重汉语知识和技能。根据能否用语言明确表达，汉语教师信念可以分为显性的、可陈述的（即能够用语言明确表达出来的）信念和隐性的、潜在的信念两个层次。汉语教师一般不会意识到隐性的、潜在的信念的存在，对其不能直接观察或测量，不能够用语言明确表达，只能从教师的教学行为来推断。Borg et al.（2001）也提到教师信念包括意识到的信念和意识不到的信念两类（conscious versus unconscious beliefs）。Kane et al.（2002）也提到教师信念是以缄默或隐性的形式存在的，难以表达出来。

（五）相对稳定性

汉语教师信念是汉语教师在长期学习和教学实践的基础上形成、持有并坚信为真的看法。它一旦形成便具有一定的稳定性，即汉语教师会在一段时间内持有并相信"这种看法"是最好的或有效的。同时，这种稳定性是相对的，即汉语教师信念也是可以改变、发展的。尤其是汉语教师在教学中遇到关键事件（如原有信念支持下的教学实践并没有取得理想效果，同时接触到了更先进的理念，或者受到前辈专家的指点等）时，其所持有的信念就很有可能发生变化。但一般来说，教师信念转变的过程相对比较缓慢，尤其是信念体系中的"基本信念"。王姣莉（2017）在梳理既有研究的基础上也提到教师"信念是顽强的，难以改变的"。

（六）实践性

汉语教师信念包含了认知、情感、评判、行为倾向等成分。换句话说，汉语教师信念是教师基于对汉语作为第二语言教学整体及各个部分理解基础上的看法，而且认为其理解是正确的，愿意相信并将其实施于教学实践中，将其作为课堂教学行为的内在指引和精神支柱。从另一个方面来说，很多信念都来自汉语教师的教学实践，被实践证明是有效的，不但被教师应用在类似的教学实践情境中，而且往往被拓展运用到不同的情境中。显然，信念和实践是相互作用和影响的。当然，受考试、传统观念等外部因素影响，汉语教师的教学行为也会出现与教学信念不一致的情况。刘桦（2004）就提到过很多关于教学信念与教学行为不一致的研究。高强等（2010，2013）也先后探讨过语法和听力教学信念与教学实践的关系。

三、汉语教师信念的结构

汉语教师信念既是针对汉语作为第二语言教学的一个整体信念，也是针对汉语教学内部各个方面具体信念的集合，比如对汉语、汉语教学、汉语学习、汉语教师角色等各个方面信念的集合。这些具体信念形成了汉语教师信念的结构。综合 Pajares（1992）、Calderhead et al.（1996）、Richards et al.（1994）[29-40]、郑新民等（2005）、楼荷英等（2005）、郭晓娜（2008）、陈红（2009）、杨豫晖（2010）、徐泉（2011，2014）、窦岩（2015）、汲传波（2016）等人的研究，结合《国际汉语教师标准》的精神以及汉语教师的教学实践情况，可以归纳出汉语教师信念主要由以下几种基本信念构成：

（一）对所教汉语的信念

汉语教师对所教汉语的信念即对汉语本质和特点的认识和看法。它建立在汉语教师对语言的认识和看法的基础之上。

1. 对汉语本质的认识和看法

即对"汉语是什么"这一问题的回答。有的汉语教师倾向于把汉语看成一个符号系统，注重语音、词汇、语法、汉字等要素知识及其规则，尤其重视词汇和语法等形式教学；有的汉语教师倾向于把汉语看成信息和思想交流的工具，注重语言技能、交际技能，尤其重视语言用法和功能的教学；有的汉语教师倾向于把汉语看成有意义的活动，包括解决问题、完成任务、理解文化等；也有汉语教师把汉语看成一种习惯，注重句型操练；或者把汉语看成中国文化的载体和文化的一部分，注重文化体验；等等。

2. 对汉语特点的认识和看法

作为语言的一种，汉语当然具备语言的共性特点，比如是音义结合体、是思维和交际工具、具有完整的系统、具有生成性等。同时，汉语也有其他语言没有的一些特点。比如，语音音节数量较少，结构简单；元音多，没有复辅音和哑音；有声调；同音词、同义词多；有丰富的量词和语气词；有大量的成语、离合词、文化词、缩略词；语法形态少，缺乏严格意义的形态变化；"意合"为主，隐性语法关系丰富；语序和虚词对语言表达起重要作用；有二维空间的方块结构表义符号；等等。能否认识并在教学中把握汉语的这些特点，在很大程度上影响着汉语教师教学质量和效率的高低。

（二）关于汉语教学的信念

关于汉语教学的信念即汉语教师对汉语教学"是什么""教什么""怎么教"等问题的回答，包括对教学本质、目标、内容、教材、活动、方法、评价等各个方面的认识和看法。

1. 对汉语教学本质的认识和看法

教师对汉语教学本质的认识和看法是不同的。有的教师把汉语教学看成一种特殊的认识活动，倾向于通过对汉语本身的讲解，使学生理解和明白；有的教师把汉语教学看成一种实践活动，倾向于开展一些让学生运用汉语的活动；有的教师把汉语教学看成师生之间的交往和对话，注重师生、生生之间的平等交流、沟通和理解；有的教师把汉语教学看成一种语言生活，倾向于教学的真实性、动态性和生成性；有的教师把汉语教学看成一种中国文化的体验，注重文化活动的开展；有的教师把汉语教学看成对学生汉语学习的指导和促进，注重突出学生的主体地位；等等。对汉语教学本质的认识和理解会极大影响教师教学活动的设计和实施。

2. 对汉语教学目标的认识和看法

汉语教师对教学目标的认识和看法的不同主要体现在教学目标的维度上。有的教师认为汉语教学目标是培养学生的言语交际能力，主要包括汉语知识和技能，即让学生掌握汉语知识、文化知识、听说读写技能，培养其交际能力等，这属于比较传统的认识。有的教师认为汉语教学目标是促进学生的汉语综合运用能力，不仅包括汉语知识和技能维度，还包括汉语学习方法和策略、对汉语和中国文化的情感、学习的态度、跨文化意识、多元文化观念等维度，这属于比较新的认识。对汉语教学目标认识的不同，直接关系到汉语教师的课堂教学设计，比如确定教学重点等。

3.对汉语教学内容和教材的认识和看法

汉语教师对教学内容的认识和看法，即对汉语教学"教什么"这一问题的回答。教学内容取决于教学目标。以前很多汉语教师都认为汉语教学内容主要是汉语知识（包括语音、汉字、词汇、语法）和汉语技能（包括听、说、读、写等），这属于比较传统的认识。有的汉语教师依据《国际汉语教学通用课程大纲》，认为汉语教学内容主要由四个方面组成：语言知识（包括语音、字词、语法、功能、话题、语篇等）、语言技能（包括听、说、读、写等）、策略（包括情感策略、学习策略、交际策略、资源策略、跨学科策略等）和文化能力（包括文化知识、文化理解、跨文化意识、国际视野）。有的汉语教师认为《国际汉语教学通用课程大纲》是一个国际汉语教学理论的纲领性规定，而教学内容是从实践层面来谈的，是汉语教师在教学时所接触的语言材料和活动及其所传递的信息。

汉语教师对教材的认识和看法，即对汉语教学"用什么来教和学汉语"这一问题的回答。有的汉语教师认为汉语教材就是汉语教学内容，教汉语就是教教材（即"教书"），教学不能超出教材的内容范围（即"以本为本"）；只要把教材上的内容教给学生，学生的汉语水平就能提高；教材都是优秀教师和教学专家编的，尽量不要改动或者质疑教材。这些是比较传统的认识和看法。有的汉语教师认为汉语教材是教汉语的一个样例、一种凭借，而不是内容本身，更没有囊括全部教学内容，应该根据学生的情况和教学的需要对教材进行改造（即创造性地使用），比如改编、增补、删减、替换等。这属于比较新的认识和看法。

4.对汉语教学活动和方法的认识和看法

对汉语教学活动的认识和看法涉及教学活动的本质、地位等方面。有的汉语教师认为教学活动就是学生记忆和理解汉语的一种手段，是为更好地记忆和理解汉语知识，更好地掌握语言技能服务的，比如听写、接龙阅读等。有的汉语教师认为教学活动，尤其是言语交际活动就是课堂的主体，所学的词汇和语法等都是为言语交际活动服务的，比如模拟租房、购物等。有的汉语教师认为教学活动是一种特殊的生活，是对当前社会生活的模拟，等等。

对教学方法的认识和看法涉及教学方法的实质和作用等方面。有的汉语教师认同传统的语法翻译法和听说法及其所包含的具体教学方法，比如讲解、翻译、操练、背诵等。有的汉语教师认同任务式教学法和内容本位的语言教学法等交际法及其所包含的具体教学方法，比如合作学习、自主探究、完成某项任务等。有的汉语教师认同"后方法"理念，即汉语教师要形成自己对语言教学的理解，根据自己的具体情况最大限度地创造学生学习的机会，培养学生的学习自主性，促进互动交流，增强学生的语感等。

5. 对汉语教学评价的认识和看法

对汉语教学评价的认识和看法涉及评价的目标、内容、主体、方式等方面。有的汉语教师认为，汉语教学评价旨在甄别、区分学生的汉语水平；评价内容要注重容易测量的具体知识和技能，而且要有一定的难度；评价主体是教师或管理者；评价方式以考试为主。这属于传统的教学评价观。有的汉语教师认为，汉语教学评价旨在检验学生的学习情况，以便更好地促进其语言水平的提高；评价内容主要是汉语交际能力、情感、态度等；评价主体不仅有教师和管理者，还包括学生本人、同学、学生家长等；评价方式是形成性评价和终结性评价相结合，将平时课堂成绩、单元考试成绩、期中考试成绩、期末考试成绩等纳入综合评价体系。这属于发展性的评价观。

（三）关于汉语学习的信念

关于汉语学习的信念，即汉语教师对语言学习的本质、有效学习语言的方法策略等方面的认识和看法。Gow et al.（1993）通过调查总结出教师对学习的信念有以下几种：学习是知识数量的增加；学习是记忆；学习是事实和程序等的获得或者在实践中的应用；学习是对意义的抽象或理解；学习是旨在理解现实的一种解释过程；学习是个人变化的形式。具体到语言学习，有的汉语教师将语言学习看作语言知识的获取，主要通过讲解和举例等方式让学习者掌握语音、词汇、语法规则等要素知识。有的汉语教师将语言学习看作一个习惯形成的过程，倾向于让学生使用反复操练和强化的方法来学习汉语，比如朗读、背诵等。有的汉语教师将语言学习看作学习者的认知过程和意义建构过程，注重让学生结合自己的原有经验记忆来理解汉语和中国文化知识，以便学生有效地掌握汉语。有的汉语教师将语言学习看作一种有意义的心理过程，是学生潜能发挥和自我实现的过程，倾向于让学生在民主、平等、和谐、友好的氛围中自主学习、合作学习，以更有效地掌握语言。有的汉语教师认为学习汉语是体验中国文化的过程，由文化体验而获得汉语交际规则，倾向于让学生参与各种社会文化活动、完成各种任务，借此来学习汉语。

（四）关于汉语课程的信念

关于汉语课程的信念，即汉语教师对汉语课程本质的认识和看法。有的教师把汉语课程看作一门学科或一个学习领域，注重向学生传授汉语本体方面的内容，比如开展汉语知识体系和听说读写等语言技能的训练。有的教师把汉语课程视为学习者的经验，即在语言内化过程中学生获得的经验和结果，这些课程倾向于设置各种各样的汉语学习活动，包括课外的语言实践。有的教师把汉语课程看成一种文化再生产，即向学生传播中国文化，注重教授中国文化和培养学生的汉语思维。

（五）关于汉语教师角色和学生角色的信念

关于汉语教师角色和学生角色的信念，即汉语教师对自己和学生在教学系统中的特定身份、地位，对自己的职责及其相应的教学行为规范和行为模式的认识和看法。有的汉语教师把自己看作汉语知识的讲解者、传授者和教学的控制者，处于师生关系的中心，把学生看作倾听者、接受者、待填充的"容器"、被支配者，倾向于在教学中维护自己的知识权威身份，掌控着汉语教学的进程。有的汉语教师则把自己看作设计者、资源提供者、教学上的合作者、学生学习的引导者、启发者和促进者等，把学生看作参与者、合作者、主动学习者、探究者等，主张在教学中与学生平等探讨和交流，帮助学生自主学习和主动学习，以学生为师生关系的中心。

（六）关于教学效能感

教学效能感是汉语教师对自己教学能力高低的一种认识和看法，也属于教师信念的一部分。这部分将在第七章第二节专门论述。

以上六个方面的信念是构成汉语教师信念的主要方面。

四、汉语教师信念的影响因素

前面提到，汉语教师信念即汉语教师对汉语作为第二语言教学等各个方面确信为真的看法，是一个开放、动态的系统，由各种复杂的因素相互影响而形成。汉语教师在教学方面的经历、经验、认识，以及同事、学校等各个方面的因素都有可能影响其信念的形成或改变。参考 Woods（1996）、唐力行等（1998）[1]、Freeman（2002）、Borg（2003）、吕国光（2004）、吴一安（2005）、郑新民等（2005）、徐泉（2011）、张凤娟等（2011，2012）的研究，我们认为，外语学习的经历、专业教育经历、教学经历和经验、学校已有的教学传统、与汉语教学相关的学科和教学理论知识水平（针对汉语教学学科和教学的研究成果）、同事的教学信念等是影响汉语教师信念的主要因素。这些因素又可分为个人因素和环境因素两类。

（一）个人因素

1. 外语学习经历

外语学习经历即汉语教师本人学习外语的经历（包括经验和教训）。对外汉语教学在本质上是一种第二语言教学，也是一种外语教学。每一名汉语教师都有很长时间的外语学习经历，给其外语教学信念打下了"底色"。比如自己学习外语的成功经验往往会促使汉语教师在教学中愿意相信和提倡某些相似的教学理念和行为；自己学习外语的失败教训也会促使其在教学中排斥某些教学理念和行为。同时，自己学习外语时的教师、家长和同学的一些做法也会对汉语教师信念产生很大的影响。比如，教师在外语教学中怎么处理语音、词汇、语法，重点练习哪些内容，怎么

---

[1] 唐力行等（1998）调查发现我国英语教师赞同整体语言教学和交际法的理论和方法，但受到考试因素、学校因素、教师因素、传统教育因素以及学习资源等方面的影响，难以在课堂上应用这些理论和方法。

评价学生的语言学习水平，家长在辅导自己学习外语时强调自己重点学习什么、如何学习，同学学习外语的经验和教训（比如某个同学外语学习成绩一直很好，主要的学习方法就是大量背诵英语文章）等。这些都会对汉语教师信念产生很大影响。Borg et al.（2004）也提到，教师在学生时期的"学徒式观察"过程中形成的内隐模式对其语言信念、语言学习信念、教学信念等会产生重要影响。

2. 专业教育经历

专业教育经历是指汉语教师职前对语言学、语言教学等相关专业（比如对外汉语、汉语国际教育、语言学与应用语言学等）学习的经历。科班出身的汉语教师都有时间长短不一（有的本科四年，有的本硕七年，有的甚至本硕博十年）的专业教育经历。在这个阶段，语言学、现代汉语、第二语言教学、第二语言习得、文学文化等相关课程都是重点学习内容。有的汉语教师会依托这些课程形成较为全面、深入、辩证的语言观、教学观、学习观等。相反，有的汉语教师可能会形成相对片面的语言观、教学观、学习观等。另外，专业教育中的实习课也对汉语教师教学观、学习观、语言观等产生巨大影响。Bailey（1996）[15-40]发现 ESL 教师（将英语作为第二语言进行教学或研究的教师）早期"学徒或观摩"对其教学观念有深刻影响。比如，如果汉语教师原来一直相信"语言是一种习惯""学习语言主要靠操练"，但在实习时频繁地使用操练的方式却不受学生欢迎，甚至遭到了抵制，那么汉语教师的教学信念会有所改变。

3. 教学经历

教学经历是指汉语教师在课堂上真正从事汉语教学的经历。专业教育经历得来的信念主要是理论上的，大多数都没有得到汉语教师亲自验证。真正从事汉语教学的经历能够对汉语教师有关教学的一些想法、理念进行验证。在此基础上，有教学效果的想法和理念，汉语教师会更加深信不疑，继续坚持；没有教学效果的，汉语教师自然会质疑，甚至做出改变。可以说，来自教学经历或经过教学经历验证的教师信念，更容易被坚持。

教学效能感是汉语教师对自己教学能力的认识和评价。其认识和评价的基础主要是汉语教师自己的教学经历。教学效果好，学生汉语水平提高得快，汉语教师教学效能感自然就高；反之，教学效能感就低。

4. 与汉语教学相关的学科和教学理论水平

与汉语教学相关的学科和教学理论水平是指汉语教师对汉语作为第二语言教学这个学科的熟悉和了解程度。与汉语教学相关的学科有很多，除了最核心的语言学，还有教育学、心理学、社会学等多种学科。教学理论除了国内的汉语教学理论，还有国际上的第二语言教学理论、母语教学理论、教育教学理论等。汉语教师了解的相关学科知识越多，理解得越透，教学理论水平越高，汉语教师信念就越先进，越具有前瞻性。

除了对各个学科及其理论进行了解和熟悉，汉语教师自己或同行对汉语语言学和教学中的问题所进行的研究，也能加深其对所教内容和教学理论的理解，进而影响其教学信念。

（二）环境因素

1. 学校环境

学校环境涵盖的范围较广，包括教学传统、教学年级、学生特点、学生受教育环境等多个方面。每个学校都有自己的教学传统。比如，北京语言大学在对外汉语教学方面就有自己的传统——综合教学法。美国的明德学院暑期中文学校也有自己的传统——明德模式。教学传统往往是被证明行之有效的一套教学理念、课程设置和方法技巧。它往往会影响到汉语教师信念。比如，汉语教师原来相信任务式教学是有效的教学方法，结果任教学校的教学传统是听说法，而且教学效果一直很好，这就会对汉语教师原来的信念产生冲击。如果任教学校的教学传统跟汉语教师信念一致，则会强化其原有的信念。任教年级和学生特点也会对汉语教师信念产生影响，因为年级不同，学生认知特点和理念不同，教学方式也就不同。比如，低年级学生更适合采用活动的方式来学习汉语。教育环境的硬件条件也会对汉语教师信念产生很大的影响，比如缺乏必要的多媒体设备，汉语教师很难实践视听法的某些理念，自然也很难形成信念。

2. 同事的教学信念

同事的教学信念，其实也可以算作学校环境的一部分。汉语教师，尤其是新入职的汉语教师的信念，很容易受到同事教学信念的影响。因为在向同事们请教和学习的过程中，汉语教师会不知不觉地认同其教学信念，然后再模仿同事们的教学行为。出国任教的汉语教师，一般也都有一个"入乡随俗"（即了解、熟悉所在学校普遍的教学信念和行为）的过程。在此过程中，汉语教师信念自然会受到很大影响。

此外，领导的期望、学生的期待和要求等因素也会在很大程度上影响汉语教师信念。Orafi et al.（2009）、Zhang et al.（2014）的研究都表明，教师的教学信念和教学行为受各种环境因素的影响。

第二节 提升汉语教师信念的途径

汉语教师信念的实质是汉语教师对汉语作为第二语言教学各个方面的认识和看法。每位汉语教师都有自己的教学信念，这些教学信念都是在前文提到的各种因素相互影响下建构而成的。那么如何改善和提升汉语教师的信念呢？综合辛涛等（1999）、赵昌木（2002）、谢翌等（2007）、王慧霞（2008）、吕林海（2008）、郑新民等（2005）、洪秀敏（2008）、李家黎（2009）、华厚坤（2009）、杨豫晖（2010）、刘胜男等（2011）、张凤娟等（2011，2012）、肖正德（2013）等人的研究，我们认为，汉语教师可以通过以下途径来改善和提升自己的教学信念。

一、个人反思

汉语教师不断对自己的汉语教学进行反思是改善和提升教学信念的最直接的途径。Wallace（1991）、甘正东（2000）、武继红（2003）、任庆梅（2006）早就提到过反思实践是促进教师专业发展的有效途径。汉语教师的很多信念都是内隐的，深藏在其日常教学行为和习惯之中。只有对自己的日常教学行为和习惯进行深入反思，汉语教师才能见到教学信念的"真面目"，并加以改善和提升。教学信念得到改善和提升，才能进一步带来教学实践的改进。

基于此，汉语教师首先要养成反思课堂教学的意识和习惯，愿意反思，重视反思，尤其在教学理念与教学实践有冲突，或者教学目标与教学结果不一致的时候。同时，对自己日常的教学行为和习惯，汉语教师也要自觉进行反思，以便揭示自己的隐性教学信念。否则，无论是教学行为还是教学信念都很难改善和提升。其次要学会反思，即掌握教学反思的一些基本思路和技能。比如，汉语教师结合自己的外语学习经历、专业教育经历等来分析、明确教学行为背后的信念及其来源；通过反思教学案例来呈现、分析教学信念，即思考为什么这么做、这么做可能带来什么么结果、这么做反映了什么样的教学理念；通过深入探索教学理念、教学实践和教学结果不一致的典型情景来分析其信念（这种典型情景属于改善和提升信念的诱发事件）；对现有的汉语教师信念依据一定的程序进行细化、分解；等等。Stanley et al.（1999）把反思过程整合为六个步骤：（1）回顾（think back）；（2）记住尽可能多的细节（try to remember as much detail of the events as possible）；（3）探究原因（investigate reasons for the events）；（4）根据不同的理论框架重新构建事情的过程（re-frame events in light of several theoretical frameworks）；（5）从不同的角度去思考（generate multiple understandings）；（6）根据已发生的事情的分析结果以决定下一步所要采取的措施（decide on what needs to be done next in relation to the analysis of what has already happened）。Deardorff（2012b）曾提出过一个反思提高的"OSEE"框架：（1）观察课堂上发生了什么，即 Observe(and listen to) what is happening；（2）客观表述发生了什么，即 State objectively what is happening；（3）对所发生的事情尝试进行多种解释，即 Explore different explanations for what is happening；（4）评价最有可能是哪种解释，即 Evaluate which explanation(s) is the most likely one(s)。汉语教师可以用这个框架来反思自己的课堂教学情境（或片段），进而提高或转换自己的教学信念。

二、了解汉语教学新发展

　　一般来说，汉语教师如果接触到大量有关第二语言教学的新信息，其教学信念就更容易发生变化。相反，如果不了解第二语言学科教学各个方面的新发展，汉语教师的教学信念和教学实践则容易在某个层次上达到某种"平衡"。比如，有的汉语教师认为语言是一种习惯，第二语言教学就是汉语教师帮助学生形成一种新的习惯，所以在教学中频繁使用操练等方式，甚至可能会习惯性地重复、延续使用这种教学方式。在这种情况下，汉语教师的教学信念和行为就达到了一种"平衡"。如果没有新信息的刺激打破这种"平衡"，汉语教师的教学信念就无法得到改善和提升。但如果了解到汉语教学界更符合教学规律、更有利于提高学生交际能力的学科教学理念（比如语言是一种交际工具，语言学习应该在完成任务的过程中伴随完成），汉语教师就有可能会产生"试一试"的意向，其教学信念才有改善和提升的机会和可能。Smith（1996）在对 9 名有经验的教师进行研究的基础上发现，教师的决策受其第二语言理论知识和个体思维的影响极大。

了解了汉语教学各个方面的新发展，汉语教师才有机会接触到相关的新信息，才能通过间接经验推动信念的改变。这同时也是汉语教师信念改善和提升的基本条件。比如，一个长期使用听说法教汉语的教师，在了解了交际法、任务式的语言教学模式后，可能就会有"试一试"的想法；如果在实践过程中发现交际法、任务式教学模式更为学生所接受，教学效果也好，汉语教师信念就有可能改变，进而彻底改变自己的教学行为和习惯。再如，一个曾长期在国内教汉语的教师在国外接触到沉浸式语言教学，也有可能会改变自己的汉语教学信念。

那么，如何才能了解到汉语教学各个方面的新发展呢？首先，汉语教师要有积极进取的意识和终身学习的态度。有了积极进取的意识，汉语教师才会有意识地进行专业发展，才会自觉改进原有的信念及采取行动提升实践效果；有了终身学习的态度，汉语教师才会及时通过学术期刊、专业书籍、专业学术会议、学术沙龙等形式了解汉语教学（乃至语言学、教育学等）发展的前沿，及时获取新信息，为改善和提高自己的教学信念和行为创造条件和机会。其次，汉语教师要积极参加在职培训项目，尤其是那些能够结合汉语教学实践的针对性培训，以便深入理解新理念，切实掌握一些新理念指导下的具体教学方法和策略，比如小组合作学习、中国文化体验、档案袋评价等。这些教学方法和策略如果能带来更好的教学效果，就会促进汉语教师对已经习惯的教学实践和行为进行反思，使其认识到原有信念的不足，进而形成新的信念。

三、实践教学新理念

利用自己的教学经验进行个性化建构，是汉语教师信念改善和提高的又一基本途径。Freeman（1996）认为教师的学习是一个建立于课堂实践之上的复杂过程，这个过程包含了知识（knowledge）、技能（skills）、态度（attitude）和意识（awareness），以及在这些要素的基础上教师做出决定的过程。Little（2002）也曾提到教师专业发展应根植于教学实践，在实践中学习和向实践学习。如果只是认识到原有的信念不够先进，汉语教师并不能更新自己的教学信念，更谈不上改变自己的教学行为。只有经过教学实践的验证，有关教学的新理念才有可能为汉语教师所认同，成为其新的教学信念。Allwright（2003，2005）曾在行动研究基础上提出以理解语言课堂生活质量为宗旨的"探索型实践"（exploratory practice），其实质就是通过探索型教学实践来增强对语言教学的认识和理解，进而改善和提升教师的教学信念。

因此，汉语教师首先要积极实践各种新的教学理念，利用实践经验来促成教学信念的改善和提升。对在职汉语教师来说，应重点对教学实践中那些与自己原有信念不符的情境进行探索，检验自己原有的信念，同化或顺应新的信念，重塑自己的教学行为。比如，国内很多汉语教师一直认为课堂上的汉语输入要与学生的语言能力水平相适应，以便加深巩固（原有信念）；在接触到克拉申（Krashen）"i+1"理论（新的教学理念）后，汉语教师在课堂上尝试向学生输入稍高于其当前水平的汉语，如果学生的汉语水平确实提高得更快，那么汉语教师就会认定课堂上的汉语输入一定要稍高于学生的语言能力水平，以便更好地促进其习得汉语（改善和提升后的信念）。可能有的汉语教师还会接触到赞可夫提出的以高难度进行教学的原则，从而在课堂上向学生输入更难的汉语，学生可能会理解不了，这时汉语教师就会认定以高难度进行教学的原则并不适合汉语课堂。当然，如果有机会观察各种不同理念的汉语课堂，汉语教师还可以在比较的基础上改善和提升自己的教学信念。

其次，要在教学实践的基础上有针对性地进行研究。基于自己教学实践中发现的问题，尤其是跟自己原来想法有出入的问题，汉语教师要积极进行研究，弄清楚问题背后的具体原因，然后结合自己的教学实践改进教学行为，进而促进教学信念的改善和提升。王伟清（2016）通过对第二语言教师口头修正性反馈的效果进行研究发现：明晰度较高的反馈（即显性反馈）比明晰度较低的反馈（即隐性反馈）更为有效；诱导输出式反馈的效果优于直供输入式反馈。相应地，有关教师口头修正性反馈的信念也会得到改善和提升。

四、多与同事、专家交流

多与同事、专家交流也是汉语教师改善和提升教学信念的重要途径之一。Freeman et al.（1998）就曾提到："教师学习是一个社会协商的过程……教师的知识是在与学生、家长、管理者和同行的社会交往过程中形成的。"任何一位汉语教师的学术视野都是有限的。与同事、专家之间的交流可以让汉语教师了解到第二语言教学各个方面的新理念。

汉语教师要积极创造机会与同事或专家进行交流。首先，组织工作坊，开展同事之间（尤其是资深教师和新手教师、专家教师和熟手教师之间）的交流和对话，为汉语教师创造机会，使其增强对语言教学的认识，转变教学行为，形成新的教学习惯，完善教学信念。其次，建立同事间的汉语教师实践共同体（同课型的三五个同事即可）。在分享先进理念和优质资源的基础上，汉语教师通过集体备课、相互听课等方式相互帮助和支持，共同探索如何更好地改变教学实践，进而改善和提升教学信念。杨鲁新（2016）研究发现，集体备课有利于英语教师更新教学理念，并对教学实践产生积极影响。最后，建立汉语教师和专家的研究共同体，针对教师在教学实践中运用新理念、新模式时所出现的问题进行合作研究，共同探索，寻找解决方法，促进汉语教师信念的改善和提升，进而将正确的教学行为习惯化。

在学校层面营造信任、合作、互助、探索、创新的良好氛围，并建立一套公平、合理、有效的汉语教师评价制度，也有利于汉语教师信念的改善和提升。

第四章　国际汉语教师知识

　　掌握一定的有关汉语教学各个方面的知识，对汉语教师非常重要。它不仅是成为一名合格的汉语教师的基本要求，是汉语教师有效开展教学的必要条件，还是汉语教师实现专业成长、成为优秀的汉语教师的基础。汉语教师知识研究主要是探讨一个合格或优秀的汉语教师应该具备哪些知识，才能为有效的汉语教学奠定较好的基础。

　　本章先对汉语教师知识的内涵、特点、知识结构等方面进行介绍，再在此基础上探讨汉语教师应该着重积累和建构的学科教学知识和实践性知识。

第一节　对汉语教师知识的认识

本节主要从内涵、特点、结构等几个方面来认识汉语教师知识。

一、汉语教师知识的内涵和特点

（一）汉语教师知识的内涵

1. 知识和知识观

《现代汉语词典》（第 7 版）对"知识"的解释是"人们在社会实践中所获得的认识和经验的总和"。在《教育大辞典》中，"知识"被界定为"对事物属性与联系的认识，表现为对事物的知觉、表象、概念、法则等心理形式"（顾明远，1990a）[144]。《实用教育大词典》把"知识"界定为"精神活动的产物，不是从过程而是从结果的角度对客观现实的反映。在科学理论中，在艺术中，在各种符号系统中，知识的结晶表现出认识过程中的稳定性因素。所有先前社会认识活动的成果，都以人们可以掌握的现成知识形式表现出来"（王焕勋，1995）[623]。

这三部在语言学界和教育学界具有代表性的词典对"知识"的解释虽详略有别，但实质都强调"知识是人对客观事物的认识，是客观现实的反映"。

知识观属于人们对知识的基本认识和看法。它不仅能界定知识的标准，即知识是什么，而且能判定什么知识最有价值、最重要。不同的知识观有不同的知识界定标准，也有不同的价值判定。

客观主义知识观和建构主义知识观是两种基本的知识观。

客观主义知识观有时也称为传统知识观。客观主义知识观认为，知识是客观事物本质属性或者事物之间本质联系的反映；它独立于认识主体，具有客观性；它超越各种社会和个人的条件，可以通过语言、符号等形式表现出来，并进行传递，在各种情况下都可以被其他认知主体所证实和接纳，因而具有普遍性；它只与认知主体——人的理性认知能力有关，而与其身份、地位、情感、价值取向没有关系，因而又具有价值中立性。

建构主义知识观认为，知识是认知主体基于客观性上的主观建构，即认知主体在一定情境中与认知对象（即客观事物）相互作用，以自己特有的经验和方式对认知对象进行选择、改造并赋予其独特意义，因而知识具有主观创造性和相对性；认知主体在建构知识的过程中，不可避免地融入情感、态度、兴趣、价值取向等主观性的成分，因而知识具有价值倾向性；知识有一定的客观性，但这种客观性不是独立于人的客观反映，而是符合一定文化传统中的认识规则或价值观念，或者说是认知主体尤其是共同体成员之间能相互检验的一种逻辑关系（比如"喜鹊"在汉语语境中有"吉祥""报喜"的文化意蕴），因而知识具有文化性；认知对象总是存在于一定时间、空间、事件等情境因素之中，认知主体在特定的情境中对其进行解释，寻求其对于自己的独特意义，在此过程中完成对知识的建构，因而知识具有境域性；认知主体的认识能力等各方面在发展，认知对象也在发展，因而知识具有动态发展性。

明确了这两种既有区别又有联系的知识观以后，不难发现，以上三部词典主要是从哲学认识论的角度来界定"知识"的，属于比较传统的客观主义知识观。

2. 汉语教师知识

汉语教师知识是指汉语教师的专业知识，即为有效开展教学活动、实现教学目标而应具备的各种知识的总和。理解这个定义的关键在于如何理解其中的"知识"，是理解为"客观事物规律及其关系的反映"，还是理解为"认知主体在与客观事物相互作用中所进行的主观建构"。在知识理解方向上的不同选择，会影响到汉语教师关注学习的具体内容和提高进步的方向，进而影响汉语教学的其他方面。

我们先尝试将知识理解为"客观事物规律及其关系的反映"。持这种客观主义知识观，意味着汉语国际教育活动中存在一种客观知识，这种知识具有普遍性，而且表现为现代汉语、语言学、教育学、心理学等学科知识；这些学科知识都是由该学科领域的专家研究发现的，但因为具有普遍性，可以被汉语教师接纳和掌握；而且业界专家和教师们都相信，只要掌握了汉语国际教育活动中存在的这些学科知识，汉语教师就可以顺利开展汉语教学，预见和解释教学中出现的各种情况和现象，进而有效控制汉语教学活动的发展方向，实现教学目标。

　　基于以上分析，这种客观主义知识观视角下的汉语教师知识，即汉语教师所应具备的、与汉语教学相关的各门学科知识，比如汉语语言学知识、教育学知识、心理学知识、中国文化知识等，都是既定的，作为研究结果已经被语言、符号等形式表征出来，汉语教师只需要记忆、理解、掌握和运用即可。一般来说，这种知识掌握得越多、越精通，汉语教师的教学水平就越高，就越有可能成为优秀的汉语教师。但从教学实践效果来看，很多汉语教师虽然掌握了相关学科的知识，但往往不能顺利地将其运用在汉语教学实践中，也很难取得理想的教学效果。究其原因，在于实际的汉语教学情境千差万别，而汉语教师记忆和掌握的各种学科知识则是由学科专家抽象出来的、客观的、普遍的知识，二者很难有效对接，从而导致教学效果不理想。

　　相反，持建构主义知识观，将"知识"理解为"认知主体在与客观事物相互作用中所进行的主观建构"，可以使汉语教师不再局限于掌握汉语语言学科的普遍性规律和规则，而是在具体教学实践的基础上对这些"普遍性的规律和规则"进行建构，形成大量的具有实践性、案例性、情境性且有利于学习者理解的具体知识。这种知识更容易迁移，即更易于被汉语教师应用在具体教学实践中，从而帮助其顺利开展教学活动，实现教学目标。

　　比较研究后发现，汉语教师应持建构主义知识观，不满足于只具备现代汉语、语言学、教育学、心理学、语言教学法等学科知识，还需要在掌握这些具体学科知识的基础上，积极进行教学实践，并借此建构适合具体教学情境的汉语语言学知识、案例性知识、技巧性知识、学习者可能遇到的难点等知识。这些知识基本都是汉语教师在教学过程中自己建构的，因而具有文化性、境域性、独特性和价值性。

　　比较之后，可以这样界定汉语教师知识：

　　汉语教师知识从其本质上说属于汉语教师在教学实践过程中基于汉语语言学科规律、规则和概念等学科知识进行的主观建构，它是一个包含多种知识类型的复杂知识结构，具体包括汉语语言学和教育学等相关学科知识、实践性知识、学科教学知识、情境性知识、有关教师和学习者的知识等多种知识类型，其中汉语语言学和教育学等知识属于客观、普遍、价值中立的理论知识，实践性知识和学科教学知识属于教师主观建构的知识，是属于教师个体的、实践性的、情境性的、开放的、动态发展的、富有价值倾向性的汉语教学知识。

有一点需要强调，我们持建构主义知识观，但并不否定反映普遍规律的各门学科知识。这些学科知识同样重要，它们是前人认识的结晶，能为汉语教师建立知识结构奠定基础，对教师从事汉语教学工作具有不可替代的意义。如果缺乏相应的具体学科知识，汉语教师将无从建构自己的知识结构。但汉语教师不能止步于此，而应在理解掌握具体学科知识的基础上在教学实践情境中积极地对其进行改造、丰富和应用，积累经验和教训，建构属于自己的、对自己有独特意义的实践性知识和学科教学知识。

（二）汉语教师知识的特点

教育界有一些对教师知识特点的研究，比如刘清华（2004）曾论述教师知识的七个特点，即目的性、创造性、复合性、开放性、超前性、差异性、动态性；周福盛等（2005）也提到教师知识具有整体性、实践性、建构性、动态性等。在此基础上可归纳出汉语教师知识主要有以下几个特点：

1. 客观性与建构性的统一

汉语教师知识是一个复杂的存在实体，既包括汉语语言学、教育学等理论知识，也包括学科教学知识、实践性知识等个人建构的知识。理论知识具有客观性，可以通过记忆、理解等方式来掌握；学科教学知识和实践性知识具有建构性，需要汉语教师在教学实践中结合具体内容、教学情境来建构。因此，客观性与建构性的统一是汉语教师知识首要的本质特点。具体来说，新手或初任汉语教师知识的客观性特点更明显，因为其拥有的理论知识更多，教学经验却不多，还没有建构太多属于自己的知识；熟手或专家型汉语教师知识的建构性特点更明显，因为其已经积累了相当多的教学经验，形成了自己的实践性知识架构，原有的学科理论知识都已经被融进教师自己建构的、对顺利开展教学有直接效用的实践性知识中了。

2. 理论性与实践性的统一

汉语教师最初掌握的汉语语言学知识、教育学知识等学科知识基本上都是理论知识，是汉语教师知识的重要组成部分。王宗炎（1993）就曾论述过语言学知识对英语教师的意义。桂灿昆（1980）更是一直强调语音学知识对英语教师和英语教学的重要作用。但同时，这些理论知识只有在教学实践中经过汉语教师的建构，才能真正应用到汉语教学中，具有实践意义。否则，即便在形式上被记住了，也很难对汉语教学产生影响。比如，一些语言学或教育学的博士理论知识很丰富，但未必就能成为一名优秀的汉语教师。原因就在于他们的知识并没有在实践中得到建构或者转化，无法在教学实践中应用。所以，真正属于汉语教师的知识是他自己在教学实践中建构的，具有很强的实践性。话又说回来，汉语教师建构实践性知识时应吸收、融合不断发展的各学科理论知识，尤其是汉语语言学知识、教育教学知识等。理论性和实践性是需要不断互动的。

　　3. 普遍性和情境性的统一

　　汉语教师知识是一个复杂的存在，既包括汉语语言学、教育学等理论性的知识，也包括汉语教师在教学实践中建构的实践性知识。理论知识的基本特点之一就是普遍性，即知识能适用于各种情境，可以用语言、符号等形式明确地表述出来，也可以被所有的汉语教师记忆、理解和掌握。因此，汉语教师知识具有一定的普遍性，即任何一名合格的汉语教师都应该掌握一定的汉语语言学知识、教育心理学知识、中外文化知识等。此外，汉语教师知识中还有很大比例的实践性知识，这些实践性知识是由汉语教师在特定教学情境中建构而成的。这类知识与特定的教学情境交织在一起，其意义也由特定的教学情境来确定，只有遇到相同或类似的教学情境，这种实践性知识才能被顺利地迁移、使用并发挥作用。因此，汉语教师知识也有一定的情境性。一般来说，新手教师知识的普遍性更强一些，因为他们建构的实践性知识还不多；熟手教师、专家型教师知识的情境性更强一些，因为他们所掌握的理论知识很多都已经被改造和转化为实践性知识的一部分了。

　　4. 跨文化性

　　跨文化性属于第二语言教师知识的专有特点。首先，汉语教师知识结构中有一种重要的知识类型——中外文化知识，这是汉语教师在教学中建构实践性知识的"原料"之一。换句话说，汉语教师的实践性知识包含很大比例的"跨文化"成分。其次，汉语教师所从事的是汉语作为第二语言的教学工作，所面对的教学对象是母语非汉语的学习者。学习者文化背景各异，带有各种文化环境中的生活方式、价值取向、意识形态、信仰、传统观念、风俗习惯、思维方式等，他们要学习的汉语以及中国文化，包含中国的生活方式、价值取向、意识形态、信仰态度、传统观念、风俗习惯和思维方式等，汉语教师在教学过程中势必产生跨文化交际，不同文化之间也会有沟通、对话或者碰撞。因为很多知识内容只有在一定的文化背景下才具有相对的正确性和合理性。离开适当的文化场景，很多知识的意义可能会改变。

5. 动态发展性

汉语教师知识不是静止不动的，而是不断发展的、动态的、开放的。首先，汉语教学所涉及的各个学科（现代汉语、语言学、教育学、心理学）都是不断发展的，即汉语教师知识的各个组成部分是不断发展的，汉语教师会不断接触到学界各个方面的新信息、新理念、新的教学实验结果等。其次，随着教学经验的积累、学习的日渐深入，汉语教师的认知能力也在不断发展，对教学内容和汉语教学本身的理解也在改变、深化和发展。最后，学习者的汉语水平、认知特点、教育传统、文化背景、民族等各方面不同，教学条件（时间、空间、环境、技术条件等）不同，汉语教师建构实践性知识的教学情境也不相同。这些变化不但要求汉语教师及时发展、更新自己的知识，而且提供了相应的条件。因此，汉语教师只有不断反思、更新自己的知识，才能适应、应对新情况，更好地进行教学实践。应该说，汉语教师知识一直处在动态发展的过程中。

6. 多元复杂性

汉语教师知识是在诸多"原料"上建构而成的，既有现代汉语、语言学、文学、文化以及适当的古代汉语等本体知识，也有教育学、心理学、教育技术等条件性知识，还有汉语教师自己原有的经验、认识、情感、态度等，以及有关学习者、教学情境等各个方面的知识；既有感性知识，也有理性知识；既有事实性知识，也有方法性知识；既有学科理论等客观性知识，也有教师教学经验等实践性知识，在实践性知识中还蕴含着很大一部分模糊知识和缄默知识（无法明确说明，解释不清，甚至意识不到的知识）；既有强调明确、具体的知识（比如某些语言点的语用规则和功能项目的适用范围），也有广博、庞杂、多样的知识（比如文化、习俗、百科知识等）。即便在某个具体的语言点上，也有从不同角度、使用不同方法得出的不同见解和观点。另外，汉语教师头脑中的这些知识并不会"安分守己"地待着，而是在教学实践中相互作用、相互转化，最后形成具有鲜明的个人特色的实践性知识。可见，汉语教师知识是多元综合的，也是复杂多样的。

7. 整体性

汉语教师知识的"原料"虽然是多元的、复杂的，但对汉语教师个人来说，其所掌握的知识应该是一个完整的、结构良好的知识整体。首先，这些多元的、复杂的"原料"都是必需的，如果缺了某个部分（比如一般教学法知识），汉语教师往往不能很好地完成教学任务、实现教学目标。其次，这些多元、复杂的知识经过一定时间的教学实践，往往会相互融合，建构成一个相互渗透、相互交叉的整体——学科教学知识或实践性知识。在学科教学知识或实践性知识中，我们很难再将其分为截然不同的知识类型。这表现为，多数汉语教师在具体教学实践中很难再清晰地意识到自己所具备的多元知识门类的范畴和边界。不仅在具体教学过程中，即便在教学结束后，汉语教师也往往说不清楚自己在教学过程中和解答疑难时用了哪种知识，没有用哪种知识。McEwan et al.（1991）就反对将教师知识分为学科知识和教学知识，认为所有的学科知识都含有教学法的维度，其实质就是把教师知识看成一个不可分割的整体。

二、汉语教师应具备的知识结构

（一）汉语教师知识结构的内涵

《教育大辞典》定义知识结构为"知识领域内事实、概念、观念、公理、定理、定律等的组合方式。可分为：（1）学科知识结构……（2）个体知识结构……（3）群体知识结构……"（顾明远，1990a）。另一说是指"一个人不同性质、不同学科的知识构成。人们的知识结构是教育（包括自我教育）的产物。它反映时代的知识水准及时代的需要，而知识结构决定着人们的智力结构和认知方式。在一个人的一生中，知识结构都处在不断的重建之中"。（王焕勋，1995）[624] 在此基础上，可以这样界定"汉语教师知识结构"：

它是汉语教师头脑中不同性质、不同学科的知识构成，表现为不同类别、不同层次的知识及其相互关系。它反映了从事汉语作为第二语言教学工作的知识需要，可分为汉语教师个体的知识结构和汉语教师群体的知识结构。

（二）有关教师知识结构的已有研究

1. 教育界有关教师知识结构的研究

在国外，针对教师知识结构的研究始于 20 世纪 60 年代，到 80 年代以后成果越来越多。研究路径主要有两条。第一条路径是通过对教师群体的调查分析得出教师应具备的知识结构，代表性研究成果有 Shulman（1986，1987）、Grossman（1990）等学者提出的教师知识结构。在对在职教师进行个案研究的基础上，美国教育家 Shulman（1986，1987）提出教师基本知识结构应包括七种知识类型：学科内容知识（knowledge of content），教学知识（knowledge of pedagogy），课程知识（knowledge of curriculum），关于学习者和学习的知识（knowledge of learners and learning），教育情境知识（knowledge of contexts of schooling），学科教学知识（pedagogical content knowledge），关于教育哲学及教育目标、目的的知识（knowledge of educational philosophies, goals, and objectives）。Grossman（1990）将教师知识分为一般性教学法知识（general pedagogical knowledge）、学科内容知识（subject matter knowledge）、学科教学知识（pedagogical content knowledge）和情境知识（knowledge of context）。虽然各位学者研究得出的知识结构稍有不同，但基本都提到了学科内容知识、一般教学法知识、学科教学知识、有关学生的知识和情景知识等几种。但也有学者认为教师的这种知识结构是静态分析的结果，而且显得支离破碎；在此基础上，Cochran et al.（1993）提出应把"学科教学知识"（pedagogical content knowledge）改为"学科教学认知"（pedagogical content knowing），强调其动态性，突出构成学科教学认知的四种知识的有机融合，即学科的知识、教学的知识、有关学生的知识和背景知识。该研究认为只有将这四种知识有机结合起来，才能有效地组织课堂教学。Koehler et al.（2005）则进一步提出了整合技术的学科教学知识（technological pedagogical content knowledge）。第二条路径主要是从教师知识的实践性、情境性、模糊性和个人性等方面进行研究，提出了教师个人实践性知识这一新维度，代表性学者有 Elbaz（1981）。这种观点强调了普遍适用的客观知识在教学实践过程中经过教师的融合、改造、发展和积累，最后形成一种属于教师自己的独特性知识，而且极具情境性、个人性和针对性，蕴含着个人喜好等价值特征；它是在教师个人经验的基础上和一定的教学实践情境中形成的，是教师以独特的方式拥有的一种特别的知识；这种知识中的很大一部分难以用语言来表达。

　　国内探讨教师知识的研究也可分为两类。第一类是对教师应具备的知识结构进行研究。有的属于静态分析，有的涉及实践性知识，有的属于经验研究，有的则是依据某个学科（如认知心理学）进行分析。其中叶澜（1998）和辛涛等（1999）的研究最具代表性。叶澜（1998）认为教师的专业知识包括三个层面，具有复合性的特征：第一层面是掌握有关科学和人文两方面的基本知识，以及当代重要的工具性学科的知识与技能，它不仅能适应教育工作的特殊要求，而且能为教师的继续教育、持续发展提供保证；第二层面是掌握1~2门学科的专门性知识和技能，了解本学科发展的历史及趋势、科学家的创造活动和科学精神等方面的知识，以便充分发挥学科知识的教育作用；第三层面是掌握认识教育对象、开展教育活动和研究所需的教育学科知识和技能。如教育原理、心理学、教学论、学习论、班级管理、现代教育技术等，教师对这些知识和技能的把握不能只停留在学科水平上，而要学会综合运用。辛涛等（1999）从认知心理学的角度对教师知识进行了探讨，认为教学是一种认知活动，教师知识是教师进行认知活动的一个基础，从其功能出发，教师知识包括四个方面：本体性知识，即教师所教学科的知识；条件性知识，即教师所具有的心理学和教育学知识；实践性知识，即教师在实现有目的的教学行为时所具有的课堂情境知识以及与之相关的知识；文化知识。龚亚夫（2011）认为，英语教师的知识和能力体系应包括语言能力、语言知识、教学法、对学习过程与学习者的认识、对课程与教学过程的理解、测试评价知识、教育技术、社会文化、思维认知等九方面要素。第二类研究主要集中于对教师知识的某个知识类型进行研究，比如教学法知识、学科教学知识、实践性知识、缄默知识等。这些知识类型的概念都来自国外，国内的研究主要是借鉴、引介、分析、论证这些知识类型，或者具体放到某个学科的教师身上进行探讨，比如朱华章（2003）、蔡铁权等（2010）、王艳（2011）、梁永平（2012）、王玉萍（2013）、刘乃美等（2016）等。吴一安（2008）提到了大学英语教师的解放性知识。许悦婷等（2008）用叙事研究的方法探讨了大学英语教师的形成性评估知识。此外，刘元满（2000）还介绍过日本的日语作为第二语言教师所应具备的知识。

2. 有关汉语教师知识结构的研究

汉语教学界对汉语教师知识结构的研究早在 20 世纪 80 年代就已出现。韩孝平（1986）提到对外汉语教师专业基础知识应包括：系统的现代汉语语音、词汇、语法和文字知识；国内外同行关于汉语教学的理论和经验；与语言教学有关的理论（普通语言学、社会语言学、心理语言学、教育心理学等）；中国的概况及文化习俗；世界各国情况及学生所在国家的简单情况。吕必松（1989）认为胜任对外汉语课堂教学工作需要具备比较广博的专业知识和文化知识，具体包括语言学知识、心理学知识、教育学和语言教学法知识、文学知识、其他文化知识等几项。张亚军（1990）认为对外汉语教师的知识结构有深层结构和表层结构两个层次：深层结构包括语言学知识、心理学知识、教育学知识和文化知识。表层结构即语音标准，口齿清晰；熟练掌握汉语拼音方案；使用简体字；书写汉字工整、清楚、正确；有一定的外语水平。邓恩明（1991）提到对外汉语教师应具备的知识有汉语理论知识、语言教学法理论知识、语言学知识、心理学知识。肖祥忠（1997）认为对外汉语教师的合理知识结构包括语言教学法知识以及作为其基础的语言学知识、至少一门外语知识、本族文化和学生母语文化、有关心理学的知识。刘珣（2002）认为从知识结构方面来看，汉语作为第二语言教师应具备汉语知识、中国文学和文化知识，以及语言学、心理学和教育学知识。崔希亮（2010）提到一个好的汉语教师应该具备汉语言文字学知识、语言学理论知识、教学和学习理论知识（尤其是第二语言习得知识）、中国文化和中国社会历史知识、教育心理学知识、外语和学生所属国家知识、关于中国的百科知识等。张宁志（2012）认为汉语教师应该在语言学（包括社会语言学、文化语言学、心理语言学等）、心理学（包括教育心理学等）、教育学、文化学、跨文化交际学等方面具备相当的知识，要研究包括本体论、教学论、习得论和工具论等诸多方面的问题。王素梅（2013）认为汉语教师应该掌握汉语基本知识、掌握第二语言教学法理论和学习理论、掌握中国文化知识和掌握跨文化交际方面的知识。陆俭明（2010）曾提到汉语教师必须具备合理的知识结构，具体包括：扎实的汉语言文字学的功底；有关中国的方方面面的知识；一定的教育学和外语教学的知识；一定的心理学知识；一些百科知识。

不难发现，以上诸位学者在有关汉语教师知识结构上的观点是基本一致的，也代表了学界对汉语教师知识的认识水平。这一共识性的观点就是，汉语教师知识结构应包括现代汉语知识、语言学知识（包括外语知识）、语言教学法知识、心理学知识、教育学知识、文学知识、文化知识、百科知识。

3. 简要评论

对照教育界有关教师知识结构的研究，再结合前文论述的汉语教师知识的内涵和特点发现，学界对汉语教师知识结构的研究具有以下特点：第一，意识到了汉语教师知识的独特性（比如提到了"外语知识""外语和学生所属国家知识"），但基本上属于"学科知识＋教育学知识"的模式，缺乏系统、具体、独特、专属的汉语教师知识，比如在教学实践中根据教学原则对汉语知识进行改造后形成的学科教学知识。第二，显得不够完整，提到了学科内容知识（比如现代汉语知识、语言学知识）、有利于教学的知识（比如教育学、心理学、语言教学法知识）、文化知识、百科知识等，但缺乏实践性知识、学科教学知识、情境性知识、有关教师和学生的知识等。第三，属于学者根据自己的教学经验或观感得出来的结论，没有实证后的量化研究，也缺乏清晰的教师知识理论框架。第四，都属于客观性的学科理论知识（即作者都持客观主义知识观），缺少对教师自已建构的知识的关注。而学科教学知识、实践性知识和缄默知识等知识类型，属于汉语教师知识结构的重要组成部分，可以极大地丰富和深化我们对汉语教师知识的认识和理解。

（三）汉语教师应具备的知识结构

在以往研究的基础上，可以认为，汉语教师的知识结构至少应包括学科内容知识、一般教学法知识、汉语学科教学知识、有关汉语学习者的知识、教学情境知识、中外文化知识和实践性知识等几种知识类型[1]。

1. 学科内容知识

学科内容知识主要是指汉语教师所教授的汉语语言学知识。它具体包括汉语知识（如语音、汉字、词汇、语法、功能、话题、语篇等）和语言技能（听、说、读、写等），有时还会涉及一些古代汉语知识等。

汉语学科内容知识属于本体性知识，是汉语教师"教什么"的知识。它是汉语教师取得任教资格的基本前提，也是判断汉语教师是否合格的主要维度，还是学科教学知识和实践性知识的重要基础和依托。张学民等（2003）通过实证研究发现，本体性知识是教师课堂教学能力发展的前提和基础，是教师有效地进行课堂信息加工所必备的知识。周燕（2005）、吴一安（2005）也都指出英语基本功或掌握英语基础知识是英语教师的最基本素质。汉语教师要发展和提高自己，其中很重要的一点就是要透彻地掌握汉语学科内容知识。具体来说就是汉语教师不仅非常熟练地掌握和精通语言知识、听说读写等言语技能，有很强的语感，而且能够从一定的高度来把握汉语知识的结构性，明确它的系统性和各部分知识之间的逻辑关系；抓住整个汉语知识结构中的核心概念和基本理论；准确把握汉语知识的特点（尤其是相对于学习者母语的特点）、重点和难点，以及学习者容易犯错的语言点；等等。可以说，汉语教师水平越高，其对汉语学科内容知识的把握就越透彻、越清楚、越明白，其教学就越不局限于教科书内容，而是根据学习者的具体情况对教学内容有效地进行重新组织和安排（包括适度的增删、条理化、清晰化、多样化），越能有效地启发学习者并与其进行有意义的对话。

---

[1] 这里主要讨论普通汉语（CGP）教师，如果是专门用途汉语（CSP）教师，还应具备相关的专业知识，比如商务知识、旅游知识、医学知识等。

2. 一般教学法知识

一般教学法知识是指汉语教师在教汉语的过程中要用到的教育学、心理学知识，具体包括课程理论、教学理论、学习理论等各个方面的知识，也包括外语教学法知识，尤其是外语教学的基本概念、教学原则、教学策略和技巧、语言测试和评估等知识。

一般教学法知识属于条件性知识，是汉语教师"怎么教"和"怎么更好地教"的知识。它是汉语教师取得任教资格的基本前提，是判断汉语教师是否合格的主要维度，是学科教学知识和实践性知识的重要组成部分，也是有效教学的基本保障。汉语教师要发展和提高自己，可以在教学实践中慢慢领会、把握和运用一般教学法知识，尤其是外语教学法知识，为更好地建构汉语学科教学知识和实践性知识奠定基础。可以说，汉语教师教学水平越高，其对一般教学法知识掌握得越好，就越能够从教育教学的角度来理解、把握、传递汉语学科知识和训练汉语技能，越能使用多样化的教学方法和策略。

3. 汉语学科教学知识

汉语学科教学知识其实是汉语教师对汉语学科内容知识的一种"教育学"改造，是汉语学科内容知识和一般教学法知识的融合，同时也融合了有关学习者的知识、教育情境知识等。这种知识类型是汉语教师特有的，对汉语教学极其重要。这部分内容会在本章第二节详细介绍。

4. 有关汉语学习者的知识

有关学习者的知识包括学习者的身心发展特点、年龄、智力、语言学能、原有知识和汉语水平、经验和经历、学习动机、学习方法、学习态度、学习风格、学习需要、个性、情感、家庭背景、第二语言习得知识等。

有关汉语学习者的知识也属于条件性知识，同样是汉语教师取得任教资格的基本前提、影响汉语教师教学质量的主要因素，是学科教学知识和实践性知识的重要组成部分。任庆梅等（2010）的调查就表明大学英语教师对第二语言习得知识重要性的认可度比较高。同理，第二语言习得知识对汉语教师同样重要。换句话说，只有了解了学习者的基本情况和各个方面的特点，汉语教师才能进行个性化教学，形成有针对性的学科教学知识和实践性知识。汉语教师教学水平越高，越能依据学习者的特点、需要等各方面的情况有效开展个性化教学，教学效率就越高。

5. 教学情境知识

教学情境知识是指汉语教师从事汉语教学的环境方面的情况，是一种条件性知识，能在很大程度上影响汉语教学。它既包括宏观层面的教育政策、文化交流等方面的知识，也包括社区、学校、班级等具体教学环境情况。

6. 中外文化知识

中外文化知识主要是指中国文化知识、与汉语教学有关的外国文化知识，以及中外文化差异等，包括历史、地理、哲学、政治、经济、教育、宗教、文学、艺术、民俗、国情等方面的百科知识。中外文化知识中，有些是需要教授给学习者的，属于本体性知识；有些是有利于促进汉语教学的，属于条件性知识。掌握一定程度的中外文化知识同样是汉语教师取得任教资格的基本前提、判断汉语教师是否合格的主要维度，是学科教学知识和实践性知识的重要组成部分。

7. 实践性知识

实践性知识是指汉语教师在具体教学实践中经过反思、研究等方式所获得和运用的知识，包括一些案例性知识、针对性的策略性知识等。汉语教师知识结构中的各种知识类型在具体教学实践中是交织融合在一起的，经过汉语教师的反思加工成为实践性知识。它具有鲜明的个人性、情境性、综合性、经验性、情感性，表现为教学经验的积累。汉语教师专业发展的主要表现之一就是其实践性知识的累积和增长。只有学科内容知识，没有实践性知识，汉语教师在教学上就无法成熟，更不能形成自己的教学个性。有关实践性知识的详细情况将在本章第三节进行论述。

为了更好地理解，可以把这七种知识分为理论性知识和实践性知识两大类[1]，即汉语学科内容知识、一般教学法知识、有关学习者的知识和中外文化知识基本属于理论性知识；汉语学科教学知识、教学情境知识和实践性知识主要属于实践类知识。也可以把这七种知识分为本体性知

---

[1] 陈向明（2003）就把教师知识分为理论性知识和实践性知识两类。

识和工具性知识两大类[1]，即汉语学科内容知识和部分中外文化知识属于本体性知识；一般教学法知识、学科教学知识、有关学习者的知识、教学情境知识、实践性知识和部分中外文化知识基本属于条件性知识，即能够提高汉语教学质量的知识。值得注意的是，学科教学知识和实践性知识跟教育学、心理学知识一样，主要是关于"如何教"的条件性知识，但又更具体、更接近教学实践。

　　汉语教师知识结构是一个动态发展的概念，在不同的专业发展阶段，虽然所包含的知识类型基本一致，但它们在结构内部所占的比重是不同的。在新手教师或初任教师的知识结构中，汉语语言学知识、一般教学法知识、中外文化知识等知识类型的比重会相对更大一些，而学科教学知识、实践性知识、教学情境性知识、有关学习者的知识、直觉知识和缄默知识等知识类型的比重会小一些；在熟手教师或专家型教师更加复杂、精细的知识结构中，学科教学知识、实践性知识、教学情境性知识、有关学习者的知识等知识类型的比重会更大一些，而纯粹的汉语语言学知识、一般教学法知识比重会更小一些，因为它们基本都被改造成了实践性知识和汉语学科教学知识或是被融进了这两种知识之中。甚至可以说，实践性知识和汉语学科教学知识在知识结构中的比重是衡量汉语教师教学水平高低的重要维度。

---

[1] 林崇德等（1996）曾把教师知识分为本体性知识、条件性知识、实践性知识等类型。

第二节 学科教学知识^[1]

学科教学知识（Pedagogical Content Knowledge，简称 PCK）的概念是由美国学者 Shulman（1986）提出来的，即"将特定的学科内容与教育知识进行融合：重新组织与呈现特定的主题内容，以适应学习者的能力与不同的兴趣需求"。该概念提出后，由于正好切中"当时美国教师培养和认证中存在学科知识和教育知识相分离的情况，从而造成教师水平不高"这一时弊，迅速得到了科学、数学、化学、英语等各个学科教育领域学者们的认可，此后学者们对其进行了广泛而深入的研究（如 Howey et al.，1989；Marks，1990；Cochran et al.，1993；Ball et al.，2008；Park et al.，2008）。在国内，白益民（2000）首先对学科教学知识进行了介绍和讨论。接着，教师教育领域和数学、外语、科学、语文等多个学科教育领域的学者也都对 PCK 表现出很大兴趣，并结合自己的学科特点进行了探讨（如范良火，2003；徐碧美，2003；廖元锡，2005；杨彩霞，2006；彭元玲，2007；吕筠等，2010；梁永平，2012；夏洋等，2012；王玉萍，2013；赵晓光等，2015；何丽芬，2016），甚至还有对整合技术的学科教学知识的探讨（舒晓杨，2014）。国内外的这些文献主要讨论了 PCK 的概念内涵、构成和建构途径等方面；研究方法多以文献研究为主，也有不少实证研究（如范良火，2003；吕筠等，2010）或个案研究（如徐章韬，2010）。但到目前为止，笔者还没有看到系统探讨汉语教师 PCK 的文献。

在实践中，很多汉语教师（尤其是新手教师）在面对特定的汉语内容主题时，不会从教学的角度将其进行改造或转化，用一种让学习者更容易理解的方式来呈现和教学。这一问题的实质是，很多汉语教师缺乏 PCK。

在这种情况下，本节拟从内涵、特点、结构、功能以及建构途径等

---

[1] 本节内容曾以"学科教学知识：汉语教师应具备的核心知识"为题，发表在《国际汉语教学研究》2015年第3期，此处略有修改。

方面探讨汉语教师的 PCK，从而为辩证理解汉语教师的知识结构及其专业发展的路径提供一个新视角。

一、汉语教师PCK的内涵和特点

（一）汉语教师PCK的内涵

在前人研究的基础上，结合汉语教学的特点，可以认为，汉语教师的 PCK 是指汉语教师在教学实践中融合多种知识（即汉语学科内容知识、教育教学知识、有关各国学习者的知识以及各种情境性知识等）而形成的一种综合性知识，它能使汉语教师将特定汉语内容主题转化为学习者更容易理解的形式来呈现和教授。反过来说，在教育教学知识基础上对特定汉语内容知识进行适度的变通和转化，能够被汉语学习者更容易理解和掌握的知识都属于 PCK。比如拥有 PCK 的汉语教师知道用对比法和吹纸法呈现和教授"送气音和不送气音"；先依次教 s、z、c，再依次教 sh、zh、ch；用图片的形式呈现和教授"脸谱"和"旗袍"等词语；用图示法呈现和教授"趋向补语"；用 Bingo、John says 或字谜等游戏练习词语和汉字；等等。这些知识（即 PCK）都融合了汉语本体知识、教育教学类知识等多种具体知识，符合学习者的认知规律和特点，从而更容易为其所理解和掌握。

汉语教师 PCK 的内涵包含以下几层意思：第一，它是汉语教师采用类比、图解、模型、举例、讲解、反问、归纳、演绎、推理、演示、情景和任务等方法将汉语学科内容转化为学习者容易理解的教学形式的知识，是汉语教师所特有的一种专业知识。第二，它是具体汉语学科内容知识和教育教学知识等多种知识的融合，是对所教内容的一种综合性理解和阐释，单独讨论其中的某一种知识是没有意义的。第三，它是动态生成的，主要通过汉语教师在教学实践中不断综合、探究和反思而生成，是一种教学实践性知识。第四，它强调汉语教师在特定教学情境中能够根据特定学习者的特点，使用特定的策略方法来呈现和教授特定内容，它包含"教什么""怎么教""教谁""在什么情境下教"等核心信息。第五，它属于广义的知识，既包括具体的汉语学科知识等多种知识，也包括对这些知识进行融合、改造和转化的能力。吴一安（2005）就将 PCK 阐释为"学科教学能力"。

（二）汉语教师PCK的特点

明确了其内涵，汉语教师 PCK 的特点就很清晰了：第一，融合性和个体性。汉语教师 PCK 是汉语学科内容知识、教育教学知识、有关学习者的知识、情境知识等多种知识的融合，而不是简单相加；另外，汉语教师在融合这些不同类型知识的过程中，必然会渗透其语言教学理念、教学经历经验、教学态度等，因此具有鲜明的个体性。第二，实践性和情境性。汉语教师 PCK 是在特定教学实践过程中建构的，融合了相关的情境知识；同时也只有在类似的教学实践情境中，其价值和作用才能体现和发挥出来。徐碧美（2003）重点论述过这一点。第三，动态建构性。PCK 是汉语教师在教学实践中不断整合各种知识，并在此基础上反思、改造和建构而成。随着教学时间延长和教学经验的增加，汉语教师 PCK 也不断得到丰富和拓展。为了突出动态性，Cochran et al（1993）曾在学科教学知识的基础上提出一个动态的学科教学知识——学科教学认知。

有些读者可能会产生疑问，从这几个特点上看，PCK 不就是实践性知识吗？事实上，对汉语教师来讲，学科教学知识和实践性知识这两种知识类型确实有很多相同点（比如都具有实践性和建构性等），也存在很大程度的重合，它们在教学中的表现和建构途径也近乎一致，但两种知识类型的本质是不同的。PCK 是为解决学科知识和教育知识的分离而提出的，强调从教学的角度重新组织学科知识，使学习者更容易理解和掌握；实践性知识是为解决理论与实践相分离而提出的，强调教师从实践出发，在"消化"理论的基础上形成自己个人的实践性知识，由单纯的理论"消费者"转变成"生产者"。

二、汉语教师PCK的结构和功能

（一）汉语教师PCK的结构

汉语教师 PCK 主要由以下四种类型的知识构成。

1. 汉语学科内容知识

PCK 其实就是从教学角度理解、调整、转化和呈现的学科内容知识。汉语学科内容知识是汉语教师 PCK 的核心和基础。参考《国际汉语教学通用课程大纲》，汉语学科内容知识分四个部分：第一，语言知识，包括语音、字词、语法、功能、话题、语篇等；第二，语言技能，包括听、说、读、写等；第三，策略，包括情感策略、学习策略、交际策略、资源策略、跨学科策略等；第四，文化意识，包括文化知识、文化理解、跨文化意识、国际视野等。

以上是从宏观范围上来讲的。但汉语教师建构 PCK 要依托的汉语学科内容知识必须是明确具体的，否则汉语教师无法建构相应的 PCK。比如，"概数表示法"这个语言点，仅知道"两个相邻的数字或数词连用可以用来表示概数"这个规则，汉语教师是无法建构完善的 PCK 的，因为学习者会据此造出"三十二三十三、四百二十四百二十一"这样的错误表述。汉语教师还应该将其明确化、具体化，即连用的只限于一到九这几个数字，其中任何两个相邻的数字由小到大地连用来表示概数，或直接放在量词前（如"五六个"），或放在位数词前（如"二三十个"），或放在位数词后（如"三十二三个"）。再如"又、再、还"这个语言点，汉语教师如果只掌握到"'又'表示过去的重复，'再、还'表示将来的重复"这个程度，也无法建构完善的 PCK，因为学习者还是会造出"明天再是星期天"这样的错句。汉语教师应该将其明确到"表示将来一定要出现的、过去已经出现过的、有规律的事情"时，用"又"。只有对每个汉语内容主题（包括语言点）都明确具体到这种程度，汉语教师才能在此基础上建构自己的 PCK。

2. 教育教学知识

PCK 是依据教育教学规律对学科内容知识的转化。教育教学知识也是 PCK 的核心构成部分，它主要包含三个层次：第一，关于教育和汉语教学本质的认识性知识。比如，汉语教师应认识到：教育的本质是培养人；汉语教育以培养学习者的言语交际能力为主，也应包括情感、态度及人格等方面的目标；语言教学的本质是在师生交往的基础上进行交际技能的练习，而不仅仅是传递知识。第二，关于教学目标、教学内容的选择和组织、教学评价等方面的知识。具体说来，汉语教师应了解不同层次的汉语教学目标分别包括哪些维度，要达到什么程度，为达到该目标需要选择哪些内容，重点和难点是什么；清楚汉语教材的结构和组织排列（包括教材组织的逻辑顺序和教学的先后次序，复杂的知识点在不同的教学阶段如何分布和呼应，教学单元的核心是什么，不同内容如何关联，不同课型之间如何搭配等）；能选择恰当、规范的语言材料，开发相关教学资源；能对学习者掌握的程度进行评价。比如"着、了、过"这个知识点，拥有该语言点 PCK 的汉语教师知道学习者在初级阶段对"过"的掌握相对较难，但中级阶段以后很少犯错，因此，初级阶段对"V+过"的教学就很关键，有教师采用在情景中提问的方式进行呈现和教授（教师：烤鸭好吃吗？学习者：好吃。教师：你怎么知道的？学习者：我吃过。），效果很好；知道"了"最难（从初级到高级学习者的犯错率都很高），因此要合理拆分难点并安排好顺序，先学了$_2$，再学了$_1$；知道"着"的难度居中，具体到动态的"着"和静态的"着"，前者更难，学习者犯错较为集中，尤其是在表示动作持续的句子中。第三，汉语学科内容主题呈现和教学的策略方法，包括特定汉语内容主题恰当的呈现方式（如例句、图片、音频和视频）、解释方法（如讲解、举例、演绎、说明、类比、归纳、模型、示范）和练习方法（如吹纸法、扩展法、情境法、游戏、角色扮演、专题调查、社会活动、真实任务等）等。比如，泰国学习者发汉语声调时往往直接套用泰语的声调，即分别用泰语的一声中平调、五声低升调、二声中降调和三声高降调来发汉语的一、二、三、四声，汉语教师就应该结合两种语言的声调五度标记图进行对比教学和练习。

3. 有关学习者的知识

PCK 是使学习者更容易理解和掌握学科内容的知识。因此，有关学习者各方面的情况及其学习汉语的困难和理解方式等知识，也是汉语教师 PCK 的核心组成部分。有关学习者的知识包括两个层次：第一，学习者的语言学能、母语背景、学习风格、年龄、兴趣、态度、习惯、动机、需求和目的等方面的情况。比如，日本学习者刻苦努力、注重团结、热衷集体活动；相当多的美国中小学生重视个人空间，明确告诉汉语教师不能碰他；欧美学习者更喜欢小组合作或活动教学等。第二，学习者在特定汉语内容主题上的已有知识、学习难点、典型错误、理解方式（包括误解）。比如，拥有 PCK 的汉语教师知道英语、法语、韩语、日语、越南语背景的学习者会犯"见面老师"这样的错误；韩日学习者往往会把宾语放在谓语前；欧美学习者往往缺乏声调、汉字和量词的概念；日本学习者虽然有量词的概念，但对细长的东西用"本"，对薄扁的东西用"枚"，对成块的东西用"个"，与汉语中的量词与事物的搭配关系具有很大不同；越南学习者也有量词概念，但往往在某些名词前漏用（因为对应的越南语名词不需要用量词），也容易用"只"来修饰所有的动物名词（误以为"只"相当于越南语的 con）。

4. 有关汉语教学情境的知识

特定的教学实践情境是一种条件性、环境性因素，影响教学方法的选择，自然也会影响 PCK 的建构。因此，有关汉语教学情境的知识也是汉语教师 PCK 的重要组成部分。它也包括两个层面：第一，宏观层面的政治、经济、文化、外交、教育等政策环境方面的知识。这些知识对汉语教学有很大的影响。比如，在北美地区教汉语就很难使用单纯抄写的方式练习汉字；北欧各国特别重视外语学习，而且有悠久的外语教学传统。第二，社区、学校、班级等具体教学环境方面的知识。比如，汉语教学机构所在社区的汉语资源，民众的种族、民族、宗教、风俗等，家长会和各种民间团体的情况，学校的教学设备等硬件（包括电脑上有没有汉语输入系统）、汉语图书资料、语言教学传统、人际关系等情况，班级教室的空间大小、桌椅排列、温度和湿度等情况。

（二）汉语教师PCK的功能

1. 能够提高汉语课堂教学的质量和效率

一方面，汉语教师的 PCK 能够使汉语学科内容更容易被学习者理解和应用；另一方面，它可以使教师减少准备时间，把更多精力用于实施课堂教学活动。汉语教师的 PCK 越丰富，其对汉语学科内容的呈现方式和教学策略就越多，能够设计的课堂活动也越多，应对汉语教学中出现的问题也能越从容，与学习者互动也能更好地针对其学习难点进行更为有效的讲解和练习。有了这两个方面的保证，汉语教师的课堂教学质量和效率自然就高。

2. 能够提高汉语教师的专业水平

PCK 是教师特有的知识类型，是其专业发展的"抓手"。汉语教师能够建构自己的 PCK，意味着其对特定汉语学科内容、教育知识、有关学习者的知识和情境性知识等多种知识有全面、深入和透彻的把握，并能在此基础上从教学的角度对特定汉语学科内容主题进行适当转化；意味着其对特定汉语学科内容有过长期的钻研学习、教学实践、反思研究，并在此基础上形成了恰当的教学方式。可见，汉语教师建构自己的PCK会带动其各个方面的提高和发展。Shulman（1986）、徐碧美（2003）和吴一安（2005）的研究都表明，教师PCK的数量与其专业水平的高低成正比。

3. 能够为设置汉语教师教育课程和评价汉语教师知识结构提供理论框架

既然PCK能够提高汉语教学的质量和效率，又能提高汉语教师的专业水平，那么汉语教师PCK及其各构成成分所对应的课程，就是教师教育（包括入职前的汉语国际教育专业培训和入职后的各种进修培训）的核心课程。比如，入职前的汉语学科内容课程（如现代汉语）、教育教学课程（如教育学、对外汉语教学概论等）、有关学习者的课程（如第二语言习得概论等）以及教学见习和实习等实践类课程；在职培训课程中的汉语教学案例课、录像点评课和教学实践分析课等课程。另外，教师管理机构也可以据此判定汉语教师的知识结构是否完整，是否需要补充和完善；据此对汉语教师资格进行认证、考核和评价，并甄别选拔优秀的汉语教师。

三、汉语教师PCK的建构

由前文可知，PCK其实就是汉语教师通过解释、表征、适应、调整等方式对汉语本体知识进行转化后形成的知识，以便学习者更好地理解和应用。Gess-Newsome（1999）曾提出以"融合"（integration）和"转化"（transformation）为核心的两种不同的学科教学知识发展模式。我们从汉语教师培养的整个过程着眼，贯穿职前和职后两个阶段，提出汉语教师在不同阶段建构PCK的几点建议。

（一）职前汉语教师PCK的建构

1. 重点学习相关专业课程，充分吸收建构PCK所需要的"原料"

PCK是一种综合性知识，作为"原料"的几种知识对于建构PCK的重要性不言而喻。因此，职前汉语教师应重点学习包含相关知识的课程。

比如，包含汉语学科内容知识的语言学概论、现代汉语、汉语语音、词汇、语法、汉字等课程；包含教育教学知识的教育学、对外汉语教学概论、汉语课堂教学方法等课程；包含学习者知识的教育心理学、汉语习得概论等课程；包含汉语教学情境知识的教学见习、实习、教学录像观摩、教学案例分析等课程。

职前汉语教师只有把这些专业性的核心课程学深、学透、学具体、学扎实，才能够为建构 PCK 储备足够的"原料"。另外，职前汉语教师还应学习一些研究方法类课程（如实证研究、行动研究、田野研究等），以便将来入职后能通过研究教学中的问题来积累自己的 PCK。

2. 依托对外汉语教学概论等核心课程，初步感知 PCK

对外汉语教学概论、汉语课堂教学方法、汉语习得概论等课程都是培养未来汉语教师的核心课程和专业特色课程。这些课程的大部分内容都来自对汉语教学实践的研究，融合了汉语学科内容、教学方法、学习者的特点以及部分教学情境知识，基本属于 PCK 或者 PCK 的"半成品"。职前教师应该依托这几门核心课程，加强对汉语本体知识和汉语教学规律的系统性把握和理解，建立有关汉语教学的个性化认知结构：基本形成正确的语言观、汉语教学观和教学内容的结构体系（包括知识点之间的纵横脉络和重点、难点的分布）；掌握一定的汉语教学理论和教学方法；能够从原则上理解和设计汉语教学目标、选择和组织教学内容和材料、选择教学方法、进行适当的教学评价等；基本把握不同年龄和文化背景的学习者对汉语的理解，及其在特定汉语内容主题上的理解方式和困难，并据此对教学内容进行一定程度的改造和转化，使其更易于被理解和掌握；等等。

为了尽快建立这种认知结构，职前教师在课前应充分阅读相关材料和教学案例，在课堂上积极参与讨论，分享和反思自己的理解，最后通过实践性的作业（比如试讲）来把握和积累学习心得，通过具体案例来理解、建构和储存相关教学理论和方法。

3. 通过教学见习和实习等实践类课程，初步建构部分 PCK

PCK 是在教学实践中建构而成的。对职前汉语教师来说，以观察学习为主的教学见习、真实情境下的教学实习、模拟实践为主的教学录像观摩和教学案例分析等实践类课程，不仅包含大量真实的情境性知识，而且是难得的、为数不多的教学实践机会。职前汉语教师应抓住这个机会，把以前学过的汉语学科内容知识、教学方法、学习者的特征以及可能存在的学习困难融合在一起，形成 PCK。

在此类实践性课程中，通过对指导教师的模仿，职前汉语教师首先应学会把部分特定汉语内容主题与教学方法、学习者常犯的错误等知识融合起来，形成具有多样化呈现方式、多种活动练习方法的知识模块，即 PCK。比如，用图示法教方位词和存在句。其次，应初步形成一定的课堂教学常规。比如，知道如何撰写教案（包括对教学内容的分析、具体目标的确定和教学方法的选定）、如何分析学习者的具体情况、如何设计教学环节和教学活动、如何设计板书、如何提问、如何判定学习者的掌握情况、如何布置作业等。比如，常用的课堂导入方式有提问、小组活动、竞赛、测验已学知识、介绍背景知识等。最后，应积累一些学习者学习汉语的特点、困难、错误、思维方式、已有概念、影响因素、对教师的反馈等方面的知识。比如，学习者倾向于用母语规则来造句（如"我学习汉语在北京""我是很好""他打球了三个小时"）、把某些目的语规则泛化（如学习了"桌子"和"椅子"等词语后，常把"背包"说成"包子"）。

除了充分利用好既有的教学实习机会，职前汉语教师还应积极拓展教学实践的方式和机会（比如找语伴、做辅导、当助教、看录像、旁听公开课等），并在此过程中明确自己的困惑、欠缺和不足，进而请教、学习、实践、反思，最后初步形成自己的 PCK。

（二）在职汉语教师PCK的建构

1. 通过反思自己的教学实践建构 PCK

教学实践是汉语教师把汉语学科内容知识等多种知识融合成 PCK 的基础，同时也是汉语教师建构自己 PCK 的最主要途径。汉语教师应不断对日常汉语教学实践进行反思和学习，总结经验和发现不足，并在此基础上建构自己的 PCK。程文华（2012）曾详细论述了英语教师是如何在教学实践中学习教学的，其实质就是英语教师如何增长 PCK。

在备课时，汉语教师应预先反思：自己是否已经完全理解和把握所教内容？所教内容与前面学过和后面要学的哪些内容有关联？所教内容与学习者日常生活中的哪些知识有关联？学习者应该在所教内容上达到什么目标？常犯错误是什么，为什么，怎么避免或纠正？如何呈现所教内容？采用哪些教学方法或活动？如何评价学习者对所教内容的理解？等等。比如，初级阶段教"一点"这个语言点时，汉语教师应该确保自己已经掌握"一点"在各种情况下的意义和用法；知道它与"有点、稍微、表示数量多少、表示某种性质状态的程度、满意不满意"等内容有关联；与日常生活中"描述和评价某人、某事、某物或自己的心理感受"有关；目标是让学习者学会在日常生活中使用"一点"。学习者常犯的错误是把"一点"放在形容词前（如"一点累"）；常犯错误的原因在于学习者理解的简单化（"一点"表示"少"，学习者想表示"不是很累"的意思），日本的学习者还会受母语影响（在日语中"一点、有点和稍微"用同一个词来表示，也可以放在肯定句的形容词前）。汉语教师可采用多个例句对比呈现，配以提示讲解的方法来纠正，即结合例句告诉学习者"'一点'一般放在名词前表示数量少，如要表示某种性质状态的程度不高，可以在形容词前用'有（一）点'"。

在上课时，汉语教师需要观察反思：学习者在学习过程中出现了什么事先没想到的新问题，如何解决？学习者对所教内容和教学方法的态度如何？如果不配合或者反对，如何引导和改变？自己的哪些教学行为效果不好，如何改正或避免？仍以"一点"为例，汉语教师发现，有些学习者说出了"教室有一点亮"这样的句子。这就需要教师告诉他们，这个结构通常表示不满意的情况，如果表示满意的情况，可以用"比较"代替，即"教室比较亮"。如果学习者不愿意做有关"有（一）点"的题目练习，教师可以考虑设置一个场景：如果你对预订的房间不满意，想换个房间，你怎么向服务员说？

在课后，汉语教师应该对本次教学进行全面反思：整个过程顺利不顺利？如果有的环节不顺利，为什么，如何改正？课前设计的教学目标是否已达到？如果没有，如何补救？呈现方式和教学方法是否有效？如果无效，如何改变？学习者在学习过程中对哪个部分感兴趣，对哪个部分不感兴趣？等等。仍以"一点"为例，可能有学习者偶尔会冒出"他不有一点累"这样的句子,原因可能是学习者对"不"的泛用。这其实涉及"一点"的否定用法:表示某种性质状态根本不存在的"一点(+也)+不+形容词"结构。如果每堂课都如此,针对具体教学内容和方法的经验或教训进行整理和提炼,汉语教师就能逐渐建构起个人的 PCK。

2. 通过同事间的专业交流来拓展自己的 PCK

PCK 具有个人性和建构性等特点。即便是同一汉语内容主题,不同汉语教师的 PCK 也不相同。因此,汉语教师应积极参与同事间的专业交流,并依托这类活动来拓展自己的 PCK。

汉语教师应该通过集体备课、相互听课、共同评课等专业活动分享彼此的教学理念和方法。针对同一个语言点,不同的汉语教师有不同的理解、呈现方式和教学方法。在对该语言点及其教学过程进行深层分析和讨论的基础上,汉语教师可以吸取和借鉴同事的正确方法和行为,改善或丰富自己原有的教学方式。比如,某位汉语教师发现意大利的学习者告别时说"你好",讨论时同事可能会想起泰国的初学者告别时也会这么说。原因是共同的,意大利语和泰语中"见面问候"和"道别"都是同一个词。再如针对"主谓谓语句"的练习,有的汉语教师可能呈现一张人物图片,用教师提问、学习者回答的方式来练习;有的教师可能设定网络聊天的方式,让学习者向自己的父母介绍一下北京或自己的教师。

汉语教师可以通过观摩优秀教师上课(包括教学比赛和公开课等)的方式向优秀教师学习。优秀教师所拥有的大量 PCK 体现在课堂教学的各个环节。从把握内容到设计教学方法、从课堂导入到课后点评、从教学语言到教学行为、从教师讲解到师生互动,每个环节都值得汉语教师学习和琢磨,并在此基础上结合自己的具体情况予以借鉴。

汉语教师还可以通过与汉语教学专家合作研究的方式向专家学习。通过对汉语课堂教学的深入研究,并对照教学专家的观念和行为,汉语教师可以反思自己的语言教学观,更加深入地了解学习者和把握教学过程,丰富自己在某些教学内容上的呈现方式和教学方法。而且,在一起合作研究的过程中,汉语教师可以领会专家很多无法明确表述的教学诀窍和心得。

3.通过参加汉语教学培训项目来改善和更新自己的 PCK

汉语语言学、教育学和第二语言教学等学科一直在发展，工作一段时间后，汉语教师有必要参加一些汉语教学的培训项目，以改善和更新自己的 PCK。

汉语教师要根据自己课堂教学的"短板"，选择适合自己的培训项目。选定项目后，应积极表达自己的培训需求，参与培训目标的制订、内容的选取和培训方式的选定，以便能最大限度地改善和更新自己的 PCK。

汉语教师要把接受培训的重点放在如何提高自己的教学实践水平上，要求培训专家提供较好的汉语课堂教学录像，一起观看，共同探讨，必要时要求专家对关键性的教学行为进行示范，然后自己再予以反思消化，并在类似的教学情境中进行尝试性模仿教学，以改善更新自己的教学方法和行为。在此基础上，汉语教师再通过聆听相关专家讲座，对这些方法和行为背后的语言学、教育学理念进行了解和学习，以拓宽自己的理论视野。比如，参加任务式语言教学的培训，就应该从观看任务式语言教学的录像开始，看录像中的教师如何针对具体的内容主题设置任务，如何督促学习者完成任务，如何点评学习者的任务完成情况，如何引导归纳出相应的语言点等，然后再反思这种方式在汉语教学中可行不可行，自己选定一个主题尝试教一下，遇到问题时咨询专家，力求把任务式教学的理念落实在教学行为上。

4.使用一些专业工具积累自己的 PCK

PCK 数量非常大，而又比较零散，汉语教师可以借助一些专业工具来梳理和积累。比如 Loughran et al.（2008）等研究开发的内容表征表格（Content Representation）和教学专业经验库（Pedagogical and Professional experience Repertoires）。在内容表征表格中，汉语教师可以详细描述优秀教师有关特定汉语内容主题的 PCK。它包括：就特定汉语内容主题来说，学习者要达到的具体目标是什么？与该内容主题前后相关的汉语内容是什么？学习者在学习该内容时可能会犯什么样的错误？如何避免？如何教学该内容？如何评价学习者掌握该内容的程度？等等。

汉语教师可以在了解该表格内容的基础上再观看该优秀教师的教学

录像，联系自己的教学，反复思考，模仿尝试，比照提高。教学专业经验库由叙事性文件构成，汉语教师先详细描述自己汉语教学各方面的情况，然后请优秀教师或专家对此进行点评注释，最后进行对比、反思、改进和提高。这样汉语教师就能把一些比较模糊的想法或思路清晰化，然后再结合专家的点评予以修正。

此外，汉语教师还可以通过利用汉语教学工作坊（围绕特定课题开展专项研究）和研读专业书刊（包括教科书及教学参考书、相关专著、期刊等）等方式来丰富拓展自己的 PCK。

第三节 实践性知识

以前在教师知识研究领域，学者们探讨的主要是教师应具备的知识框架，即"教师应该知道什么"，较少关注一线教师们"实际知道什么"。一线教师"实际知道什么"以及"如何在教学中表征这些所知道的知识"对教学也非常重要，甚至更重要。这类知识我们一般称为"实践性知识"。在运用访谈法对一个拥有十年教龄的加拿大中学英语教师 Sarah 进行个案研究的基础上，Elbaz（1981）最早发现并确认了教师实践性知识的存在，即教师以其个人价值、信念整合了其所学的专业理论知识，而且这种知识是以实际教学情境为导向的。而后，Connelly et al.（1984）提出了教师"个人实践知识"这一概念，强调教师实践性知识的个体性，认为教师个人实践知识出自其个体教学经验，是在教学实践中对理论知识进行内化、反思和整合后形成的教学经验，而且能在其教学行为中表现出来。随后，学界逐渐接受了"实践性知识"这一知识类型，并对其特征、影响因素、构成、评价等方面进行了深入研究（如 Beijaard et al.，1996）；有对语言、科学等具体学科教师实践性知识的研究（如 Driel et al.，2001）；有关于具体某个方面实践性知识的研究，比如探讨语言教师阅读理解教学的实践性知识，认为该种实践性知识包括学科内容知识、学生知识、学生学习和理解的知识（Meijer et al.，1999）；有对师范生或新手教师如何获取熟手或有经验教师实践性知识的研究（如 Meijer et al.，2002）；还有些研究是从教师传记和教学叙事中探讨实践性知识（如 Connelly et al.，1986，1987，1990）。在英语作为第二语言教学界，有关实践性知识的研究大多数都很具体（如 Golombek，1998），即采取课堂观察、访谈、刺激性回忆等方式对英语作为第二语言教师实践性知识的形成进行研究。在国内，《华东师范大学学报（教育科学版）》在 1996年的第 2 期翻译刊载了 Connelly et al. 的《专业知识场景中的教师个人实践知识》一文，引入了"实践性知识"这一概念。与此同时，国内一些学者也开始在论述教师知识结构时提到"实践性知识"这一知识类型（如林崇德等，1996；辛涛等，1999）。随后，很多学者围绕实践性知识的定义、特征、构成、意义、影响因素、生成机制、建构途径等方面进行了探讨（如钟启泉，2001；鲍嵘，2002；陈向明，2003；曹正善，2004；蔡亚平，2005；陈大伟，2005；李德华，2005；吴泠，2006，2008；何晓芳等，2006；申燕，2006；刘汉霞，2006；姜美玲，2006；刘东敏等，2008）。大部分论文都是理论思辨（如钟启泉，2001；陈向明，2003；曹正善，2004；吴泠，2006；邹为诚，2013），也有一些是从实践的视角用行动研究或叙事研究的方法来探讨的（如姜美玲，2006），有的通过研究教师博客、教学故事来探讨（如王枬等，2008），有的探讨准教师（师范生）的实践性知识（如王传金等，2007）；也有一些是对英语教师实践性知识的研究（如崔丽涛，2009；王艳，2011；徐锦芬等，2014；谢佩纭等，2015；张庆华，2017），还有对日语教师实践性知识的叙事研究（如李晓博，2008）。具体到汉语教学界，只查到少数的论文（如江新等，2010，2011；马琳，2014），主要是对汉语教师的实践性知识所做的个案研究，其中江新等(2010,2011)的研究对象是在职汉语教师(包括新手和熟手)，研究方法是刺激性回忆，马琳（2014）的研究对象是职前汉语教师，研究方法是叙事研究。鉴于这种情况，本节拟对汉语教师实践性知识的定义、特点、构成等诸方面进行探讨，以便为汉语教师完善自己的知识结构，更好地进行专业发展提供支持。

一、汉语教师实践性知识的定义和特点

（一）汉语教师实践性知识的定义

综合 Elbaz（1983）、林崇德等（1996）、辛涛等（1999）、陈向明（2003）、曹正善（2004）、李德华（2005）、吴泠（2006）、万文涛（2006）等人的研究，结合汉语教师和汉语教学的特点，可以这么认为：

汉语教师实践性知识是指教师在教学实践中整合汉语语言学知识、教育教学知识、教学实践中的情境知识、有关学生的知识等各种知识而形成的一种融合性知识，或者说是各种普遍性的学科理论知识与教师个体经验在具体教学情境中的有机融合。它被教师解释、提炼和执行，为教学实践所验证，能解决教学中的具体问题，通常表现为教师所形成的

教学经验及认识；它是汉语教师基于自己的教学实践而形成的、对汉语教学整体的一种较为全面、深刻的理性认识；它属于汉语教师本人，蕴藏在日常教学行为之中，实际支配着（有时未必意识到）教学实践；大部分实践性知识存在于汉语教师潜意识中，无法用语言、符号等形式明确表述，也很难用常规教学的方式传递，只有在教学实践中，才能被自动激活并发挥作用。

这个定义主要包含以下几层意思：

第一，实践性知识是汉语教师在具体教学实践中融合了汉语语言学、教育学等多种理论性知识和自己的教学经验、教育信念等个人知识而形成的一种知识，是一种融合型知识。

第二，实践性知识是教师对汉语教学实践的一种整体性认识、理解和解释，属于汉语教师自己，并实际支配着汉语教师的教学实践。

第三，大部分实践性知识无法用语言清楚地描述出来（有的可以用隐喻、案例、故事等形式进行近似表达），只有在相同或类似的教学实践情境中，它才能被激活并发挥作用。还有一部分实践性知识可以被语言明确描述，表现为教师的教学经验，具体的教学智慧、技巧、方法等"绝招"。

（二）汉语教师实践性知识的特点

参考钟启泉（2001，2004）等学者的观点，可以归纳出汉语教师实践性知识至少具有以下特点：

1. 实践性

汉语教师实践性知识是汉语教师在教学实践中建构起来的，目的是更好地实现教学目标、提高教学水平。最终形成的汉语教师知识主要存在于教学实践中，尤其是其中很大一部分无法用语言或符号明确表征出来的缄默知识，更是只有在教学实践中用到时才会被教师感知到，甚至有的在教学中用到时也不能被感知到。对这部分知识来说，教学实践更是其重要的存在方式，甚至是唯一的存在方式，而且只有在教学实践中它才能被激活并发挥作用，彰显出存在的价值和意义。相当一部分实践性知识可能无法上升为理论。可以说，汉语教师知识来自实践、服务于实践、存在于实践之中。实践性是其标志性本质特点。

2. 个体建构性

从获得方式来说，实践性知识是汉语教师在特定汉语教学实践情境中对汉语语言学知识、一般教学法知识等学科知识进行改造和转化（使其更容易被学生理解和掌握）后形成的；由汉语教师在融合自己先前的教学经验、概念系统、认识能力、学习经验（甚至生活经验）、思维方式、教学内容、教学规律、教学情境、学生特点、时空条件等各种知识的基础上建构而成，因而具有建构性，是属于教师自己的、独特的知识。汉语教师是建构的主体，进行的是主动的建构。当然，汉语教师知识中具有的某些客观性成分（比如改造后的现代汉语知识、语言学知识等学科知识）最初是可以通过记忆等接受性的方式获得的，但首先，它们在教师理解和接收的过程中就已经被"内化"，融入了教师自己的理解，同时也被镶嵌、整合到教师自己的认知结构中；其次，它们在教师讲授的过程中又被改造和转化，生成了新的意义，完成了被建构的过程。否则，这些通过记忆等接受性方式获得的理论知识是很难对汉语教师的教学实践产生影响的。另外，有些实践性知识可能来自同事和专家型教师们的经验和案例等，同样需要汉语教师针对自己所处的教学情境进行改造和建构。

3. 情境性

实践性知识是在具体的教学实践情境中建构而成的。汉语教师建构实践性知识时，不仅改造和转化学科理论知识，还融合了情境知识，并将其镶嵌在特定的教学情境中。反过来说，只有在特定的教学情境中，汉语教师的实践性知识才有其价值和意义；也只有在相同或相似的教学情境中，它才能被顺利地迁移和运用。很多优秀汉语教师所使用的教学上的"绝招"，很难被其他老师真正学到手，其原因就在于绝大部分"绝招"属于优秀汉语教师自己建构的实践性知识，具有很强的情境性，其他教师虽然从形式上进行了模仿，却往往忽略了自己课堂上并不具备类似的教学情境。真正的汉语教学实践千差万别、复杂多变，汉语教师应立足于自己的教学情境对学科理论知识或其他教师的实践性知识进行改造和转化，在此基础上建构自己的实践性知识，而不是直接简单地模仿、套用。

4. 缄默性

波兰尼的个人知识理论将知识分为言传知识和默会知识两类。汉语教师的实践性知识也可以分为这两类：一部分知识可以用语言清晰表达出来，表现为可以分享的教学经验，属于言传知识；还有很大一部分知识，虽然能在实践中有效使用，但却无法用语言清晰表述出来，这部分知识属于默会知识。默会知识还可分为"无法意识到"和"能被意识到但无法用语言清晰表达"两个层次，但这两个层次的共同属性是缄默性。它存在于汉语教师的潜意识和具体的教学实践中，不能用语言清晰表达，处于缄默状态，但对汉语教师的教学实践有巨大影响，甚至是主导性的影响。默会知识是汉语教师实践性知识的主要成分，其所具有的缄默性当然也是汉语教师实践性知识的重要特点。

5. 融合性

实践性知识是汉语教师在教学实践的基础上整合汉语语言学知识、教育教学知识、情境知识等各种知识并融进自己的教学理念而成，虽然有很多来自不同学科领域的"原料"性知识，但建构而成的实践性知识是一个整体，协同发挥作用，单独讨论其中的某类知识是没有意义的[1]。这种整体不是简单的松散联结，而是交织融合在一起的，是在具体教学实践情境中为了解决某个教学上的问题而存在的。佐藤学（转引自钟启泉，2004）也曾指出实践性知识是不能还原为特定学术领域知识的综合性知识，是旨在问题解决而综合多种学术领域的知识所获得的知识。

二、汉语教师实践性知识的构成和意义

（一）汉语教师实践性知识的构成

Elbaz（1981）认为实践性知识由五类知识构成：学科内容知识（knowledge of subject matter）、课程知识（knowledge of curriculum）、教学知识（knowledge of instruction）、有关教师自己的知识（knowledge of self）和学校环境知识（knowledge of the milieu of schooling）。陈向

---

[1] 邹为诚（2013）研究发现，经验对外语教师知识的发展并不总是起促进作用，还可以重组、分化教师的理论知识。

明（2003）认为教师实践性知识包括六个方面：教师的教育信念（具体表现为对如下问题的理解：教育的目的是什么？学生应该接受什么样的教育？什么是好的教育？好的教育应该如何实施和评价？如何看待教师职业？）、教师的自我知识（包括自我概念、自我评估、自我教学效能感、对自我调节的认识等）、教师的人际知识（包括对学生的感知和了解、热情、激情）、教师的情境知识（主要透过教师的教学机智反映出来）、教师的策略性知识（主要指教师在教学活动中表现出来的对理论性知识的理解和把握，主要基于教师个人的经验和思考）、教师的批判反思知识（主要表现在教师日常"有心"的行动中）。随着对实践性知识更加深入地理解，陈向明等（2011）[231] 把教师实践性知识的内容构成由上面提到的"六个方面"精简为四个部分，即教师关于自我的知识、关于科目的知识、关于学生的知识、关于情境的知识。吴泠（2006）认为实践性知识主要由理念类知识、自我的知识、策略类知识、有关反思的知识等部分构成。

综合诸位学者的认识，再结合汉语教学的特点，可以归纳出汉语教师实践性知识至少应融合以下几类知识：

（1）汉语语言学知识。一般来讲，汉语语言学知识主要是以理论性知识的形式存在的，主要为汉语教师在求学时期所系统学习和掌握。其中，可以直接作为教学内容的汉语语言学知识（比如语言要素知识等）部分，可能在教学实践中被汉语教师改造和转化，融合在实践性知识中。比如，声调中"三声"调值为 214，到了教师实践性知识之中，就被转变为 211 了。再如"ü"遇到"j、q、x"是写成的"ju、qu、xu"，到了教师实践性知识之中，在教学生学拼音的最初 2~3 周，是要写成"jü、qü、xü"的，否则学生容易出错，把"ü"读成"u"。

（2）教育学、心理学知识。在实践性知识以外，教育学、心理学知识也主要是以理论性知识形式存在的（比如教育本质、课程开发、教学原则、学习理论、学生心理特点等）。融合进实践性知识以后，这些知识就主要体现在教学内容的呈现顺序、讲解方式等方面，比如实践性知识中的"先学结果补语、趋向补语，再学可能补语"体现了心理学中的先决条件原理，"先学……，再学……"体现了教育学中的循序渐进原则。

（3）有关教师本身和学生的知识。有关教师本身和学生的知识主要是以理论性知识的形式存在的。有关教师本身的知识包括教师的性格、教学专长、对语言教学的理解等，尤其是可以作为教学资源的知识；有关学生的知识包括成人学习者的认知特点、低龄学习者的注意力集中时间、不同国别学生的语言学习特点（比如西班牙的学生喜欢小组合作学习）等。融合进实践性知识以后，这些知识主要体现在教学内容重难点的确定和调整、教学方法和技巧的安排和选择等方面。比如，法国学习者容易把"an"发成"ang"（比如把"天坛"说成"天堂"）；韩国学生容易把"f"发成"p"，也很难发出"ü"；泰国学生则容易混淆送气音与擦音（比如"ch和sh""c和s""q和x"），把"吃饭"说成"师范"，把"秋天"说成"修天"。

（4）中外文化知识。中外文化知识也主要是以理论性知识的形式存在。融合进实践性知识以后，这类知识有些是作为教学内容存在的，比如教数字"9"和"6"，还有"250"时，相关文化内容是要告诉学生的，这部分内容应被简化、改造，注意准确、浅显、点到为止。再以"250"为例，只要告诉学生"这是不好、不礼貌的说法，不要用来形容人"就够了。还有些中外文化知识是作为教学条件或注意事项存在的，比如教有宗教信仰的学生时，选择教学内容或例句就有很多注意事项。

（5）情境性知识。情境性知识主要表现为对客观环境的认识，包括自然环境和社会环境。融合进实践性知识以后，这些知识主要体现在教学方法和技巧上，比如让学生辨别送气音与不送气音时，如果在寒冷地区就可以用哈气法来演示对比。

汉语教师实践性知识主要由以上五种知识类型构成。我们认为，汉语教师实践性知识是开放的，有利于汉语教师提高教学水平的知识都可以融合进实践性知识中，比如有关汉语教师本身的知识、教学案例、学生原有的知识等，但同时它又是一个整体，仅仅讨论其中的某个成分是没有意义的。这一点在讨论实践性知识的融合性特点时谈到过。

（二）汉语教师实践性知识的意义

陈向明（2003）认为，强调教师实践性知识是为教师赋权提供批判性武器、为教师专业性发展提供建设性工具。刘东敏等（2008）曾提到获取实践性知识对新教师和未来教师的重要意义：对教师个体而言，有利于其在教师的岗位上立足或在教师招聘的就业竞争中脱颖而出；对教师群体而言，有利于从整体上提高其教育教学工作的效率或学习的成效；对教师未来发展而言，有利于通过实践性知识的积累帮助其尽快成长为专家型教师。王鉴等（2008）也认为，获取实践性知识是促进教师专业发展的有效途径。可见，实践性知识对汉语教师具有非常重要的意义。

1. 有利于提高汉语教师的教学水平

实践性知识来自实践、服务于实践、存在于实践，而且是被实践证明有效的。因此，汉语教师掌握的实践性知识越多，越清楚自己的教学重点在哪里、怎样拆分教学难点、怎样呈现更有利于学习者掌握、什么样的例句更恰当、什么地方学生容易犯错，其教学效果就越好。熟手、专家型汉语教师教学水平之所以比新手、初任教师更高，很大原因是他们建构、积累的实践性知识更多，这些实践性知识在汉语教师知识结构中所占的比例更大。

2. 有利于汉语教师的专业发展

与丰富理论知识相比，汉语教师积累、建构属于自己的实践性知识更为重要。因为它更能影响汉语教师日常教学行为的方方面面，甚至会影响到教师对理论知识的选择、消化和吸收。应该说，汉语教师积累和建构实践性知识的过程，就是发展自己专业，逐步成为熟手、专家型教师的过程。当新手教师的实践性知识积累到一定程度，而且其中某些实践性知识还被验证有效并上升为理论知识时，就说明该教师已经成长为专家型教师。实践性知识是教学理论知识和教学实践之间的中介。它先由教学理论知识和实践情境知识相融合而成，其中一部分再上升为教学理论，从而实现汉语教学理论和教学实践的沟通和协调，进而丰富汉语教师的专业知识结构，实现汉语教师的专业发展。

3. 有利于增强汉语教师的专业意识和专业自尊

汉语教学曾经被轻视，甚至很多汉语教师本人也觉得自己的社会地位不高。实践性知识是汉语教师在教学实践中建构的，是汉语教师区别于其他语言本体研究人员的重要的知识类型，属于专业知识。陆俭明（2005）就曾呼吁汉语教师要有自尊自重的意识。实践性知识的积累和丰富有利于增强汉语教师的专业意识和专业自尊。

三、汉语教师实践性知识的建构

陈向明等（2011）提出了构成教师实践性知识的四要素——主体、问题情境、行动反思和信念，并形成了教师实践性知识生成过程框架图。在此基础上，再结合对教师实践性知识的认识，可以这么认为，汉语教师获得实践性知识的方式主要是个人建构。即便是其他优秀教师的教学经验，汉语教师也需要结合自己的实际情况进行"改造"。有两点需要说明：第一，不同来源的实践性知识，汉语教师建构的程度不同。如果纯粹靠汉语教师在教学实践中积累，建构的难度会大一些，花费的时间会长一些；如果是借鉴专家或同事的教学经验，汉语教师在此基础上重新建构，难度会小一些，在深入理解的基础上只需要简单改造即可。第二，建构实践性知识的途径有多种，常用的有反思日志、观摩实习、案例研修、行动研究、同事交流、进修培训、重复教学等。蔡亚平（2005）提到多种教师实践性知识体系的建构方法，比如札记反省法、教师专业生活史分析法、观摩诊断法等，还提到了教师实践性知识体系的建构策略：重视理性的反思与行为的跟进、倡导案例指向的专业对话、重视现代科技的应用等。王传金等（2007）提到准教师实践性知识习得的一些途径：见习、练习、研习、演习、实习等。王鉴等（2008）认为教师实践性知识的获得途径有日常教学实践、教师反思、校本教研、进修培训等。杨维嘉（2016）提出教学学术是高校外语教师实践性知识发展的重要途径。陈爽等（2016）论述过职前教师可以通过重复性课堂教学来学习教学这一有效方式。谢佩纭等（2015）论述过新手英语教师通过重复性教学来获得实践性知识。

在本章第二节，我们曾经提到，实践性知识和PCK其实差不多，只是理论视角不同。具体针对汉语教师来说，这两种知识类型的建构途径也基本类似。其中，教学反思、行动研究、同事交流等是PCK和实践性知识最常用到的有效建构途径。基于此，在这里只说一些第二节没有提到的途径，也算一种补充。

（一）师徒制的传帮带

师徒制是指教学机构通常给刚入职的新手教师分配一名优秀汉语教

师作为导师，在一定时期内结成较为稳定的师徒关系，徒弟到导师的课堂上听课和学习，导师到徒弟的课堂上进行教学指导，双方课下随时可以就教学问题进行讨论。前面提到，实践性知识有一部分是可以用语言或符号明确表述出来的，优秀教师可以直接将其传授给初任或新手教师，让他们在教学中琢磨、体会、实践和应用；大部分的实践性知识都属于默会知识，很难被清晰表达出来，但可以在教学实践（比如教学行为、策略、案例等）中呈现出来。新手汉语教师可以在自己导师的汉语课上观察、琢磨、体会，然后回到自己的汉语课堂上进行模仿、应用，导师再对新手汉语教师进行指导，帮助其进行修正。这种途径的实质就是新手教师感知、体会、消化了自己导师的实践性知识（比如教学理念、具体教学方法技巧、实践智慧、突发情况处理等），并在教学实践中形成了自己的实践性知识，或者说实现了部分实践性知识的传递。新手汉语教师的实践性知识积累得多了，教学水平自然就提高了。

师徒制的传帮带是新手汉语教师有效获取和建构实践性知识的基本途径之一。

（二）观摩学习

到同事或优秀汉语教师的课堂上进行观摩学习，分析其教学理念、教学思路和教学行为的特点和效果，同时对比反思自己的课堂教学，改变自己不合理的教学理念、教学思路和教学行为，建构自己的实践性知识。

前文提到，实践性知识具有很强的情境性，基本上"镶嵌"在汉语教学实践情境之中。只有在具体的汉语教学实践情境中，汉语教师才能感受并理解它。观摩学习是汉语教师能够进入教学情境感受、理解和建构实践性知识的有效方式。观摩学习的主要形式是现场观摩（或观看教学录像）。观摩对象主要是优秀汉语教师和身边的同事。观摩中看到较好的汉语教学理念、教学思路、教学行为等，汉语教师要注意学习、吸纳和积累，并将其建构成自己的实践性知识。看到一般性的或者不太成功的教学策略或行为，汉语教师要反思其背后的理念，琢磨改正的方法，并提醒自己注意。

汉语教师也可以观看自己的上课录像，反思当时的表现及其教学理念，比较自己与优秀的教师教学表现之间的差距，进行模仿、学习、改变。

（三）案例研修

案例研修是汉语教师根据自己的研究目的或方向，选择某个典型案例，然后针对其进行全面描写、深度分析和批判，扬长避短，在此过程中建构自己的实践性知识。

实践性知识蕴藏在教学实践中，具有情境性。案例，就是围绕某个具体问题，截取汉语教师教学实践的某一段，营造了一个典型的汉语教学情境，展示了汉语教师的一些教学思路、行为、策略、方法和技巧。这些教学思路、行为、策略、方法和技巧，连带着教学情境，蕴藏着很多汉语教师的实践性知识。可以说，案例是实践性知识能够得以保存和传递的重要途径和方式。从另一个角度说，汉语教师琢磨和分析案例的过程，就是对其中的教学理念、教学行为、教学方法和策略等进行反思、修正和完善的过程，同时也是建构属于自己的实践性知识的过程。

案例研修的第一个关键是选好案例。案例最好来自汉语教师自己的教学实践，是对具体内容（某一课或某个语言点）教学过程的真实记录，具有真实性、前沿性、典型性和启发性，能激起汉语教师及其同事讨论的兴趣，有利于汉语教师从实践的层面理解各种理论或理念，形成自己独特的认知。当然，如果有类似的优秀汉语教师的典型案例进行比较，效果会更好。

案例研修的第二个关键是组织好对案例的讨论和分析。案例研修可以独立研究，可以找同事讨论，也可以找优秀汉语教师或专家帮忙分析，目标是总结经验和教训，即在充分阅读、了解案例全貌的基础上，将其中比较有效的教学行为梳理出来，形成自己的教学经验，同时也将其中无效的教学行为"摘"出来，反思其背后的教学理念，提出修正性的教学策略。总之，汉语教师要在讨论和分析的基础上对案例形成新的理解，能在一定的高度上重新把握。

案例研修的第三个关键是把讨论中的所思所想落实到教学行为上，在随后的教学实践中体现出来。汉语教师可以对同一内容进行再次教学，按照反思讨论时提出的修正性策略来教，观察教学行为和效果，如果能有较好的教学效果，将其作为经验积累下来；如果仍然无效，再次反思、讨论、实验，直至达到比较理想的教学效果。

（四）叙事研究

叙事研究是指汉语教师把自己在课堂教学中所经历的问题、事件或教学生活的某个片段以故事的方式叙述出来，然后进行反思和探讨，使自己对汉语教学理解得更为全面和深入，进而促进自己教学行为、方法和策略等方面的改进，最后形成属于自己的实践性知识。它的特点是汉语教师用讲故事的方法表达自己对汉语教学的理解，或者从同事所讲的故事中受到启发。

汉语教师的教学故事具有很强的情境性，同时也是对原生态课堂教学情境下的教学实际问题、思考过程及其解决方案的描述，体现了教师对汉语教学的理解和感悟，所以蕴藏着丰富的实践性知识。通过反思自己的这些故事（包括倾听同事的故事），考察和分析这些故事所描述的汉语教学问题及其解决方案、策略和相关经验等，汉语教师可以获得相应的实践性知识。

叙事研究有两个关键：第一个关键是叙述故事。故事要完整地呈现汉语教师在什么时间、什么情境中遇到了什么问题，教师和学生分别有什么行为表现等核心信息。第二个关键是对故事的反思和讨论。汉语教师应思考：故事中汉语教师（自己或同事）是如何处理问题的？采取了什么样的教学行为？为什么这样处理？基于什么理念？哪些措施比较成功，哪些措施不太成功，为什么？这种教学理念和行为是如何形成的？如何调整自己的教学理念和行为？以后再遇到类似的情况，我应该注意什么？等等。不断思考这类问题，可以帮助汉语教师建构相应的实践性知识。

汉语教师实践性知识的建构比较适合使用叙事研究的方法。事实上，很大一部分有关教师实践性知识的研究采用的就是叙事研究方法。

第五章 国际汉语教师能力

能力是汉语教师素质的一个重要维度，是汉语教师有效开展汉语教育工作所必备的、随着教学时间增加而发生质的动态变化的核心素质。它是动态的、多元的，建立在知识基础之上，直接影响到汉语课堂教学的效果，包括了解学生对汉语知识、言语技能的掌握，促进其汉语交际能力的发展等。汉语教师能力研究主要是探讨一个合格或优秀的汉语教师应该具备什么样的能力，才能有效开展汉语教育工作。

在本章，我们先对汉语教师能力的概念、特点及其结构进行梳理，然后再具体讨论一些比较重要的能力，比如教学能力、跨文化交际能力、文化传播能力等。

第一节　对汉语教师能力的认识

我们先看汉语教师能力的概念和特点，再尝试构建一个汉语教师能力的框架。

一、汉语教师能力的概念

（一）能力和教师能力

在《教育大辞典》中，"能力"是指顺利完成某种活动所需的个性心理特征。能力有一般能力和特殊能力之分，二者相互制约，相互促进。（顾明远，1990a）王焕勋主编（1995）[323] 的《实用教育大词典》提到，"能力"是指顺利地完成某种活动所必需的心理特征。在此基础上，可以把"能力"理解为：成功完成某项活动的个人才能（心理特征）；它属于成功完成某项活动的主观条件，是一种可以直接影响活动进程和效率的"力量"。

能力通常被分为一般能力和特殊能力。前者是指在多种活动中表现出来的基本能力，如观察力、记忆力等；后者是指在某种专业活动中表现出来的能力，如数学能力、绘画能力和音乐能力等。（王焕勋，1995）[323] 需要注意的是，特殊能力包含着一般能力，没有一般能力做基础和铺垫，特殊能力是不可能形成的。

教师能力属于特殊能力和专业能力，即教师在教育教学这一专业活动中表现出来的个性心理特征。它融合了有关教育教学的知识、观念、态度和一般能力等各个方面。正如申继亮等（2000）所言："教师的教学能力是以一般能力（智力）为依托，通过特殊能力表现出来的一般能力与特殊能力的结合。"同时，教师能力也是教师从事教育教学活动的主观条件和基本前提，其水平直接影响教育教学活动的质量和效率。

（二）汉语教师能力

王升等（2009）曾将对外汉语教师的能力定义为：服务于高校或其他与对外汉语相关的教育机构，同卓越绩效及组织使命具有内在联系的个体特征和品质。在此基础上，综合教育界学者们（如靳莹等，2000；

周强，2008；翟小宁等，2010；宁虹，2010）对教师能力的界定，可以这么认为：

　　汉语教师能力是指汉语教师在从事汉语作为第二语言的教育教学过程中所表现出来的、与学习者汉语成绩有内在联系的个性心理特征；它是汉语教师对汉语教学的认识理解和教学行为表现等多个方面的有机融合，是作为个体的教师从事汉语教育教学活动的主观条件和基本前提，随着教学实践经验的积累而增强；其水平直接影响着课堂教学的质量和效率。

二、汉语教师能力的特点

　　参考教育学界对教师能力特点的研究（如余杨，1994；靳莹等，2000；周奇，2002；吴志华等，2004；戚万学等，2012；李芹，2013；雷经国，2014）和对汉语教师能力概念的理解，可以归纳出汉语教师能力主要有以下几个特点。

（一）实践性

　　汉语教师能力是汉语教师在汉语作为第二语言教育教学过程中表现出来的个性心理特征，总是与汉语教师某种专业性的实践活动相联系，是成功完成汉语教学实践活动或任务的素质条件。汉语教师能力是在汉语教育教学实践中培养出来的；其水平越高，其课堂教学实践的质量和效率也就越高。同时，汉语教师的任何一项具体能力都是在特定教育教学实践情境中形成的，是对特定实践情境及其问题进行反应的结果；对其效果的检验和评价，以及由此引发的修正和提高也都是在类似的实践情境中完成的。Hymes（转引自 Collier，1989）[291] 曾提到"能力须在实践情境中界定（Competence must be contextually defined）"。Powell et al.（1986）也认为情境是能力的必要组成部分（an essential component）。这些观点都强调了能力的实践性。说到底，汉语教师能力就是汉语教师在汉语教育教学实践中动态存在的一种策略和行动能力。实践性是其本身固有的天然性特点，也是对其进行评价的最基本标准。

（二）综合性

　　汉语教师能力是一种特殊能力和专业能力，包括汉语教师的知识，对汉语教学的认识、情感、态度等，以及各种基本能力和单项能力等多个方面，是一个系列化能力组合。可以说，一切有助于完成汉语教育教学活动的理念和行为都是汉语教师能力的表现。因为汉语教育教学活动是一个涉及方方面面的复杂活动，所需要的能力是多个方面的、不同层次的，具有较强的综合性。这也说明汉语教师能力是开放性的、全纳性的。

（三）个体性

汉语教师能力包括自己所具有的汉语知识，对汉语教学的认识、情感、态度，各种基本能力和单项能力等，是一种个体能力。作为个体的汉语教师所拥有的汉语知识，对汉语教学的认识、体会、情感、感悟、态度等都各不相同；其拥有的基本能力和单项能力的数量和水平也会有差异。因此，每个汉语教师能力水平高低是不同的，具有很强的个体性。即便是具有相同背景和学习经历、同属于优秀汉语教师，每个教师的能力水平也不相同。这也说明，汉语教师要发展和完善自己的能力，需要从自己的实际情况出发，不断反思自我、发现自己的不足之处，并积极改正、扎实提高。

（四）层次性

汉语教师能力包含最基本的一般能力和教师职业领域内的一般能力，最后再具体到汉语作为第二语言教师的能力，体现为汉语教师课堂教学技能和教学行为。它与一般能力的细化递进关系是：一般能力—教师能力—汉语教师能力（特殊能力、专业能力）。比如，注意能力、观察能力、记忆能力、想象能力、思维能力和沟通能力都属于最基本的一般能力；言语表达能力、课堂管理能力、教学设计能力属于教师能力；跨文化交际能力属于汉语教师特有的能力。汉语教师能力是融合了一般能力、教师能力和汉语作为第二语言教育教学的特点而形成的。没有较强的一般能力和教师能力作为基础和前提，汉语教师能力是难以形成和提高的。就具体一项能力来说（比如教学能力），既包括按照一定行为图式进行操作的基本技能，还包括根据实际课堂情况选择和重组某些技能，以及对其进行创造性使用或发挥的能力。这也是层次性的体现。另外，还可以把汉语教师能力分为合格汉语教师能力和优秀汉语教师能力两个层次。

（五）发展性

汉语教师能力主要是后天形成的，是在汉语教学实践中不断得到发展和完善的。汉语教师首先通过相关专业（如汉语国际教育、汉语言文学、课程与教学论等）的学习，形成一些基本的教育教学及相关能力，作为其入职时所应具备的主观条件。随着进一步学习和实践，汉语教师能力水平会不断得到发展和提高，即从"不合格"或"基本合格"到"合格"，再到"良好"或"优秀"。从另一层面讲，因涉及不同国家的教育环境、不同背景的学习者、不同类型的教学目的等多种因素，汉语教学实践具有多变、复杂甚至模糊等特点。为了适应这些特点和不断出现的新情况，汉语教师需要不断完善自己各方面的能力，以便更好地完成教学任务，实现教学目标。

（六）创造性

汉语教师能力是提高汉语作为第二语言教学质量的能力。相比于国内的语文教学和英语教学，汉语作为第二语言教学更为复杂。学习者来自全球各个国家，在语言学能、学习目的、学习态度、学习水平、学习习惯、宗教背景、母语文化等各个方面都不相同。课堂教学环境不仅有国内和国外之别，还有大洲、国家、地区和学校之别。教学内容也会随着学习者需求的不同而有所差异。教学策略和方法更是随着以上各种因素的变化而变化。汉语教师要想获得高质量课堂教学，必须基于自己的知识、对汉语教学的认知和理念、对情境的认知能力等，对教学策略、方法和行为进行创造性重组和发挥。这主要体现为汉语教师的教育应变能力和应对各种情况的教学机智。阮咏梅（2002）就探讨过对外汉语教师的教学机智。教学机智是汉语教师（尤其是优秀汉语教师）能力创造性特点的重要表现。

三、汉语教师能力结构

（一）教师能力结构

"能力结构是指构成能力的诸要素相互联系的方式。""顺利完成任何活动都需一般能力与特殊能力的诸种结构要素协调配合，形成合理的结构。"（顾明远，1990a）[146]完成教育教学活动同样需要多种能力之间的协调配合，换句话说，教师要具备一个合理的能力结构。

在国外，从 20 世纪 60 年代到 70 年代中期，受行为主义理论的影响，教师能力首先成为教师素质研究的重点。比如，美国在 20 世纪 60 年代中期曾提出小学外语教师应特别培养五种能力[1]。佛罗里达州的教育机构在 20 世纪 70 年代初曾把教师能力分解成 1276 项教学技能，主要包括量度与评价学生行为的能力、进行教学设计的能力、教学演示的能力、负担行政职责的能力、沟通能力、发展个人技巧的能力、使学生自我发展的能力等。托莱多大学和斯坦福大学也对具体教学技能进行过分解，观点跟前者大同小异。21 世纪初，国外有关教师能力结构的研究仍有不少，比如 2007 年法国国民教育部颁布了《教师培训大学学院的教师培训管理手册》（Cahier des charges de la formation des ma tres en Institut Universitaire de Formation des Ma tres），提出了 21 世纪中小学教师应具备的 10 项专业能力：教师作为国家公务员的道德和职责；教学和沟通的语言能力；学科教学能力和综合文化素质；计划并实施教学活动的能力；组织班级工作的能力；了解学生多样性的能力；评价学生的能力；使用信息与通信技术的能力；与学生家长和学校伙伴协调合作的能力；改革创新能力。每项能力又具体细分为知识、技能和态度三个维度。（转引自胡森，2011）李玲等（2010）提到过芬兰职教教师能力结构：核心领域（the domain of substance，包括专业能力和工作生活能力）；教学法领域（pedagogic domain，包括教学法技能和教学过程监控技能）；发展和研究领域（developmental and research know-how，包括自我教育能力和专业实践发展能力）；组织领域（organization domain，包括经济、管理能力，团队合作和社会联系能力）。任友群（2000）探讨了日本教师的课程开发能力。张庆等（2011）介绍了希腊教师的情感能力。李翠英等（2014）评述了美国、澳大利亚、以色列、日本四个国家英语作为第二语言教师的能力标准。李翠英等（2014）提到，美国 2010 年修订后的"P-12 教师教育项目 TESOL 标准"涵盖五大领域——语言、文化、教学、评估和

---

[1] 资料来自上海师范大学外语系外语教学研究组和资料室（1979）《外语师资培训及对教师能力的要求》，发表于《国外外语教学》第 4 期。该篇文章还论述了美国对中学外语教师在听、说、读、写、语言分析、文化、职业训练等几个方面的能力要求。

专业化。在"语言"领域，教师要了解、熟悉并应用语言学、语言习得的理论研究成果帮助语言学习者学习语言，教师要了解学习者的母语对其第二语言学习的影响以及学习者语言学习与知识学习之间的关系。在"文化"领域，教师要了解、熟悉并利用文化研究的理论和原则为第二语言学习者构建有利于学习的环境，充分重视学习者的母语文化和文化身份。在"教学"领域，教师要了解、熟悉教学设计、实施和管理，懂得运用不同教学模式、教学策略来发展和完善学习者的语言技能，能够针对不同学习者合理使用现代教学技术和资源。在"评估"领域，教师要熟练掌握语言学习评估的相关概念，并能使用不同的评估策略、工具为教学和学习者语言发展提供反馈信息。在"专业化"领域，教师必须了解教学研究进展和第二语言学习领域的最新研究成果与教育政策，并使用这些信息来反思和改进教学实践。总之，国外关于教师能力结构的探讨，既有官方文件中对教师能力结构的描述，也有实证性的量化研究，还有对具体某个学科（如英语）教师能力结构的研究；既有对教师能力结构现状的调查分析，也有对未来教师应具备能力结构的思考，还有对教师某项能力的探讨。

在国内，针对教师能力结构的研究也很多，但绝大多数都是针对普通教师的研究，在理论（或某个文件、标准）分析的基础上提出教师应该具备什么样的能力结构（如周世长，1985；朱嘉耀，1997；周奇，2002；滕祥东，2006；张波，2007；雷经国，2014），所提出的教师能力结构也大同小异，主要有一般能力、职业（教学）能力、自我完善能力、自学（或扩展）能力等。我国在 2012 年颁布的《小学教师专业标准（试行）》提出了小学教师应具备的五项专业能力：教育教学设计、组织与实施、激励与评价、沟通与合作、反思与发展；同年颁布的《中学教师专业标准（试行）》提出了中学教师应具备的六项专业能力：教学设计、教学实施、班级管理与教育活动、教育教学评价、沟通与合作、反思与发展。当然，文献中所提到的这些能力，其划分标准是不同的，有些能力项目还可细分，有些则可以合并。

从教师类型上说，有针对语文、数学、英语等具体学科教师能力结构的研究（如李子华，2008；傅敏等，2005；仲伟合等，2016）[1]，有对职业学校教师能力结构的研究（如任波等，2009）[2]，有对大学教师能力结构的研究（如滕祥东，2006）[3]，有对商务英语教师专业能力的研究（如王立非等，2016），也有对信息技术教师能力培养的探讨（如陈梅等，2009），还有对高校优质双语 /EMI 课程和翻转课堂中的教师教学能力研究（如李颖，2015a，2015b）。虽然是针对不同类型的教师，但学者们提出的能力结构却与普通教师的能力结构基本一致[4]。这说明教师能力研究已经比较成熟，其结构也比较稳定。

还有很多研究是集中探讨教师应具备的某项能力的（如柳友荣，1998；申继亮等，2000；朱超华，2004；梁庆，2006；郑燕林等，2010）。比如，有些研究探讨了教师的情感能力（如邱莉，2011），有些研究探讨了教师的创造能力（如赖学军，2010；杨玉浩等，2014），有些研究探讨了教师的课程（开发）能力（如吴惠青等，2003），有些研究探讨了信息化教育技术能力（如王荣良等，2004；杨翠萍等，2006；张松松等，2016），有的研究探讨了整合 ICT（信息与通信技术）的学科教学能力（如陈燕等，2014），有些研究探讨了心理健康教育能力（如申继亮等，2000）。

（二）外语教师能力结构

有关外语教师能力结构的研究也有不少。在国外，早在 20 世纪 60 年代，美国《现代语言学》（1966 年 10 月）就刊载过一篇《小学外语师

---

[1] 李子华（2008）提到高中语文教师能力结构包括基础能力、语文能力、语文教学能力、语文课程管理能力和拓展能力等。基础能力包括事物认知能力、知识摄取能力、心理调控能力和社会交往能力；语文能力包括表达与交流能力、阅读与鉴赏能力、审美与评判能力；语文教学能力包括语文教学设计能力、语文教学实施能力、语文教学监控能力和语文教学反思能力；语文课程管理能力包括高中语文课程的设计、开发、实施和评价能力；拓展能力包括信息技术运用能力、创造性教学能力、行动研究能力、专业发展能力。傅敏等（2005）则对数学教师的能力结构进行了探讨。

[2] 任波等（2009）认为高职教师能力标准应当主要包含以下几方面的内容：职业道德、专业基础知识、专业实践知识、授课能力、教育科技使用能力、鉴定和评估能力、专业化提高和终身学习能力、行业联系能力、交流能力、学习环境的创新及管理能力等。

[3] 滕祥东（2006）提到现代大学教师新的核心能力包括组织管理能力、运用现代教育技术的能力、教会学生学习的能力、教学实施能力、教学反思能力、教学监控能力、教学研究能力、终身学习能力。

[4] 有的研究也提到了特殊能力类型，但不够突出。比如任波等（2009）就提到高职教师能力结构应包括专业实践能力和行业联系能力。

资培训》，提到小学外语教师应特别注意培养以下几个方面的能力：必须掌握外语，特别是现代口语；熟悉现行的教科书和教学技术，同时了解教科书中包含的心理学和语言学原理；应该学习有关外国文化的背景知识，特别是现代生活和社会情况；应该学习文学、音乐、艺术、科技，特别是和青少年生活有关的方面；应该备有一套适用于所教外语的游戏、歌咏和活动，并能随时组织演出。（转引自上海师范大学外语系外语教学研究组和资料室，1979）日本学者 Butler 曾提过英语教师应具备的 13 项能力：友善的性格（friendly personality）；（英语）口语能力；目标语国家文化知识（knowledge of targeted cultures）；教授口头交流的技巧（skills to teach oral communication）；（正确的）发音；读写能力；教授阅读与写作的技能；贯通英语和其他课程的能力（interaction of English and other subjects）；有关英语与日语/韩语关系的知识（knowledge of English and Japanese/Korean）；精通学生的母语（proficiency in students' L1）；运用技术手段的能力；教授文法的能力；帮助学生备考的能力（转引自李翠英等，2014）。李翠英等（2014）还介绍了美国、澳大利亚、日本、以色列等国家英语作为第二语言教师能力的标准。

在国内，针对外语（或英语）教师能力结构的研究也有很多。既有对外语教师所应具备能力的普适性探讨（何广铿，1997）[1]，有对中小学英语教师能力结构的研究（龚亚夫，2011）[2]，也有对高校外语教师能力结构的讨论（文秋芳等，2012）[3]，还有对商务英语教师能力要素的论述（王关富等，2011）。此外，还有针对某一项能力的研究。比如，李一柯（1987）曾讨论外语教师必备的教学技能[4]；杨翠萍等（2006）和崔艳丽

---

[1] 何广铿（1997）认为外语教师应掌握以下能力：外语交际的能力；应用第二语言习得、语言心理学、教育心理学等理论和语言理论，按学生实际和特点，设计各种各样的外语教学活动，包括使用现代化教学手段的教学活动的能力；按要求命各种题型的能力；进行外语教学研究的能力。

[2] 龚亚夫（2011）从制订中小学英语教师专业等级标准的角度提到英语教师应具备以下核心知识和能力：语言能力、语言知识、教学途径与方法、学习过程与学习者、课程与教学过程、测试与评价、教育技术、社会文化、思维认知。

[3] 文秋芳等（2012）认为高校外语教师应具备四种能力：教学能力、研究能力、管理能力和运用教育技术的能力。

[4] 李一柯（1987）提到外语教师应具备的教学技能有敏锐的观察能力、周密的计划能力、全面的交际能力、科学的组织能力、深刻的认识能力。

（2014）都曾对外语教师应掌握的多媒体信息技术使用能力进行论述；陈弘等（2006）和桑迪欢（2011）都提到了外语教师的双语能力；陈开印（2009）探讨了英语教师的科研能力；颜静兰（2014）曾探讨外语教师的跨文化交际能力；陈燕等（2014）讨论了职前外语教师的学科教学能力。

　　与普通教师的能力结构相比，对外语教师能力结构的探讨相对比较具体，比如提到了属于教学能力的设计教学活动的能力和命题能力，也提到了外语（交际）能力这一项外语教师特有的专门能力。这些研究为我们界定汉语教师能力结构提供了有益的参考。

（三）汉语教师能力结构

　　与中小学语文、数学等科目教学相比，汉语作为第二语言教学更为复杂，要想提高教学质量和水平，需要汉语教师具备多种能力，而且能协同发挥作用。这些能力及其相互之间的关系所形成的有机联系的能力系统，就是这里要讨论的汉语教师能力结构。

　　1. 有关汉语教师能力及其结构的既有研究

　　有关汉语教师能力及其结构的研究不少（如韩孝平，1986；吕必松，1989；邓恩明，1991；于森，1999；程伟民，2000；李凌艳，2006；万爱莲，2008；刘涛等，2013；范慧琴，2013；陈薇等，2013；王素梅，2013）。综合这些研究发现，学界多在以下诸项能力方面达成共识。

　　第一，语言能力。学者们对语言能力的具体表述不同，但意思差不多。类似的表述有语言表达能力（如韩孝平，1986）、语言文字能力（如吕必松，1989）、汉语能力（如程伟民，2000）、扎实的汉语听说读写基本功（如刘珣，2002）、语言知识把握能力（如陈薇等，2013）、外语能力（如李秀丽，2013）等。第二，教育（教学）能力。很多学者都提到这一能力（如吕必松，1989；田睿，2013；王素梅，2013），或提到这一能力中的某项具体技能，如教案设计能力、移情能力、运用言语交际手段和非言语交际手段的能力（王钟华，1999），组织教学的能力（韩孝平，1986），预测、辨别和纠正学生所犯错误的能力（程伟民，2000），还有的学者对教学能力进行了详细划分，将其分为若干种能力（如邓恩明，1991；刘珣，2002；陈薇等，2013；郭睿，2017）。刘涛等（2013）探讨了对汉语教师课堂教学能力的培训策略。第三，交际（沟通）能力/跨文化交际能力。

学者们在 2000 年前大多将其表述为交际或沟通能力（如吕必松，1989；程伟民，2000），2000 年后大多将其表述为跨文化交际能力，以突出两种不同文化间的交际（如张和生，2006；蔡绿，2006；刘晶晶，2006；张杨，2012；彭军，2013；王素梅，2013；颜静兰，2014）。第四，文化传播（推广）能力／跨文化传播能力。很多学者都提到这项能力（如王素梅，2013）。范慧琴（2013）详细讨论了国际汉语教师应具备的跨文化传播能力，指出跨文化传播能力由"传播学及跨文化传播学基础""语言及文化国际传播的历史与现状""汉语及中国文化传播的模式与策略"三大部分组成，还提出了培养该项能力的具体办法。第五，使用多媒体的能力／使用多媒体获取和整合资源的能力。很多学者都提到这项能力（如于淼，1999；赵冬梅，2003；李凌艳，2006；李秀丽，2013）。

除了这些比较有共识的功能项目外，汉语教师还应具备一些其他的能力。于淼（1999）和刘珣（2002）提到汉语教师最好具备一些才艺方面的能力；于淼（1999）提到汉语教师应具备情感表达能力／感染力；李凌艳（2006）提到汉语教师尤其是海外汉语教师应该具备较强的自主学习能力；万爱莲（2008）提到对外汉语教师应具备创新能力；李秀丽（2013）提到创新型对外汉语教师必须具备科研能力；等等。

2. 汉语教师能力结构

在前人研究的基础上，结合汉语作为第二语言教学的特点和汉语国际教育形势的新发展，我们认为汉语教师能力结构由基本能力（或一般能力）和专业能力组成。基本能力（或一般能力）主要包括观察力、记忆力、想象力、思维力、注意力等各项。专业能力主要由以下各项能力构成[1]：

语言能力。这是汉语教师所必需的、首要的一项核心能力，包括汉

---

[1] 在笔者提出的汉语教师应该具备的诸项能力中，"语言能力"和"才艺能力"这两项能力暂不做讨论。对"教学能力"和"课程设计能力"这两项能力，笔者都有专著分别进行详细讨论（即讨论汉语教学能力的《国际汉语教师教学能力框架》和讨论汉语课程设计的《汉语课程设计导论》），但考虑到本书的完整性，我们将在本章第二节对汉语教师教学能力进行简单讨论。"自主（终身）学习、反思、科研、合作等自我发展和提高的能力"和"心理健康教育能力和情绪调节能力"这两项能力，笔者曾在《汉语教师发展》这本书的部分章节讨论过。本章第三节和第四节，主要对跨文化交际能力和跨文化传播能力进行详细讨论。

语能力和外语能力两类。对在国内任教的对外汉语教师来说，汉语能力不仅仅表现为较高的普通话水平（至少二级甲等），还表现为对汉语各要素本身规律和特点有全面、深入的把握；外语能力（即学习者母语或媒介语能力）包括基本的外语交际能力。对国外本土汉语教师来说，语言能力主要是指汉语能力，即良好的、满足教师职业需要的汉语口语和书面语的交际能力（包括听力理解、口头表达、阅读理解、书面表达等各项能力），以及基本的汉语语音、词汇、语法和汉字的分析能力。

教学能力。这是汉语教师必备的核心能力。汉语教学能力主要包括汉语教学认知能力、汉语教学设计能力、汉语教学实施能力、汉语课堂管理能力和汉语教学评价能力等五种能力，然后又细分为 34 种具体教学技能。此外，教学能力还包括创造性地进行汉语教学的能力。这同样是汉语教师必须具备的重要能力。世界各地汉语教学情况各异，汉语教师应能及时更新自己的教学理念，重组或创造自己的教学策略、方法和手段，创造性地使用汉语教材等各种资源，解决各种问题等。

跨文化交际能力。这也是汉语教师必备的核心能力。这是由汉语国际教育的特点决定的。国内汉语教师跟留学生分属不同的文化，各国本土汉语教师的文化背景跟所教内容也分属不同的文化。这都涉及跨文化交际。由国内外派到海外任教的汉语教师，跟学习者、当地同事、当地社区民众、学习者家长等群体之间的交际都属于跨文化交际。

跨文化传播能力[1]。这同样是汉语教师必备的重要能力。语言和文化不可分割，教语言本身也是在教文化。在国外，很多教学机构都要求汉语教师或志愿者教文化，即教中华文化知识。文化阐释和传播是国家提升软实力的一个重要组成部分，尤其是对孔子学院的汉语教师来说，文化阐释和传播是非常重要的教学目标和工作任务之一。

使用多媒体等现代教育技术的能力。使用现代教育技术进行汉语教学的能力也是汉语教师必备的重要能力。高质量的语言教学离不开多媒

---

[1] 交际和传播的英文单词都是communication，有学者（如胡文仲，1999）认为交际和传播表示的是同一个概念，只是由于人们学科背景不同而采用不同的术语。笔者认为虽然两者对应的英文单词是同一个，但交际和传播还是有所不同，至少"传播"的范围大一些。在本书中，跨文化交际是指汉语教师在工作和生活中跟同事、学生、学生家长的交际，而跨文化传播是指汉语教师有意识地面对不同文化背景的学习者传播中国文化。

体等现代教育技术的支持，尤其是在欧美等发达国家和地区。因为多媒体等现代教育技术可以提供多种感官刺激的语料和较为真实的交际场景。

自主（终身）学习、反思、科研、合作等自我发展和提高的能力。这也是汉语教师必备的重要能力。语言学、教育学、汉语国际教育实践等各个方面都在发展，汉语教师自己也有专业发展的需要。只有通过自主学习、不断反思和科研等方式积极进行自我发展和提高，汉语教师才能适应汉语国际教育实践的需要，实现自我发展。

课程设计能力。汉语教师，尤其是在国外任教的汉语教师，经常需要根据合作方要求开设一门汉语课程，这就需要汉语教师具备课程设计的能力。

心理健康教育能力和情绪调节能力。这项能力不仅可以施用于学生，而且可以施用于教师本人。学生在学习汉语的过程中，尤其是遇到困难时，心理上和情绪上需要教师给予干预和调节；汉语教师，尤其是外派到国外"孤军奋战"的汉语教师，他们也常遇到心理上或者情绪上的问题，同样需要自我调节。

才艺能力。这属于锦上添花的能力。很明显，汉语教师如果具备一定的音乐、美术、体育方面的才能，会大大有利于汉语教学；如果掌握的是中华传统才艺，还会大大有利于文化教学和中华文化传播。

汉语教师能力结构是开放性的，一切有利于汉语教师顺利完成教学任务的心理品质都可以纳入能力结构之中。因为对能力划分的标准不同，不同学者提出的能力结构及其所包含的各个能力项目可能有所不同，但提出能力项目的维度大体一致。

第二节　汉语教师教学能力

汉语教师教学能力是指汉语教师在从事课堂教学时所应具备的能力，是汉语教师最核心、最基本的专业能力，是教师能力的主体部分。正是考虑到该项能力非常重要，笔者曾专门撰写了一本《国际汉语教师教学能力框架》，详细讨论了汉语教师教学能力及其所包含的各项教学技能，具体论述内容包括如何理解该项教学技能，在课堂教学中如何应用该项技能，并且提供了汉语教师使用该项教学技能的案例。在本节，我们只列出汉语教师教学能力框架以及每项教学技能在合格和优秀层次的行为表现，其他内容不再赘述。

我们把汉语教师教学能力具体分为五种，依次为：汉语教学认知能力、汉语教学设计能力、汉语教学实施能力、汉语教学管理能力、汉语教学评价能力。

一、汉语教学认知能力

汉语教学认知能力是指教师对汉语教学的理念、要素、过程、方法、策略等各个方面进行深层理解和准确把握的一种能力。它是汉语教师教学能力形成和发展的基础，属于"灵魂"的部分。在汉语教学实践中，教师教学认知能力主要表现为把握教学大纲、熟悉学习者情况、了解教学环境、认识教学主体等四种具体技能。

（一）把握教学大纲

合格汉语教师会积极了解汉语教学界已有的一些课程标准和教学大纲，针对教学有意识地进行翻看，对照其中关于汉语教学性质和目标等方面的描述，反思自己的教学实践有没有偏差，并通过对应学习者的汉语水平来确定自己正在进行的汉语教学处于标准或大纲中的哪个位置，进而明确接下来应该设定什么样的目标，教学重点是什么，以便适应课程标准和教学大纲的"节拍"。

优秀汉语教师对汉语教学界的课程标准和教学大纲已经非常熟悉（往

往也会翻看其他第二语言教学的标准和大纲，以及任教国的教育制度和政策），甚至已经内化到自己的专业认知结构中了；制订教学计划、设计教学目标、安排教学内容、确定教学重点难点以及实施汉语教学时能自觉以此作为参照，但这种参照，更多是从原则上、宏观层次上进行参照，在很多时候会根据自己面对的实际情况（如学习者的汉语水平）来把握和调整汉语教学，以更好地实现汉语教学目标。

（二）熟悉学习者情况

合格汉语教师会在教学之前（或者教学刚开始时及教学中）采用一些方法对学习者的学习需求、母语背景、文化特征、学习动机、汉语水平、身心发展特点、认知风格、兴趣爱好、以前的学习背景等各个方面的情况进行了解和熟悉，以便进行针对性的汉语教学。

优秀汉语教师会积累不同类型学习者的情况信息（尤其是母语背景及其文化特征），在教学前或教学中有意识地采用多种方式、方法与学习者进行沟通，重点了解其在某些方面的独特情况：一方面会尊重学习者的具体情况和个体差异，并根据其在某些方面的特点调整和改进汉语教学（比如调整教学内容和教学方式），按照习得规律最大限度地将"学习"转换为"习得"；另一方面会预设学习者在学习汉语时可能遇到的困难和问题，因材施教，提前制订解决方案，让每一个学习者都体验到学习成就感。

（三）了解教学环境

合格汉语教师会在教学之前（或刚开始教学时）有意识地采用一定的方式方法全面地了解教室、学校、社区乃至所在国家和地区等不同层次的环境（包括软性和硬性）条件，以便在汉语教学时熟悉并充分利用其资源，同时避免其可能带来的不便。

优秀汉语教师能很快熟悉任教国家和地区的教室、学校、社区（尤其是学习者居住地及其活动范围）等环境特点，会基于自己汉语教学的需要有意识地采用多种方式去了解和考察环境条件的具体情况，明确其优势和劣势，并在此基础上进行一定的设计和改造，以使其最大限度地满足自己的教学需要并在实际教学中充分利用。

（四）认识教学主体

合格汉语教师能认识到自己在教学方面比较明显的长处和短处，同时了解助教、家长、志愿者、合作教师、搭班教师等其他教学主体的情况，以便在汉语教学中更好地互相配合和支持。

优秀汉语教师善于利用自己在教学方面的长处，不断改进自己的短板，同时在了解基本情况的基础上也善于调动和利用其他教学主体的相关资源，与其他教学主体建立良好关系。从团队管理的角度构建强有力的教学团队，以便在汉语教学过程中形成良好的合作，得到有力的支持（比如确定教学内容和教学重点时与其他教学主体交流讨论，实现资源的互补，即"协同作战"），以最大限度地提高教学质量和效率。

二、汉语教学设计能力

汉语教学设计能力是一项综合能力，具体包括制订教学目标、把握教材内容、明确重点难点、预测学习者问题、利用教学资源、安排教学流程、设计课堂活动、制订教学策略、制订长时计划、编写课时教案等 10 项具体教学技能。

（一）制订教学目标

合格汉语教师能够依据学习者的特点、汉语课程标准和教学大纲，在参考教师手册等资源的基础上设计出合适、具体、可操作的教学目标。

优秀汉语教师能够整体考虑教学状况（比如不同课型之间、初中高不同阶段之间的"高低深浅"），不仅会在参考课程标准、教学大纲和教师手册的基础上尽量照顾到学习者的特点和教学条件，而且能在此基础上针对特定汉语教学内容设计出具体、明确、操作性强的教学目标，并重点突出某些目标，体现出目标的指向性和开放性。

（二）把握教材内容

合格汉语教师能发现汉语教材是根据什么理念（比如是"结构—功能"，还是"话题—结构"，或者"交际—任务"）编写的；能在教学目标的指导下准确理解、把握汉语教材内容，根据教学需要删减教材内容或增加教材以外的内容，以确定具体教学内容。

优秀汉语教师有科学的教材观和很强的教材开发意识，既能立足于教材又能超越教材。不仅能判定汉语教材的编写理念，了解其优缺点，还能在此基础上灵活变通，即根据课型特点、教学目标、学习者水平、教学资源情况对教材进行筛选、增补、整合等。无论是对教材中语言要素的教学，还是语言技能的练习，都能很好地跟言语交际能力结合起来（如教学内容的生活化，让学习者能应用到日常交际中），更好地实现教学目标。

（三）明确重点难点

合格汉语教师会在把握教材内容和参考教师手册的基础上确定汉语教学内容中的重点和难点，并能在教学中重点讲解和练习，以便完成教学目标。

优秀汉语教师对汉语教材非常熟悉，对教学重点和难点有经验性的把握，可以进行一定的预测；也能在了解学习者特点和教学目标的基础上通盘考虑，准确把握教学内容中的重点和难点（既突出重点又突破难点），并在教学过程中深入、准确、适度地进行挖掘，合理有效地整合相关内容，集中教授，及时总结，使学习者能透彻把握和熟练掌握。

（四）预测学习者问题

合格汉语教师会利用自己有限的教学经验，以及通过查阅教师手册、专业书刊，请教同事，将汉语与学习者母语相对比等方式预测学习者在学习具体内容上容易出现的问题，并准备好具有针对性的教学方法和策略。

优秀汉语教师基本上对学习者容易出现的错误和问题，及其表现形式和内在原因等心中有数，并会预先准备多种针对该类问题的讲解和讨论的方法、策略等。

（五）利用教学资源

合格汉语教师会从各种书籍（包括各种汉语教材、词典等）、期刊、报纸、同事课堂、生活中（比如超市宣传单）、网络中搜集各种例句、语篇、音频、视频、图片，利用与汉语教学有关的事物、模型、时间、空间等教学资源，在教学中有效整合，以更好地呈现和解释所教内容，实现教学目标。

优秀汉语教师本身拥有比较多的优质教学资源（能突出所教内容），在具体教学中善于依据所教的具体内容，学习者的认知特点、生活经历、兴趣爱好、所在学校和社区环境等情况来选择更典型、更有效、更规范、更有趣味的教学资源进行对比使用（如结构近似但实质不同的例句），必要时可以根据需要制作一定的教具（如图片、模型等），同时有效利用网络资源设计具有趣味性和实践性的课后练习任务（如要求学习者登录有关旅游、租房和找工作的网站，完成制订旅行计划、搜索房子和工作等任务），以更好地满足教学需要，实现教学目标。部分优秀教师还具有一定的网页制作能力，为学习者在课外自学提供教学支持。

（六）安排教学流程

合格汉语教师会在了解不同阶段的教学环节和活动内在逻辑关系的基础上设计出清晰明确的教学环节和步骤，形成思路清楚的教学流程，同时保证各个教学环节和步骤循序渐进，重点突出，时间安排合理。

优秀汉语教师往往对具体教学内容在整个课程中的位置、教学规律和学习者语言认知特点有一个透彻的把握，并在此基础上设计出清晰合理、富有灵活性和开放性的、由教学环节和教学步骤构成的动态流程；能够根据实际教学情况进行灵活变通，使教学具有生成性；既清楚教学环节的设计，也明白设计的目的和用意；既能突出重点难点，又能使各个教学环节循序渐进、过渡自然。

（七）设计课堂活动

合格汉语教师会基于教学内容借用课程标准、教学大纲和教师手册中已有或者同事们曾使用过的教学活动和任务，也会在此基础上设计出（或修改现有的）有利于学习者在参与、互动中达到学习目标的教学活动和任务。

优秀汉语教师可以在对学习者、教学目标和教学内容透彻把握的基础上创造性地设计出多样化、富有趣味性、与学习者学习背景和教学环境相关，而且规则简单、易操作、易评价的活动和任务；可以根据任教地的实际情况调整已有的、较为成熟的活动和任务；必要时能够制作适当的教具，且能预见教学活动的生成性。

（八）制订教学策略

合格汉语教师了解多种汉语教学法，并能将其理念运用到汉语教学工作中；同时能针对特定教学目标和内容，通过查阅教师手册及其他一些相关教学参考书来寻找和选择合适、有效的教学方法、技巧和策略。

优秀汉语教师不仅能把握既有的很多汉语教学法的理念和实践步骤，而且对第二语言教学主流教学法也有较好的把握，能在融合、改造的基础上将其运用到汉语教学中；同时还在头脑中积累、储存针对各类教学内容的教学方法、技巧和策略，在充分考虑教学目标、具体内容、学习者特点、教师自身特点和外部环境条件的基础上有效选择，进行有创造性、针对性的使用。在教学实践中，优秀汉语教师能将生词、语法、课文糅合在一起，把高水平的教学方法和技巧"镶嵌"在讲练中；同时也对新的教学理念和教学法保持热情，乐于学习和实践；甚至能创设一些针对性强的、独特的教学方法。

（九）制订长时计划

合格汉语教师会根据教学目标、教学任务和教学时间制订合理的学年（学期）、单元教学计划，而且计划会写得相对详细一些，较为关注短期或眼前教学任务的完成。

优秀汉语教师能够在通盘考虑教学目标、教学起点、教学任务、教学时间和环境条件的基础上合理制订教学计划，重点着眼于总目标的实现，宏观把握各阶段的重点和难点，概括性和实效性强，可实现程度高且富有弹性。有的优秀教师未必把长时计划反映到纸面上，而是以思考为主。

（十）编写课时教案

合格汉语教师往往从完成当前教学任务的角度出发，编写的教案结构完整、有理论基础、材料充分、内容集中、方法具体、每个步骤及其时间安排清楚、操作性很强（对每分钟做什么、学习者参与活动的顺序都有明确要求），为课堂教学的顺利进行提供依据和蓝本。具体详细和完整规范是合格汉语教师尤其是新手汉语教师所编写的教案的特点。

优秀汉语教师则从培养具体学习者交际能力的目标出发，编写重点突出（突出主要步骤和主要内容）、详略有序、方法多样、结构简洁、逻辑性强、在时间和内容上都有一定弹性的教案，为课堂教学提供思路和方案。思路清晰、重点突出、详略得当、富有弹性（可以在多种情况下变通使用）、文字简洁是优秀汉语教师所编写的教案的特点。

三、汉语教学实施能力

汉语教学实施能力具体包括导入学习状态、把握教学节奏、结束课堂教学、激发学习动机、使用课堂话语、运用体态语言、设计板书板画、运用教育技术、讲解教学内容、巩固所学内容、引导迁移运用、指导学习方法、促进汉语学习、把握提问技巧、提供有效反馈等 15 项具体教学技能。

（一）导入学习状态

合格汉语教师会采用复习旧知识、设置悬念等多种方式调动学习者的兴趣、积极性和求知欲，使其注意力集中于学习内容，为有效学习新内容创造条件。

优秀汉语教师会积累丰富多样的导入方式，也会在深入把握教学目标、教学内容、学习者特点以及自我教学特长的基础上设计合理有效的导入。优秀教师善于从社会生活或教学中的某一点（甚至是偶发事件）引申启发，非常巧妙地激活学习者原有的与所学内容相关的知识结构，激发他们学习的兴趣和积极性，并能够利用独特的提问等方式使其保持饱满的学习热情，处于积极的学习状态。

（二）把握教学节奏

合格汉语教师有一定的节奏意识，会依据教学内容和教学环节等课堂的自然节拍，积极引导学习者的注意力和学习兴趣，使其聚焦于重点教学内容，形成课堂教学的节奏。

优秀汉语教师不仅能依据教学内容和教学环节等课堂的自然节拍形成课堂教学的节奏，而且还能根据教学方法和学习者的思维特点及反馈情况，运用一定的教学手段和技巧（比如提问、指挥"齐练""单练"、小组互动的交替使用等）来集中学习者的注意力，形成合理的汉语课堂教学的节奏。这种节奏不仅能根据现场的教学情况灵活调整，而且具有一定的艺术性，即我们所说的"张弛有度"。

（三）结束课堂教学

合格汉语教师会按照教学设计采取一定的方法结束一个教学活动或一整节课，使学习者对所学内容的结构和重难点一目了然，并对进一步学习汉语产生浓厚的兴趣和动机；也能针对重点内容布置作业。

优秀汉语教师会积累很多结束一个教学活动或一整节课的趣味性方法（比如提问等），在具体结束一个教学活动或一节课时不仅能总结深化和提升所学内容，加深学习者的印象，而且能把所学内容由碎片化转向结构化，与学习者以前的知识结构关联起来，激发学习者更强烈的学习兴趣，甚至使学习者对下一步的汉语学习产生强烈的期待。优秀汉语教师能够根据学习者的掌握情况和重难点的分布来布置灵活多样且有针对性的作业。

（四）激发学习动机

合格汉语教师能够有意识地利用一些教学策略或技巧（比如笑话、案例、故事等）吸引学习者的注意力，使其感受到汉语的趣味，并愿意付出努力进行学习。

优秀汉语教师拥有一套激发学习者动机和兴趣，以及吸引其注意力的策略或技巧，能根据教学目标、教学内容、学习者特点、自己的教学特长，以及教学实践情境对导入、讲解、练习和活动方式等进行灵活调整，使学习者不仅始终把注意力集中在教学上，而且还乐于主动完成各种任务和作业；能采取一些方法和技巧使那些学习动机已减弱的学习者重新振作起来。

（五）使用课堂话语

合格汉语教师能够运用标准的普通话（包含正确的语音、语调、语法、语义，且合乎逻辑）和一定的教学方法对所教内容清楚地进行引导、叙述、描述、说明和解释，音量、语速适当，以便学习者能够听清、理解和掌握。必要时能运用媒介语（如英语）进行阐释和说明。

优秀汉语教师的课堂教学言语更加简练、清楚、节奏适当、条理清晰，也更加抑扬顿挫和声情并茂（部分优秀教师的课堂话语还有一定的幽默感），符合相对于学习者汉语水平的"i+1"原则，能充分发挥其引导、沟通、解释、总结等作用，同时具有一定的启发性和相当的感染力；不仅使学习者更容易理解所教内容，有利于重现和复习已学汉语，而且其言语本身也因为规范、标准而值得学习者模仿和记忆。

（六）运用体态语言

合格汉语教师会有意识地使用表情、手势、其他身体动作等非言语方式来辅助对汉语知识的解释和技能的训练，传递信息，表达情感，以增强汉语教学的效果。同时能注意到课堂上所用各种体态语的跨文化性。

优秀汉语教师能确立一套成熟、有效的带领学习者进行言语技能训练的体态语言；能有效利用表情、手势、其他身体动作等体态语对一些汉语知识进行解释、示范，有效减少教师课堂用语，提高课堂教学时间的利用率，进而有效提高汉语教学的质量。

（七）设计板书板画

合格汉语教师会根据教学目标和教学内容的特点认真准备，使自己的板书简洁美观，书写规范，布局合理，层次分明，重点突出，以增强教学效果（比如巩固汉字认知），加深学习者的记忆。

优秀汉语教师会在文字准确、书写端正、条理分明，且与教学内容、其他呈现手段（比如卡片、多媒体、体态语言、话语）相结合的基础上，注重板书板画的计划性、生成性、规范性、艺术性、多样性和启发性，使学习者看到板书时不仅能深入理解所学内容，而且能产生书写汉字的兴趣，更喜欢学习汉语。

（八）运用教育技术

合格汉语教师会根据教学目标和教学内容的特点选择恰当的教具和媒体形式呈现教学内容，并配以恰当的说明，使学习者更容易理解内容，提升教学效果。

优秀汉语教师对各种教学手段和工具等都能熟练使用，能基于教学内容特点、学习者认知倾向，以及教学场景来呈现教学内容；有些优秀教师能自己制作一些特别的教具，以最大程度地促进学习者的理解，进而实现教学目标。

（九）讲解教学内容

合格汉语教师能够在透彻理解和熟练掌握自身所具备的知识和技能的基础上，找到适当的技巧和方法（比如举例、类比）清楚地解释所教内容，以促进学习者的理解和掌握。

优秀汉语教师不仅自己积累了很多有效地解释知识点的技巧和方法，

也善于引导和展示，促进学习者理解和掌握教学内容；还能根据课堂教学实际情况进行适当的调整，找到更有针对性的解释方法。

（十）巩固所学内容

合格汉语教师能够根据教学设计采用一定的方法引导学习者对所学知识和技能等内容进行巩固，提高学习质量（比如记得更牢或者由对语言知识的理解和记忆上升为对技能的掌握）。

优秀汉语教师积累、储存了很多指导学习者巩固不同类型知识和技能的方法，能根据不同学习者的具体学习情况有针对性地采取多种不同的方式和方法对内容进行再现、练习和巩固，以最大限度地提高每名学习者的学习水平。

（十一）引导迁移运用

合格汉语教师能够根据教学内容，设计一系列活动和任务引导学习者将其所学知识和技能运用到真正的交际场景中。

优秀汉语教师积累了大量在实践中应用知识和技能的活动和任务，能够根据不同学习者和所学内容的特点选择恰当的、有一定的变通性和生成性的方式，促进其在具体言语交际场景中进行迁移和应用。

（十二）指导学习方法

合格汉语教师会在具体汉语教学的过程中告诉学习者（尤其是中高级阶段的学习者）语言学习的具体方法，以提高其学习质量和效果。

优秀汉语教师不仅掌握很多具体有效的语言学习方法，而且能在教学过程中结合具体的汉语教学内容，有意识地渗透汉语学习方法和策略，培养学习者自主学习和有效学习的意识和能力。

（十三）促进汉语学习

合格汉语教师在教学时会有意识地观察学习者的反应，尤其是特殊学习者（比如语言学习能力超强者和学习能力欠缺者）和边缘学习者（比如学习基础比较差或者性格比较内向的学习者）的反应，并能根据其具体情况给出相应的个别指导，促进其汉语学习。

优秀汉语教师会积累很多适用于不同学习者和教学内容，并能提高学习效果的方法和技巧，也会根据具体教学情况布置不同的学习任务，满足不同程度学习者的学习需求；能及时发现并有效处理学习者语言水平、语言学能差异较大，语言发展不平衡时所出现的问题，使不同语言水平的学习者都能得到充分发展。

（十四）把握提问技巧

合格汉语教师能够根据教学设计和教学情况在恰当的时机对学习者进行课堂提问，问题表述准确、明白，容易被学习者理解。

优秀汉语教师能根据课堂教学的实际情况针对不同学习者设计适合其汉语水平、契合其兴趣点的问题，使学习者可以参与回答并有所收获；提问恰当且具有层次性，问题本身既有良好的启发性，又与学习者已学知识、兴趣点，教学内容主题等具有高度相关性；提问方式灵活（除了问句，还利用音调的变化、重读等方式），开放性问题比重大，同时也能抓住所教内容的重点和要害，提出有分量的问题，即有较强的问题把握和调控能力。

（十五）提供有效反馈

合格汉语教师会有意识地观察学习者的言谈举止（尤其是回答问题和质疑所教内容时）和情绪表现，并给予有效的针对性反馈，有时会适当进行追问，以推进教学进一步深入和提升教学效果。

优秀汉语教师会全面且有重点地对学习者的问题进行回答、归纳和总结，并对其表现进行监控，善于在学习者的回答中捕捉机会（如就学习者回答问题的某句话或某个观点），有效推进教学的深入；善于把评价权交给全体学习者，切实促进学习者之间及其与教师之间的深层交流和互动。以纠错为例，优秀汉语教师更擅长在把握学习者特点、水平、学习阶段以及具体问题的基础上决定什么时候"错而不纠"，什么时候该严格纠错，以及具体采用什么方式（如直接纠错还是间接纠错）来纠。

四、汉语教学管理能力

汉语教学管理能力具体包括管理课堂秩序、管理教学时间和管理课堂空间等 3 项具体教学技能。

（一）管理课堂秩序

合格汉语教师会采用一定的方法维持正常的课堂教学秩序，能应对学习者的违纪行为和突发事故，以保证教学活动的顺利开展和教学目标的实现。

优秀汉语教师会根据不同国家和地区的情况，提前制订清楚、明确的教学规则，有意识地引导学习者进行自我管理；也积累了很多有效监督、管理学习者的方法和技巧，能够具有前瞻性地预测学习者可能出现的违纪行为，因势利导、迅速有效地进行应对，以维持良好的课堂教学环境和氛围；对课堂教学有很强的掌控力，能有效建立课堂常规、处理突发事件，并善于从学习者的违纪行为或突发事故中捕捉有利且有效的因素，将其转化为教学资源。

（二）管理教学时间

合格汉语教师会从实现教学目标的角度给不同教学环节和内容安排合理的教学时间，能在预定的时间内完成规定的教学环节、内容和任务。

优秀汉语教师会重点观察学习者的学习情况，并在此基础上灵活、及时地调整某些环节和内容的教学时间，必要时会对教学目标有所修改，对教学内容有所取舍，将部分教学内容调整到其他教学环节（比如课后作业中），以便更好地应对新情况或者突发情况。

（三）管理课堂空间

合格汉语教师会有意识地营造良好的汉语教学环境，不仅能布置舒适、美观、有趣且有利于促进汉语学习的教室环境，而且能建立宽松、平等、自由的心理环境。

优秀汉语教师不仅会有意识地营造良好的汉语教学环境，还会充分利用教室及其以外的资源，并能在教学时处理各种突发问题和事件，将其转化为教学资源和机会，从而维护良好的教学环境和课堂氛围。

五、汉语教学评价能力

汉语教学评价能力包括评价学业表现和评价教学效果两项教学技能。

（一）评价学业表现

合格汉语教师能够采用一定的方式收集有关学习者言语行为表现等学业方面的信息，并根据教学目标等评估标准对其进行恰当的评价。

优秀汉语教师能够在与学习者沟通交流的基础上建立合适的评价标准，并积累很多针对不同教学内容的评价方式；在具体测试时，能够根据不同的教学目的和学习者的特点选择或设计合适的评价方式（比如编制试卷、运用档案袋评价等），对学习者的学业表现进行个性化的恰当评价，准确把握其在学业上的具体进展及其背后的原因，有计划、周期性地给出有建设性和指导性的学习反馈信息，并据此来调控教学。

（二）评价教学效果

合格汉语教师会有意识地从教学过程和结果中收集信息，然后在最初所设教学目标的基础上设立一定的评估标准，从不同的维度对教学过程和结果进行评价。

优秀汉语教师会更全面地收集有关教学过程和结果的信息，然后结合汉语教学的终极目标，更宏观地设定教学评价标准，使用恰当的评价方法对教学过程和结果进行全面、恰当的评价，并依据评价结果有效改进自己的汉语教学。

第三节　跨文化交际能力

跨文化交际能力是汉语教师必备的核心能力之一[1]。这是由汉语国际教育这一工作的跨文化性特点决定的。国内的汉语教师跟学习者分属不同的文化；国外本土汉语教师所教的内容跟自己的母语分属不同的文化。这都涉及跨文化交际。一定的跨文化交际能力对汉语教师来说是职业需要。对于被外派到国外任教的中国汉语教师或志愿者来说，他们跟学生、学生家长、当地同事、当地社区居民（房东）等群体或个人之间存在更为广泛、多样的跨文化交际，而且这种跨文化交际频繁出现在办公室、教室、校园、住处、餐厅等各种工作和生活的场所。一定的跨文化交际能力对他们来说除了是职业需要之外，还是人际交往和生活的需要。当然，还有一部分汉语教师对其他文化有兴趣，一定的跨文化交际能力也可以满足他们这方面的兴趣和爱好。

在国外，对跨文化交际能力的研究始于 20 世纪 50 年代，1959 年美国学者爱德华·霍尔在其著作《无声语言》（*The Silent Language*）中提出"跨文化交际"这一概念。此后有很多学者都从自己擅长的角度对跨文化交际能力进行了研究（如 Kim，1991；Byram，1997；Spencer-Oatey et al.，2009；Deardorff，2012a）。

在国内，学者们对跨文化交际能力的关注始于 20 世纪 80 年代的外语教学界（何道宽，1983）。相对比较深入的研究则出现在 20 世纪 90 年代后半期（如潘晓慧，1996；高一虹，1998；胡文仲，1999；樊葳葳，1999）。随后，跨文化交际能力逐渐成为一个研究热点，研究文献的数量

---

[1] 在汉语国际教育领域，有一个跟"跨文化交际能力"提法相近的概念，即"跨文化能力"。有的学者（如杨盈等，2007；胡文仲，2013）认为两个概念所指为同一种能力，可以相互替换（事实上很多中外文献在论述时也都是交叉使用的），有的学者（如 Byram，1997）则认为跨文化交际能力包括跨文化能力，有的学者（如祖晓梅，2003；蒋瑾，2013；高永晨，2014）认为跨文化能力包括跨文化交际能力。在本书中，我们认为两个概念属于不同的表述，其定义和构成是一致的，可以相互替换，具体行文（引文除外）也统一使用"跨文化交际能力"这种表述。

也越来越多（如赵爱国等，2003；祖晓梅，2003；韩海燕，2011；邵思源等，2011；陈欣，2012；张卫东等，2012；彭军，2013；李艳等，2013；胡文仲，2013；颜静兰，2014；高永晨，2014）。值得注意的是，国内有关跨文化交际能力的研究，大部分都是从汉语（或外语）教学目标的角度进行讨论的，认为其是学生应该具备的核心能力，其中不乏一些讨论得比较深入的成果（如祖晓梅，2003；毕继万，2009；许力生，2011；蒋瑾，2013）；也有一些研究是将其作为汉语教师（或外语教师）的能力进行探讨（比如邵思源等，2011），但数量不多，也不够深入，所提的培养策略也显得较为空泛。

汉语国际教育的主要目的是培养学习者的跨文化交际能力。那么作为培养学习者跨文化交际能力的教师，更应该具有较高的该方面能力，否则很难培养出具有这种能力的学生。李昊（2012）就曾提到这一点。

一、对汉语教师跨文化交际能力的基本认识

（一）跨文化交际能力

Kim（1991）[265,270-271] 认为跨文化交际能力的核心是"包括认知、情感、行为诸方面能力的人的内在系统的适应能力（adaptive capacity）"，这种能力"能够灵活处理各种跨文化情境"。Byram（1997）[71] 间接对跨文化交际能力进行界定，认为具有跨文化交际能力的人"能够用外语跟来自其他国家或文化的人进行沟通和互动，能够用一种双方都满意的交际方式进行协商谈判，能充当来自不同文化的人们之间的协调者，通过恰当使用外语的能力（包括社会语言能力和话语能力）和对外语的明确意义、价值和隐含意义的意识把文化知识和语言能力结合起来，能获得对外语和文化的更深层次的理解"。Spitzberg（2000）[375] 对跨文化交际能力的界定则非常简洁、朴素："是一定环境中合适、有效的行为。"Spencer-Oatey et al.（2009）[51] 将跨文化交际能力定义为"不同文化背景的交际者实施有效得体的言语或非言语交际行为，以及有效得体地处理交际行为所产生的心理需求和交际后果的能力"。这些界定都强调了"在特定跨文化环境中""能够有效、得体地进行交际""创造性地处理文化差异、心理问题、交际后果""具有跨文化意识、态度和情感"等几个方面。

相比而言，一部分国内学者（如韩海燕，2011；颜静兰，2014；高永晨，2014）对跨文化交际能力的界定则比较笼统，仅仅指明其为"保证成功完成跨文化交际所需要的能力或素质"。比如"跨文化交际能力是指为了使跨文化交际成功进行所需要的能力或素质"（韩海燕，2011）。"跨文化交际能力就是能够进行成功的跨文化交际所需要的各种能力和整体素质。"（颜静兰，2014）"跨文化交际能力是来自不同语言文化背景的人们进行交往实践活动时表现出来的一种能力和水平。"（高永晨，2014）赵爱国等（2003）则把跨文化交际能力界定为"外语交际能力"，即"跨文化交际能力就是非母语或第二语言的外语交际能力，包括语言能力、语用能力和行为能力"，这显得不够全面。有一部分国内学者在界定"跨文化交际能力"时则把重点放在"保证个体交际的有效、得体、成功"等能力方面，也关注个体的交际行为和效果，以及个体对待不同文化的态度，特别是跨文化的意识。比如，"跨文化能力是一种包括知识、技能、态度和文化意识的综合能力。它不仅仅包括外在的技能和知识，而且包括内在的情感和态度；不仅包括关于本族文化和目的文化的知识、技能、态度，而且包括对一般性文化现象、特点以及它们之间关系的理解、洞察和评价"（祖晓梅，2003）。进行类似界定的还有陈欣（2012）、彭军（2013）等[1]。

在国内外相关研究的基础上可以明确：跨文化交际能力是个体在一定的文化意识、态度等内在观念支配下，在尊重并理解文化多样性的基础上，在特定文化环境中与不同文化背景的个体进行有效、得体交际所需要的一系列知识、技能、情感、策略的综合，是一种综合性的活动能力或能力集合。

---

[1] 陈欣（2012）认为，"跨文化交际能力指在跨文化交际过程中，为顺利完成交际所必需的，基于跨文化意识的语言能力、语用能力和交际实践能力。其中，语言能力包括听、说、读、写、译等能力；语用能力包括语用行事能力、语用推理能力、语用心理能力、语用文化能力、语用语境能力等；交际实践能力包括语言交际实践能力与非语言交际实践能力，强调语言规则和交际规则的转化"。彭军（2013）认为，"跨文化交际能力指的是跨文化交际环境中的交际能力，即来自不同文化背景的人之间进行交际时，具有强烈的跨文化意识，善于识别文化差异和排除文化干扰，并成功地进行交际的能力"。

（二）汉语教师的跨文化交际能力

汉语教师跨文化交际能力属于工作领域的一种职业能力，其倾向性更强，结合汉语教师的职业特点，可以认为：

汉语教师的跨文化交际能力是指在一定的跨文化意识和多元文化态度等内在观念的支配下，在尊重并理解文化多样性的基础上，汉语教师有效使用自己所拥有的知识、技能、情感、策略和个性特点在特定文化环境下与不同文化背景人士进行交际实践所表现出来的一种综合性活动能力；一定水平的跨文化交际能力能够保证汉语教师交际的得体性和有效性，进而带来成功的交际和合作、人际关系的建立和维持，以及任务的顺利完成。

这个定义主要包含以下三层意思：

第一，汉语教师的跨文化交际能力是一种综合能力，既包括汉语教师的意识、态度等，也包括其所拥有的知识、技能、情感、策略和个性特点等要素；还包括言语能力、非言语能力、交际实践能力、跨文化适应能力等多项能力。Kim（1991）就认为跨文化交际能力已经不仅仅是交际能力，更是交际个体认知、情感等内在系统在所有跨文化交际情境中的应对。

第二，跨文化交际能力表现为汉语教师与不同文化背景人士交际的得体性和有效性。判断得体与否的标准是交际双方是否都觉得合适、恰当和得体。判断是否有效的标准是交际双方能否获取既定的交际结果，比如提升交际双方的关系，完成交际发起者所计划的任务，或者减少误会，等等。

第三，跨文化交际能力主要服务于有效交际和成功合作，以及顺利完成教学任务，当然也能满足汉语教师对多元文化的兴趣，提高其整体素质。汉语教师跨文化交际能力从根本上说是一种职业能力，是为更好地完成教学任务服务的。这里的"任务"主要是汉语作为第二语言教学任务，当然也有文化传播任务等。要完成这类任务需要跟当地同事、学生、学生家长、社区民众等各种不同文化背景的人士进行广泛的沟通和交际。

有一点需要说明，因为是在汉语国际教育界讨论跨文化交际能力，所以有人容易将跨文化交际能力理解成跨文化的言语交际能力。跨文化的言语交际能力当然属于跨文化交际能力的重要组成部分，甚至还是基础（或主体）部分，但跨文化交际能力还包括非言语交际能力、跨文化适应能力、社会文化能力等。

（三）汉语教师跨文化交际能力的特点

有关跨文化交际能力特点的研究很少，祖晓梅（2003）谈到跨文化交际能力具有综合性和动态性等特点，但也没有展开。

跨文化交际能力是汉语教师能力的一部分。汉语教师能力所具有的实践性、综合性、个体性、层次性、发展性和创造性等特点，跨文化交际能力也都有。

二、汉语教师跨文化交际能力的构成

（一）已有的相关研究

国外的相关研究，大多是从具体能力的层面来分析跨文化交际能力的构成。Spitzberg et al.（1984）认为跨文化交际能力是由基本能力、社交能力、社交技巧、人际交往能力、语言能力、沟通能力与关系能力等七种具体能力构成的。Van EK（1986）提出交际能力由六种具体能力构成，即语言能力（linguistic competence）、社会语言能力（sociolinguistic competence）、话语能力（discourse competence）、策略能力（strategic competence）、社会文化能力（socio-cultural competence）和社会能力（social competence）。受 Van EK（1986）所提出的交际能力构成的影响，Byram（1997）[73]提出跨文化交际能力由语言能力（linguistic competence）、社会语言能力（sociolinguistic competence）、语篇能力（discourse competence）和跨文化能力（intercultural competence）构成。

同时，一些研究从更实质性的构成要素的角度来分析跨文化交际能力的构成。Byram（1997）[34]认为跨文化交际能力中的跨文化能力由知识（knowledge）、技能（skills）、态度（attitudes）和意识（awareness）四个要素构成。其中，知识包括有关自己和别人的（of self and other）、有关个人和社会交际的知识（of interaction：individual and societal），如社会政治、宗教、历史和地理、社交礼仪、行为规范、生活习俗与价值观等。技能又分为两类：一类是跨文化交流技能（skills of discovering and interacting），即具有解释、理解、关联、观察、分析和评价文化差异或冲突并对其进行有效协调和解决的能力；另一类是跨文化认知技能（skills of interpreting and relating），即借助语言或非语言交流和互动学会新的文化知识、态度和意识的能力，能够解释其他文化现象并将其他文化与自己的文化联系起来。态度包括好奇心、开放性、尊重、平等、乐观接受、包容、愿意悬置对自己的文化或其他文化的偏见等。意识包括批判性文化意识、自我意识、社会语言学意识等。Spitzberg & Cupach（1984）提出跨文化交际能力由动机（motivation）、知识（knowledge）和技能（skill）三要素构成。Deardorff（2012a）认为跨文化能力由态度（attitudes）、知识（knowledge）、技能（skills）、内在结果（internal outcomes）和外在结果（external outcomes）等五个要素构成。

在国内，大多数研究都是从具体能力的角度来探讨跨文化交际能力的构成。贾玉新（1997）[480-488]提出有效的跨文化交际能力包括基本交际能力系统、情感和关系能力系统、情节能力系统、交际方略能力等方面。文秋芳（1999）[9]认为跨文化交际能力包括交际能力和跨文化能力两个部分，其中交际能力包括语言能力、语用能力和策略能力三个子能力，跨文化能力包括对文化差异的敏感性、对文化差异的宽容性和处理文化差异的灵活性三个层次。毕继万（2009）[18]认为"跨文化交际能力是由语言交际能力、非语言交际能力、跨文化理解能力、语言规则和交际规则的转化能力以及跨文化适应能力所组成的综合能力"。持类似观点的学者还有樊葳葳（1999）、钟华等（2000）、杨盈等（2007）、高永晨（2014）。也有一些研究从基本要素的角度入手探讨跨文化交际能力的构成。比如许力生等（2013）认为跨文化交际能力包括动机、知识、技能、语境和效果等五个基本要素。也有研究是从所具备的文化修养的角度来论述跨文化交际能力的，比如王有芬（2012a）认为汉语教师要想在跨文化交际中从容不迫需要做到以下几点：应努力把自己塑造成汉语和中国文化的专家；应认认真真学习中国的传统文化，做一名"本地专家"；应提升世界文化知识修养。

（二）汉语教师跨文化交际能力的构成

在国内外相关研究的基础上，结合汉语教师的工作特点，可以认为，汉语教师跨文化交际能力是一种综合性能力，是一个内容丰富的能力系统，包含很多要素，涉及很多层面，仅从某一个角度或方面很难全面透视其构成。基于此，我们主要从构成维度和具体能力系统两个角度进行探讨。

1.汉语教师跨文化交际能力的构成维度

在前人研究的基础上，我们认为，汉语教师跨文化交际能力主要包括态度、知识、技能、意识、情境等维度。其中，态度、知识、技能和意识属于汉语教师的个体属性，情境是从跨文化交际能力本身来说的。

态度维度是指汉语教师对其他语言和文化所持的立场，主要包括尊重、开放、好奇、包容、情感等。尊重是指汉语教师要尊重文化多样性，即尊重所有的文化类型及其思维方式、行为方式，尤其是跟中国文化及中国文化的思维方式、行为方式不一致的方面；开放是指汉语教师在跨文化交际中对各种文化敞开心胸，接纳交际方的各个方面；好奇是指汉语教师对其他文化感兴趣，愿意积极主动地去发现、了解和熟悉，类似于跨文化交际的动机；包容是指汉语教师应容许文化多样性（即各种文化及其理念和行为）的存在（包括交际过程中出现的不确定、不清楚等模糊方面），即便对自己不欣赏的文化、理念和行为也不轻易否定；情感是指汉语教师对交际对象的观点和行为（甚至整体文化）等表现的感情心理的反应。

知识维度主要是指在跨文化交际时汉语教师所要用到的各个方面的知识，主要包括有关中国和交际方国家的各个方面的文化知识，比如政治制度、社会规范、风俗习惯、社交礼仪、历史、地理、宗教、种族、主要价值观等，尤其是比较主流的方面。当然，具体跨文化交际中，汉语教师要了解形成自己和对方观点的具体文化知识，涉及交际对象、交际情境、社交礼仪、相关风俗习惯等方面。

技能维度主要是指汉语教师所应具备的认知技能、交际技能和适应技能。具体来说，认知技能既包括跨文化交际中观察、聆听、评价、分析、解释、关联等能力，也包括感知、理解、学习新知识的能力，比如查阅自己不了解的、有关中国或交际方国家的具体信息，熟悉、适应新的行为方式或习惯等。交际技能是指观察、解释、分析、联系、对比、评价、适应中外文化之间的差异，以及在此基础上运用言语、非言语等行为和各种技巧灵活调解冲突、顺利完成任务的能力，尤其是设身处地从对方立场着想，理解其观念和行为，即移情的能力，比如汉语教师能够有效化解跟当地同事在工作上产生的误解和冲突、跟学生家长协调对汉语教学的不同认识和理解。适应技能是指汉语教师适应特定文化环境（尤其是海外）及不同交际行为和习惯的能力，尤其是应对被孤立和疏远、面对挫折和压力的能力。

意识维度是指汉语教师在跨文化交际中应有交际意图、自我意识、跨文化意识、批判意识、学习意识。交际意图是指汉语教师在跨文化交际中应明确自己的交际目的，这影响着跨文化交际的行为和方向；自我意识是指汉语教师在跨文化交际中应明确自己的中国文化立场、自己的身份和自己的交际目的等；跨文化意识是指汉语教师应在理解双方文化的基础上意识到交际方的不同文化立场，时刻意识到自己是在进行跨文化交际；批判意识是指汉语教师依据多元文化的观点对交际双方的文化、行为等做出评判，具体来说，即在明确自己的中国文化立场的同时要有自己的判断，克服自我文化中心倾向，当然，对交际方的文化也应有批判意识，既在自己评判的基础上看到其好的一面，也能看到其不好的一面；学习意识是指汉语教师愿意了解不同文化的思维方式、观念和行为，尤其是在跨文化交际中遇到自己不了解、不清楚的带有文化特点的观点或行为时愿意积极地去了解和学习。

情境是指跨文化交际都发生在一定的情境之中，判定汉语教师跨文化交际能力的高低也应在具体情境中进行。因为包括汉语教师在内的每一个人，可能在某些情境中跨文化交际能力很高，但在另外一些情境中跨文化交际能力就不高。

2.汉语教师跨文化交际能力的具体能力系统

在已有研究的基础上，结合汉语教师的工作特点，可以认为，汉语教师跨文化交际能力具体包括语言交际能力、非言语交际能力、策略能力、移情能力、跨文化适应能力、人际关系方面的能力以及保持正确、积极的态度的能力等七种能力。

语言交际能力包括基本语言能力、社会语言能力、语用能力，以及语篇能力等。对国内的汉语教师来说，语言交际能力是指外语交际能力；

对国外本土汉语教师来说，是指用汉语进行交际的能力。基本语言能力主要是指汉语教师听、说、读、写、译等语言技能；社会语言能力是指汉语教师灵活运用各种语言功能变体的能力，主要包括使用方言和规范语、了解所使用语言的不同文化内涵等；语用能力是指汉语教师有效运用语言知识以达到特定交际目的和理解特定情境中言语的能力，涉及交际情境、目的、说话人关系、交际策略以及其他有关社会文化的因素；语篇能力是指掌握不同语篇类型，用语言做事的能力，主要包括在交际中进行有效衔接和连贯表达的能力、在语境中使用语言的能力、适当改变语言风格的能力等。

非言语交际能力主要是指汉语教师以非言语的方式（比如体态语）进行交际的能力，主要包括眼神、微笑等面部表情，手势等体态语，空间距离等环境语方式，有时还包括话语的音量、语调等副语言方式。其关键是把握好同一个非言语方式在不同文化（尤其是交际方文化）中的不同含义。

策略能力即运用交际策略的能力，是指在跨文化交际过程中因语言或语用能力有缺陷，为避免交际失误或达不到目的而采取的补救策略，比如语码转换策略、近似语策略、非言语策略、合作策略、发起或停止跨文化交际行为的策略等。在跨文化交际过程中容易发生误会和曲解，为了增强交际效果，减少误会，汉语教师应采取相应的交际策略。

移情能力是指汉语教师有意识地避开自己母语文化定式上思维和感情的束缚，站在对方语言文化立场上进行思考和体验感情的能力，还包括让对方知道你充分理解他的思想和感情的能力。通俗地讲，就是将心比心，站在对方的角度去思考、去体验、去交际，并且让对方感受到被理解，最终实现交际目的。

跨文化适应能力是指汉语教师在跨文化环境中根据交际方的文化特征调节自身交际行为的能力，包括三个层次：在理解对方文化的基础上对两种文化的差异的敏感；对这种差异持一种宽容的态度；在此基础上进行灵活处理。文化调适能力的前提是具备文化认知能力，即对特定文化（尤其是涉及跨文化交际、自己不熟悉的事物），尤其是该种文化的思维模式、价值观念和交际规范进行了解、描述、解释和评价的能力。

人际关系方面的能力是指汉语教师与特定文化中的人建立和保持关系的能力。尤其是合作能力，即基于共同利益和需要，充分发挥自己的作用，与对方通力合作、实现双赢的能力。

保持正确、积极的态度的能力是指汉语教师对各种文化持尊重和开明的态度，尊重文化的多样性，愿意了解不同的文化，并与该文化中的个体进行沟通和交际。在交际过程中采取悬置的态度，能容忍各种文化中的模糊性和不确定性，遇到文化冲突（包括遇到挫折、压力、疏远、冷漠等）时能及时调整自己的心态，使自己放松。

在此七项能力中，语言交际能力是最重要、最核心的能力，是跨文化交际能力的基础和主体。移情能力和跨文化适应能力属于汉语教师跨文化交际能力中的核心能力，同时也属于特定能力（或专属能力）。其他几项具体能力同样很重要。

三、汉语教师跨文化交际能力的培养

关于跨文化交际能力的培养，业界已有一些学者进行研究。比如钟华等（2000）、刘学惠（2003）、任裕海（2004）、蔡子亮（2005）、杨盈等（2007）、孙淑女等（2014）、高永晨（2014）。但这些研究绝大多数是探讨如何培养学习者跨文化交际能力的，只有李昊（2012）是从国际汉语教师跨文化交际能力的角度进行探讨的。另外，这些研究所提到的培养策略，都是基于研究者自己对跨文化交际能力构成的认识提出的，差异较大。但也有一些共识，比如都比较注重文化知识感知能力、交际实践能力、跨文化意识和动机的培养能力等。

培养汉语教师的跨文化交际能力，要从提升跨文化交际能力的各个构成要素和具体能力入手，在此基础上再熟悉一些交际技巧。

（一）提升跨文化交际能力的各个构成要素

汉语教师跨文化交际能力是一项综合能力，包括知识、技能、态度、意识、情境等要素。将这些要素提高了，汉语教师跨文化交际能力自然也会提高。

1. 积累、丰富自己的文化和国情知识

了解交际双方文化和国情知识是形成跨文化交际能力的基础。如果汉语教师连对双方文化和国情最基本的了解都没有，很难想象其会有较强的跨文化交际能力。《国际汉语教师标准》在"模块二：文化与交际"中对跨文化交际能力的标准有详细的阐述。在中国文化方面，汉语教师应该了解中国历史文化基本知识，比如中国古代社会的发展及朝代沿革、重大历史事件、重要历史人物、古代科技成就、重要历史文物、主要文化遗产等；应该了解中国主要哲学思想与宗教文化的基本知识，比如先秦诸子哲学、宋明理学等；应该了解中国文学与艺术的基本知识，比如中国古代文学、现当代文学、书法、绘画、影视、音乐、园林与建筑艺术等；应该了解中国民俗文化的基本知识，比如传统节日、饮食文化、服饰文化、民间工艺、婚丧礼俗、地域民俗等；应该了解中国国情的基本知识，比如中国民族、地理、政治制度、经济改革、教育概况、社会与环境等。在中外文化比较与跨文化交际方面，国际汉语教师应了解中外文明的特点及历史，比如文明与文化，文化的多元性及分类，世界文明的起源、发展的主要进程和重大事件，世界历史中的重大事件和重要人物，世界重要文化遗产，国外重要节日等；应了解中外政治体制、法律体系的主要特点和异同，比如政治体制的类型、中外政治体制的异同、中外法律体系的特点和主要内涵等；应了解世界主要宗教的情况与主要哲学思想，比如世界主要宗教派别及其重要人物，世界主要宗教的教义、信仰、神话、礼仪、节日与圣地，世界著名宗教的古迹与建筑，世界主要哲学派别及代表人物，东西方哲学的主要异同等；应了解汉学的基本知识，比如汉学与传教士、国外汉学研究概况、所在教学国家的汉学家及汉学研究；应及时了解当今世界的重大时事，比如中外外交政策的走向、世界主要文化活动等；应了解文化与跨文化交际的主要概念；应了解语用学知识，比如语用及语用能力、会话结构、合作原则、礼貌原则、格莱斯的会话准则、得体性原则、言语行为理论、言语行为分类等。王有芬（2012b）曾提到与不同国家的人们交往时需要注意的禁忌知识。比如，她提到中国教师容易忽视却是犯忌的事例：（1）在公共场所大声说话，完全不顾及他人的感受；（2）参加活动迟到早退，没有歉意的表示反而大摇大摆；（3）喜欢跟人套近乎，然后求人帮忙；（4）直接询问他人的家庭状况、身上衣物的价格等；（5）跟人关系好的时候，称兄道弟，钱物你我不分；（6）与人交谈时急于下结论，或反复劝说，将自己的观点强加于人；（7）夸海口，对什么都说没问题；（8）过了一段时间又见面时，比如一个节日或假期后，中国人喜欢说"哇,你又长胖了"或"你发福了"。此外，还有一些跟特定国家的人交往时应注意的礼仪，如跟阿拉伯人交谈时忌讳双手交叉着说话；与日本人交往，初次见面别送礼，接受礼物要回礼；与法国人交往，初次见面更不要送礼，否则有行贿之嫌。

从理论上说，汉语教师都应该掌握以上知识，但现实中很多汉语教师可能掌握得没有这么全面。汉语教师至少应该掌握有关学习者的一些关键性知识。比如遇到有宗教信仰的学习者，汉语教师应对该宗教有所了解。其他的知识，可以随时有意识地了解和熟悉。具体到了解和熟悉这些知识的方式，汉语教师可以采用选修相关培训课程、听一些文化性的专题讲座、阅读相关书籍、上网搜索等方式。

2. 提高自己的认知技能、交际技能和适应技能等具体技能

认知技能、交际技能和适应技能都是汉语教师的基本技能，同时也是跨文化交际能力的基本组成部分，非常重要。前面提到的知识，汉语教师不可能都了解，更不可能都熟悉和精通。怎么办？这就需要汉语教师具备一定的认知技能，在跨文化交际时提前做做"功课"，对可能要用到的知识提前进行了解和学习。比如知道自己将被派到其他国家教汉语，汉语教师可以提前在国内了解该国的历史、文化、风俗习惯等相关知识，以便将来在工作中能够得体地进行跨文化交际。再如学生的提问，有些可能超出汉语教师的知识范围（比如中医），教师可以如实告诉他自己暂时还不了解，回头查阅了解后再回答。当然除了自己查阅资料，汉语教师还可以咨询有相似工作经历的同事。还需要注意的是，汉语教师要用对方听得懂的语言,进行针对性的解释。这也是认知技能的重要组成部分，值得重视。

交际技能是跨文化交际能力的重中之重。交际技能本身也是一个复杂的概念，涉及很多方面，主要是指汉语教师利用一切可能的、合情合理的方式或手段（主要是语言和体态）达到交际目的的能力。交际技能提升的方式主要是通过交际实践，尽可能多地与不同文化背景的人交际，积累经验；同时，可以通过案例研讨的方式来提高自己的交际技能，比

如一个将要到阿根廷任教的汉语教师，可以搜集以前在阿根廷任教的汉语教师（或者是其他语种的外语教师）跨文化交际的案例，积累相关经验和技巧，当然也可收集外交、商务等领域的交际案例，进行分析研讨，予以借鉴。

适应技能也是跨文化交际能力的重要组成部分。适应技能需要一定的身心素质做基础。具体来说，适应不同环境的饮食、气候等方面需要一定的身体素质，尤其是处于陌生环境的时候；适应不同文化的风俗习惯、交际行为等方面需要一定的心理素质，尤其是遇到交际冲突的时候。培养适应技能的关键在于汉语教师对跨文化环境、对自己有一个全面辩证的认识，以及在此基础上对心态和行为的恰当调整。提升适应技能的关键就在于提升对跨文化环境的认识水平，以及自我调整能力。另外，汉语教师还需要坚持锻炼身体，提高对自然环境和饮食等方面的适应能力。如果能跟当地同事或社区的人一起活动，在锻炼身体的同时也能与他们进行交际。

汉语教师提高自己的各项具体技能的最好的方式是多进行跨文化交际实践。如果条件不具备，可以考虑采用角色扮演、在网络上进行跨文化交际（比如视频聊天）等方式。

3. 调整自己对待不同文化的态度

在跨文化交际活动中，态度很重要，甚至可以说"态度决定一切"。如果对其他类型的文化缺乏正确的态度，汉语教师往往很难成功地进行跨文化交际。不正确的态度往往表现为居高临下、缺乏尊重、漠不关心、吹毛求疵、对事冷漠、对人冷淡等。汉语教师要形成多元文化观念，应平等对待每一种文化，以及每一种文化中的人、事、物；以恰当的方式尊重各种文化在价值观、信仰、思维方式、审美方式、行为方式等各方面的差异；对与自己文化不同的方面或者自己不知道的方面保持敏感和好奇；不用自己文化的标准来评价对方文化的优劣；遇到不清楚、不理解、不认同、不欣赏的文化观念或行为，要多沟通、多包容；等等。

调整自己对不同文化的态度大体可以分为两个层次：承认和接受。汉语教师首先要认识到世界文化的多样性，在此基础上逐步从深度和广度上去了解不同文化的各个方面。调整态度的关键是对不同文化的认识。

汉语教师需要对不同文化类型（尤其是自己任教国家和地区的文化）多了解（其实质还是对相关文化知识的掌握），多从对方的角度考虑问题，增强自己对不同文化的认识，形成自己对不同文化的正确态度。了解不同文化类型的方式有很多。看书、看影视资料、几个教师一起进行讨论、开展案例分析和研讨、跟来自不同文化环境的人交流，甚至是在网上跟世界各地的人进行跨文化交流等都是很好的方式。

4. 增强自己有关跨文化交际的意识

有关跨文化交际的意识包括很多方面，比如交际意图、自我意识、批判意识、学习意识等。有了明确的交际意图，才容易把握住跨文化交际中的重点；有了明确的自我意识，往往能在跨文化交际过程中持不卑不亢的态度；有了一定的批判意识，往往能克服自我文化中心倾向；有了强烈的学习意识，就愿意去了解不同文化的价值观、思维方式和行为习惯等，去探究不清楚、不明白的文化"结点"。

如何增强自己有关跨文化交际的意识？方式有很多。比如与来自其他文化背景的同事交朋友，包括用言语或非言语的方式表示对他人的支持和巩固同伴友谊等。案例分析、参加文化专题研讨会、进行中外文化对比、到海外实习等方式也能增强自己的跨文化交际意识。

5. 熟悉各种可能发生跨文化交际的情境

包括跨文化交际在内的一切交际行为都发生在一定的情境之中。汉语教师跨文化交际的对象主要有学生及其家长、当地同事、社区民众等，进行跨文化交际的情境有教室、办公室、校园、社区、公园、超市等各种生活和工作的场景。汉语教师可以根据自己的交际需要，对各种跨文化交际的情境进行了解和熟悉，尤其要注意了解跟国内类似场景的异同、属于文化禁忌的知识。在此基础上，汉语教师要及时调整自己的认识，为顺利进行跨文化交际奠定基础。在实践中，汉语教师可能因为熟悉学校环境而能够跟当地同事成功地进行跨文化交际，也可能因为不熟悉所在国的社区情况而使自己跟社区民众的跨文化交际不顺利。

Deardorff et al.（2012a）设计了一个自我反思、提高跨文化能力的量表（即附录1），包含组成跨文化交际能力的各个要素。汉语教师可以用于参照。

（二）提高构成跨文化交际能力的各项具体能力

汉语教师跨文化交际能力包括语言交际能力、非言语交际能力、策略能力、移情能力、跨文化适应能力、人际关系方面的能力，以及保持正确、积极态度的能力等七种能力。要提高汉语教师的跨文化交际能力，也可以从提高这七种具体能力入手。

1. 提高外语水平

语言交际能力是跨文化交际能力的基础和关键。很多学者（如杨盈等，2007；高黎等，2007）都表达过类似的观点。学好外语（或媒介语）是提高语言交际能力，进而形成跨文化交际能力的核心途径。很多有海外任教经历的汉语教师反映，在跨文化交际过程中最大的困难还是语言水平不够，不能很快找到恰当的语言来表达自己的意思。应该说，把握住"提高外语水平"这个途径，就把握住了提高跨文化交际能力的关键。

对出国任教的汉语教师来说，关键是要把自己的英语或任教国通用语学好，尤其是能听和能说，至少要能与当地同事进行交际。对各国的本土汉语教师来讲，要把汉语学好，至少要达到《国际汉语教师标准》所要求的汉语水平。语言水平提高了，语言交际能力提高了，汉语教师的跨文化交际能力自然就能得到提高。

2. 熟悉中外文化差异

熟悉中外文化差异是汉语教师跨文化交际能力形成的基础。无论是语言交际能力、非语言交际能力、移情能力、跨文化适应能力、人际关系方面的能力，还是保持正确、积极态度的能力，都需要汉语教师熟悉中外文化之间的差异。这里所说的差异，既有物质文化（如服装、饮食、建筑等）方面的差异，也有制度文化（如政治制度、法律制度、经济制度等）方面的差异，还有观念文化（如宗教、历史、哲学、艺术、价值观等）方面的差异。

汉语教师对来自不同文化的语言、行为、习俗和规范的解读，其实就是对该观念文化及其所代表的意义系统的解读。因为观念文化（尤其是价值观）涉及深层文化结构，支配着人的言语、行为、信念和态度。通过对不同文化的感知和解读，汉语教师可以对跨文化交际过程中可能会出现的差异或冲突有所准备，进行适当的心理预设，运用所学语言和文化知识来灵活处理跨文化交际中出现的各种具体问题，从而减少这种跨文化交际中所出现的不确定性。因此，汉语教师应不断学习、广泛阅读，有意识地、系统地了解、熟悉和比较各种文化，熟知中外文化差异，提高对这种差异的敏感性，进而提高自己的跨文化交际能力。

3. 积极进行交际实践和虚拟交际实践

即便了解、熟悉、掌握了与跨文化交际有关的中外文化知识，也只是奠定了跨文化交际能力的基础。跨文化交际能力的形成离不开跨文化交际实践。在具备一定的中外文化知识和语言能力基础上，汉语教师要利用一切可以利用的机会进行跨文化交际，增加体验，即"在跨文化交际中学会跨文化交际"。如果在国内教汉语，汉语教师可以跟不同文化背景的学生进行交际，这样既训练了学生的汉语技能，还丰富了汉语教师自己的跨文化知识，锻炼了交际技巧。还可以结合课堂所学内容来进行跨文化交际实践，比如学习"到朋友家做客"这个主题，汉语教师可以让不同文化背景的学生说说或表演到朋友家做客的情况（在自己的国家中或文化背景下），以强化其与到中国朋友家做客的情况的对比。这样，学生和汉语教师的跨文化交际能力都得到了提高。在国外任教的汉语教师，更应该在充分准备的基础上尽可能地利用一切机会、采用多种方式与学生、学生家长、当地同事、社区居民等进行交际，在具体的交际实践中锻炼自己的跨文化交际能力。对各个国家的本土汉语教师来讲，同样应该利用一切可能的机会（如跟中国同行进行学术交流，到中国培训、研修等）锻炼自己的跨文化交际能力。

暂时无法进行跨文化交际实践的汉语教师，可以考虑采用虚拟交际实践的方式来提高自己的跨文化交际能力。日益普及的多媒体、信息网络等为暂时没有机会进行跨文化交际的汉语教师提供了虚拟交际的条件和机会。也就是说，汉语教师完全可以通过互联网与同行、学生、朋友等外籍人士进行跨文化交际实践。孙淑女等（2014）就曾提到用多媒体的方式来培养跨文化能力。

4. 案例分析和角色扮演

案例分析和角色扮演也是汉语教师提高自己跨文化交际能力的重要途径。汉语教师可以收集一些自己的前任教师（或者留学生）进行跨文化交际的案例，深入分析其交际成功或失败的表现、原因和补救措施，以便间接性地积累经验。值得注意的是，收集的案例应涉及汉语教师跨文化交际的方方面面，既包括交际失败的案例，也包括交际成功的案例。案例分析要透彻，注重分析其背后的原因和应对策略。要积极进行相关文化学习和验证性交际实践。这样才有利于提高汉语教师的跨文化交际能力。

角色扮演是第二语言学习者经常使用的一种语言学习方法，同时也是一种能够有效提高跨文化交际能力的方法。选择一个典型的交际场景，明确几个关键性的角色，让学生通过扮演这些来自不同文化背景的角色来体会跨文化交际的过程，提高跨文化交际能力。汉语教师也可以参与其中，担任其中一个角色，进行跨文化交际。

如果汉语教师没有机会或不方便参与到角色扮演活动中，也可以进行角色代入，想象如果自己是某个角色，应该怎么办。在对跨文化交际案例的分析中，汉语教师也可以进行角色代入，想象自己遇到案例中的场景时应该怎么办。有了角色代入所积累的经验，再加上自己的中外文化修养，汉语教师将来在真正的跨文化交际实践中，就有了合理的心理预设，能够提前做好相应的准备，从而成功地进行跨文化交际。

第四节　文化传播能力

文化传播能力也是汉语教师应具备的一项重要能力。语言和文化不可分割。教语言本身就是教文化、传播文化。在教留学生学习汉语的同时，国内对外汉语教师也在传播中国文化，而且是进行跨文化传播。

随着汉语国际教育的发展，汉语作为第二语言教学的主阵地已经由国内扩展到国外（以孔子学院为代表）。除了以前较为传统的结合汉语教学传播中国文化外，在国外任教的汉语教师还要直接传播中国文化，比如开设相关文化课程，在学校或社区开展文化活动等。这种方式的中国文化传播既是汉语教师的基本业务活动之一，也是孔子学院等中文教学机构的基本职能之一。

在国外，中国文化的传播有利于学生、学生家长、社区居民等更好地理解和接受中国文化，中国的思想观念、价值观念、行为方式、道德标准等，消除不同文化及人们之间的误解，增进相互了解；还有利于提升中国文化的影响力和吸引力，进而提升中国的软实力，在国际上树立良好的国家形象。

汉语教师文化传播能力是有效传播中国文化的关键因素。具有较强文化传播能力的汉语教师能有效选择恰当的中国文化主题，并进行适当的改造和编码，使学生能感知、理解，进而愿意去了解中国文化。这种较强的文化传播能力体现在：将中国文化内容转化为接近于学生汉语水平的形式，且能与学生有所关联；掌握更多的传播途径，除课堂教学以外，还有文艺节目、社区节日活动等多种传播途径。

本节主要讨论汉语教师直接进行中国文化传播的能力，具体内容包括汉语教师文化传播能力的内涵、影响因素和提升策略等几个方面。

一、对汉语教师文化传播能力的认识

要正确认识汉语教师文化传播能力，应先把"文化传播"的实质、要素和特点等方面了解清楚。

（一）文化传播

传播的本质是信息的交流和分享，是创造共享文化的过程，是信息编码、信息交换和信息解码的互动过程。文化传播是汉语教师使用某种符号系统对中国文化进行编码，接受者对接收到的符号系统进行解码，获知相应的中国文化内容。其实质是汉语教师和来自不同文化背景的接受者对中国文化的交流和分享，也有与接受者的文化互动，同时还是一个维持和改变接受者对中国文化的理解和态度的过程。

这里谈的"文化传播"其实是跨文化传播，是在另外一种文化环境中传播中国文化，是中国文化要素的扩散和渗透。中国文化属于东方文化，注重内省，重情感、重伦理、重集体、重统一、重人文、重直觉体悟，学生所代表的文化却未必如此，比如欧美学生所适应的西方文化重智、重个体、重宗教、重差异、重科学、重逻辑分析。这种跨文化环境为文化传播增加了难度和不确定性。

一般来讲，传播可以分为人际传播、组织传播和大众传播三种（胡文仲，1999）。人际传播往往是两个人或两个人以上的信息传受过程。它包括两人交谈、小组讨论、大会报告、社区活动等多种形式。传播者往往是某个个体，比如汉语教师；接受者是与传播者有接触可能的个体，数量不多，比如学生、学生家长、社区民众等。人际传播的优势在于传受者可以进行双向的互动和交流，收到信息后，接受者可以提供反馈，传播者可以根据反馈情况调整传播速度和方向，实现有针对性的传播等。显然，汉语教师所进行的文化传播主要是人际传播。

汉语教师所进行的文化传播主要是日常生活、工作层面的跨文化传播，也可以说是一种日常生活实践。汉语教师可在日常工作中或工作以外的交际活动中展示文化，进行文化传播，比如基于汉语教学的需要讲授中国文化，开展中国文化讲座，在重大节日到社区进行中国传统文化表演等。

程伟民（2000）提到："对外汉语教师是一个中国文化的传播者，他通过自己的言行，用最自然的方式向外国人展现了中国的文化和中国人的社会生活，一个优秀的得到学生热爱的汉语教师，在唤起外国人对中国的友好感情，巩固海外华人与祖国的联系方面，功不可没。"这里说的就是汉语教师所进行的人际间的文化传播。

（二）文化传播的基本要素

美国学者拉斯韦尔（2013）[35-36] 曾提出"5W"传播模式，认为传播过程包含五大要素：who（谁）、says what（说了什么）、in which channel（通过什么渠道）、to whom（对谁）、with what effects（取得什么效果）。这也正是文化传播的五个基本要素：传播者、传播内容、传播途径、接受者和传播效果。

这里讨论的跨文化传播，传播者是汉语教师，传播途径主要有课堂教学、学校活动、社区活动等几种，传播内容是中国文化，接受者是学生、学生家长、社区民众等群体或个人，传播效果是指接受者对中国文化的认知和理解程度。这五个要素中，传播者、传播内容、接受者，是文化传播的基本要素。

（三）文化传播的特点

参考关世杰（1995）[53-62] 等学者针对"跨文化交流"特点的论述，可以认为，汉语教师文化传播有以下特点：

1. 跨文化互动

汉语教师的文化传播是一种跨文化传播，是汉语教师与接受者（主要是学生、学生家长和社区民众等）跨越两种文化来分享和交流中国文化的意义的过程。汉语教师试图通过展示和讲解让接受者全面理解中国文化，其实质就是影响接受者；接受者在感知中国文化的同时做出各种反应（包括提问、评论和非言语行为等），这对汉语教师也是一种影响。可以说，文化传播的过程就是一个跨文化的意义共享和互动的过程。

2. 文化共享性差

即传播者和接受者缺乏共同的文化特征。汉语教师文化传播是指跨文化传播，接受者与作为传播者的汉语教师（尤其是来自中国的汉语教师或志愿者）分属不同的文化类型，缺乏共同的文化特征；接受者与作为传播内容的中国文化也分属不同的文化类型，同样缺乏共同的文化特征。换句话说，接受者与汉语教师及其传播的中国文化，在认知体系、规范体系、语言和非言语符号系统等文化要素方面都有很大的差异，共享性较弱，以至于在文化传播过程中容易出现沟通障碍。

3. 不可回收性

这是所有传播活动的特点之一，也是汉语教师文化传播活动的特点之一。中国文化一旦被汉语教师传播出去，就不可回收；同样，接受者一旦受到了中国文化的影响，形成了某种认识或态度，也同样很难回收。当然，经过进一步有意识地影响，接受者的认识或态度可能得到加深或改变。因此，汉语教师在选择中国文化内容进行传播时一定要谨慎考虑其恰当性、准确性。

（四）汉语教师文化传播能力

在理解文化传播活动的基础上，我们这样界定"汉语教师文化传播能力"：

汉语教师文化传播能力是一种综合能力、活动性能力或能力集合，是指汉语教师在把握跨文化传播规律的基础上采用恰当的方式有效展示和解释中国文化的能力；一定水平的文化传播能力能够保证中国文化传播的有效性，即能使接受者在分享和交流的过程中改变自己对中国文化的认识、态度和情感。

它主要包括以下三层意思：

第一，汉语教师文化传播能力是一种活动性综合能力或能力集合。它包括根据接受者的兴趣恰当地选择要传播的中国文化主题的能力；使用语言、图像等符号系统对要传播的中国文化内容进行改造、编码的能力；把握接受者所属的文化特点、关注自己与接受者双方在具体文化内容理解上的跨文化差异的能力；选择恰当的传播途径和方法，保证接收者能够正确感知、理解中国文化内容，甚至对中国文化产生兴趣的能力等几种具体的能力。当然也包括汉语教师的言语能力、沟通能力等基本能力。它时刻体现在汉语教师的言谈举止等各个方面。

第二，一定水平的文化传播能力表现为中国文化传播的有效性。判定有效性的标准是接受者对中国文化有好感和兴趣，认识更全面、理解更深入、态度更积极，对中国更了解、更友好。就具体某一次文化传播来说，判定有效性的标准是接受者对文化信息接收与理解的一致性，既包括接受信息与所传播信息的一致性，也包括接受者对信息意义的理解与传播者对信息意义理解的一致性。这种一致性的程度越高，文化传播越有效。

第三，汉语教师文化传播能力主要服务于增进接受者对中国文化及中国各个方面的了解和认识（即"知华"），改变他们对中国的态度（即"友华"）。比较理想的目标是通过文化传播让他们对中国产生一定的感情（即"爱华"）。

需要说明的是，有别于以前在汉语课堂教学过程中的文化传播，汉语教师文化传播能力主要体现在采用某种途径专门进行文化传播，虽然也服务于语言教学，但这已不是主要目的。因为有时为了增强传播的有效性，传播者会用接受者的母语进行中国文化传播。

（五）汉语教师文化传播能力的特点

作为汉语教师能力的一种，文化传播能力具有综合性、发展性、情境性、个体性等特点。

文化传播能力需要很多具体能力的支持，具有鲜明的综合性。赵丽玲等（2013）认为汉语教师文化推广能力包括跨文化适应能力、个人形象构建能力、跨文化沟通能力、文化教学能力、文化产品的营销能力、媒介素养和运用能力。文化传播能力可以通过一些途径来培养和发展，具有发展性。在不同国家和地区传播中国文化，自然要"入乡随俗"，所以文化传播能力具有情境性。不同的汉语教师有不同程度的文化传播能力，所以文化传播能力具有个体性。

二、汉语教师文化传播的影响因素

影响汉语教师文化传播的因素有很多，宏观因素有政治、经济、文化、地理环境、气候等；微观因素有传播空间环境的舒适度、接受者了解中国文化的意图等；客观因素有文化传播环境等；主观因素有汉语教师的性格及其在中国文化上的偏好、跨文化适应能力等。下文对文化因素和心理因素等相对比较重要的几个因素进行论述。

（一）文化因素

汉语教师要传播的内容是中国文化，而且是将其传播到另一种文化环境中去，属于跨文化传播。两种文化之间的差异直接造成了文化传播的障碍。因此可以说，文化因素是影响汉语教师文化传播效果的关键。关世杰（1995）认为文化由认知体系、规范体系、社会关系和社会组织、物质产品、语言和非言语符号等几类要素组成。其中,认知体系、规范体系、语言和非语言符号等对汉语教师的文化传播有极其显著的影响。

1. 认知体系

认知体系包括世界观、价值观、思维方式、宗教信仰、伦理秩序、审美观等方面。中国文化与接受者所代表的文化(比如西方文化)在认知体系上有差异,其个体观察、认识世界的角度和方法就不同,评价是非、好坏的标准也不同。比如中国文化有天人合一的思想,重视集体、相互依靠和相互帮助;西方文化注重征服自然,突出个体,重视自强自立。中国人说话和表达感情委婉含蓄,倾向于求稳;西方人说话直来直去,表达感情也直率外露,倾向于求变。再如,中国人偏好形象思维,注重直觉体悟,综合考虑;西方人偏好抽象思维,注重逻辑分析。偏好形象思维也使中国人所写的文章形象、生动,显得浓墨重彩,同时在篇章结构上习惯于交代来龙去脉,讲究起承转合,但这些在西方人看来缺乏清晰具体的陈述,也缺乏对重点信息的强调和清晰传递,从而影响了中国文化传播的清晰性和有效性。这些认知体系上的差异很有可能影响接受者对中国文化的态度和理解程度。

作为传播者的汉语教师要了解、理解、尊重和恰当把握接受者的世界观、价值观、思维方式等认知体系,积极寻找其与中国认知体系的共同点,比如爱好和平、公平、正义等,以此为基点进行文化传播,否则文化传播效果会受到很大影响。比如,中国文化中的含蓄可能被认为是没有诚意,曲线思维可能被理解为思维混乱。所以,汉语教师在开展讲座和演讲时要以欧美人的直线思维来阐述中国文化,比如第一句话就点明主要观点,将该观点拆解为分论点,使用事例逐个论证分论点,阐释主要观点。

2. 规范体系

规范体系即人们的行为准则,既包括一些明文规定的法律条文、规章制度,也包括约定俗成的准则,比如道德、风俗习惯等。中国文化与接受者所代表的文化在规范体系上有差异。这就造成了同样的事物或行为可能有完全不同的理解,容易出现跨文化传播的障碍。比如酱豆腐和臭豆腐是中国很多地方的风味小吃,但欧美人就难以接受;阿拉伯国家男女在大街上不能亲吻，但欧美人就能接受这种行为。汉语教师在海外传播中国文化时不仅要了解和遵守所在国家和地区的法律条文、规章制度，还应了解和遵守所在国家和地区的风俗习惯、宗教禁忌等不成文的准则，规避法律和社会道德风险，避免造成文化冲突或摩擦，以保证文化传播的有效性。

3. 语言和非言语符号系统

每一种民族都有自己的文化和语言，也都有自己的非言语符号系统。同一个事物或概念在不同的文化中往往有不同的言语表达，同一个语言或非言语符号在不同的文化中也可能表示不同的意义范畴。汉语教师进行的文化传播，属于跨文化传播。中国文化的信息符号由属于另外一种文化的接受者来接受和解读，其中的很多意义信息可能就会有所改变（包括意义失落、意义改变、意义增加等情况）。比如摇头，在斯里兰卡等国家的文化中表示肯定；伸大拇指，在希腊文化中表示"滚蛋"；在英语中，"龙"翻译成"dragon"，"红"翻译成"red"，"猫头鹰"翻译成"owl"，这些单词的意义与中文词语的原意有一定的偏差。因为中国文化中的很多事物、概念，在另一种文化中根本就不存在，翻译时只好用相近的词语、概念来表达，意义当然就会发生改变。另外，不同语言的句子成分顺序也不同，有的是"主语—动词—宾语"，有的是"主语—宾语—动词"，还有的是"动词—主语—宾语"。语序在汉语中是一种重要的语法手段，一旦翻译成其他语言，就有可能丢失很多意义。

爱德华·霍尔曾把文化分为高语境文化和低语境文化两类。在高语境文化中，语言信息的意义高度依赖于语境、个人行为、社会价值体系等方面，仅凭语言本身无法清晰表达意义；在低语境文化中，语言信息的意义对语境、个人行为、社会价值体系的依赖程度较低，仅凭语言本身就能比较清晰地表达意义。中国文化属于高语境文化，西方文化属于低语境文化。

正因为不同文化在诸多方面存在差异，汉语教师在传播文化时要特别注意了解接受者所属文化各方面的情况，做到知己知彼，尽可能提高中国文化传播的有效性。

（二）心理因素

人的心理其实也受各自文化的影响，比如刻板印象、民族中心主义等。心理因素在很大程度上影响汉语教师文化传播能力的发挥。

1. 刻板印象

刻板印象是一种文化中的民众对另一种文化中的民众相对比较简单的、忽略细节的、稳定的认识或看法。比如，人们普遍认为中国人勤奋、好客、善于忍耐，美国人开朗，法国人浪漫、有激情，英国人矜持、有礼貌，犹太人聪明、善于理财，德国人规则意识强，等等。刻板印象既有合理的方面，也有不合理的方面。除了相对简单以外，刻板印象还带有一定的感情色彩，以致民众往往不愿再鉴别就直接进行判断，倾向于以偏概全。刻板印象一旦形成，很难被消除或改变。同时，它也严重影响文化传播的有效性。

汉语教师的文化传播是展示和解释中国文化，使接受者能够感知和理解，进而改变自己相应的态度和行为。这些接受者在感知中国文化之前，几乎都对中国文化形成了刻板印象，即通过间接了解，受其他人影响（包括本国媒体的宣传，家人、朋友的转述等）而形成的一种比较固定的观念。当然，作为传播者的汉语教师也可能形成对接受者及其文化的刻板印象。

如果接受者对中国所持的刻板印象比较负面，其感知和理解中国文化的动机往往会被削弱，使其不愿再有进一步了解中国文化的兴趣，当然也就很难再对中国文化形成较为全面、客观的认识，甚至会产生偏见或歧视性的行为。相反，如果接受者有关中国文化的刻板印象比较正面、积极，这将大大有利于汉语教师进行文化传播。当然，汉语教师如果对接受者的文化存在刻板印象，也可能会做出错误的判断和选择。这些都会影响文化传播的有效性。

在传播文化的过程中，汉语教师首先要克服自己的刻板印象（如果有的话），然后在调查的基础上面向接受者有针对性地展示和解释中国文化，力求帮助接受者消除有关中国文化的刻板印象，纠正其偏见。

2. 民族中心主义

除了刻板印象以外，民族中心主义也是对汉语教师文化传播影响较大的一个心理因素，值得注意和警惕。所谓民族中心主义，就是按照本族文化的观念和标准去理解和衡量他族文化中的一切，包括人们的言谈举止、交际方式、社会习俗、管理模式及价值观念等。（胡文仲，1999）这种心理有时是有意识的，有时是无意识的。它容易使某个民族或文化的个体不能客观、公允地评价其他文化，从而得出不正确的认识或结论。这种心理的积极作用是能使本民族或文化成员凝聚在一起，团结一致，有自豪感和荣誉感，也有利于民族或文化传统的有效传承；其消极作用是容易对其他民族或文化产生误解，不能全面、客观地了解和对待其他民族或文化，甚至试图改变其他民族或文化的某些方面，造成较远的交际距离。

在跨文化传播过程中，有些人往往有一种心理错觉，认为我们的文化优于对方的文化，总是认为对方应放弃他们的文化，接受我们的文化，这就是民族中心主义的体现。汉语教师文化传播是跨文化传播，地点发生在各个不同的国家和地区。有些民族或文化的成员在作为接受者时常常伴随强烈的民族中心主义，往往表现为对他国文化持漠不关心的态度，以及言语反馈时带有轻视的语气。这可能会引起汉语教师的不快，进而影响到文化传播的有效性。在欠发达国家和地区进行文化传播时，个别汉语教师也有可能会有民族中心主义，对待接受者有回避、轻视、不以为意等不友好的行为和态度，引起接受者的反感，也会影响文化传播的有效性。

汉语教师首先要摒弃民族中心主义态度，树立多元主义文化观，避免用中国文化的种种标准去衡量和评判其他文化，尊重每一种文化的价值和意义；同时，要积极引导接受者把中国文化放在其所处的中国社会环境中去看待和评论，尽力避免民族中心主义对文化传播产生不利影响。正如费孝通提出的"各美其美，美人之美，美美与共，天下大同"。

三、汉语教师文化传播能力的提升

明确了汉语教师文化传播能力的内涵和影响因素以后，汉语教师可以从以下几个方面提升自己的文化传播能力。

（一）形成国际化视野和多元文化价值观，尊重文化差异

在传播文化之前，汉语教师首先要有国际化视野和多元文化价值观，

尊重不同文化之间的差异（比如思维方式、价值观念、风俗习惯、宗教和法律、审美心理等方面的差异），尊重其他民族的感情，尽量摈弃自己原有的负面的刻板印象，"唤醒"跨文化的自我。这是成功地进行跨文化传播的前提。

要保证文化传播的有效性，汉语教师要在尊重文化差异的基础上，主动了解对方文化的特点，调整文化传播的方式和策略，增强中国文化跟对方文化的共享性，以保证中国文化更有效地传播。否则，在文化传播过程中可能会遇到障碍。

那么，如何形成国际化视野和多元文化价值观呢？汉语教师可以通过阅读民俗学、地理文化方面的书籍杂志，观看民俗方面的纪录片等方式了解其他文化的价值观；通过旅行等方式在实践中记录自己与其他文化群体的人进行交往的经历，反思自己遇到的文化冲突，看是否做到了相互尊重和欣赏；通过观看电视、电影等对其他文化的呈现和介绍，看自己是否比较辩证地认识到了其他文化的优点和缺点，同时也思考媒体对其他文化的呈现是否客观；逐步养成理性的"延迟判断"，即利用时间的推迟来避免情绪干扰和主观判断，以便进行更为理性的审视；以积极、开放的心态对待中国文化；多换位思考；等等。

（二）减少跨文化传播中可能出现的文化损耗

文化损耗，又叫文化折扣，是指某一文化内容在被翻译转换成另一种文化符号来传播时所造成的内容减少或改变。汉语教师所传播的中国文化与接受者所代表的文化是不同的、有巨大差异的，而且接受者的汉语水平往往还不足以完整、准确地理解中国文化。因此，有相当比例的中国文化是通过翻译的方式进行间接传播的。在这一过程中，由于翻译是一种人为的文化干预，所要传播的中国文化内容会在翻译和解码的过程中出现损耗，因此它会使所要传播的中国文化内容与接受者感受到的中国文化内容不对称。如果接受者能够正确理解，传播是有效的；如果接受者不能理解，或者出现误解，则传播是无效的，甚至效果是适得其反的。

那么如何最大限度地减少这种因为翻译而造成的文化损耗呢？就是让传播内容和接受者处在同一文化环境中，即要么处在中国文化环境中，要么处在接受者所代表的文化环境中。基于此，汉语教师有两条路径可以最大限度地减少文化损耗：第一条是让接受者的汉语水平达到理解中国文化的程度。这条路径比较难，因为接受者不仅有学生，还有学生家长、社区民众、当地同事等可能连一句汉语都不懂的个体。第二条是汉语教师让传播内容和接受者处于同一文化环境中，以便接受者直接理解。这条路径对汉语教师要求很高。汉语教师除了要精通接受者的母语以外，还要先体验、接受他们的文化，尤其是在中国文化与对方文化差异较大的地方，汉语教师要从接受者的角度出发，站在接受者的文化立场上来阐述和理解中国文化，增强两种文化之间的接近性，提升它们的近似度，这样既能保留中国文化，也能减少文化损耗，提升接受者的感知度、理解度和接受度。

汉语教师还可以以超文本链接的方式或提前发放背景资料的方式，力图使中国文化在传播过程中尽可能地减少损耗，甚至能保质和增量。比如，仅仅呈现中国传统文化的符号"长城"，接受者往往可能会将其理解为一种"墙"，有封闭、隔绝的意味，而文化交流是需要沟通、联系、开放、探索的。如果加一个链接，或背景说明，就有可能消除这类误解，在一定程度上减少文化损耗。

（三）遵守理性原则，坚定文化自信和自尊，做到文化自觉

客观来讲，从事中国文化传播的汉语教师大多数是中国人。在向世界展示和传播中国优秀文化时，汉语教师要有文化自信，要表现出自己的热爱。在面对接受者所代表的文化时，汉语教师更要根植于自己的中国文化特征，坚定文化自信和自尊，认清文化发展的差距，勇于展示和敢于交流。

这里的"坚定文化自信和自尊"，并不是要固守中国文化的一切，也不只是基于工作需要进行合乎目的性的呈现，而是理性客观，坚信自己文化的优点，避免自大和自闭，也承认自己文化的弱势，但不自卑和盲从，而是开放自身，虚心去倾听和了解接受者对自己文化的评论和反馈。无论是优点还是缺点，汉语教师都要明白其来龙去脉和发展趋向，持不卑不亢的态度，遵守理性原则，尊重对方的文化，以一种平等交流的态度进行文化传播。

　　文化自觉是指自觉认识到各种文化的价值、意义和弱势，体现了不同文化间的平等、交流、互补和发展。汉语教师在传播中国文化的过程中也要做到文化自觉，既不自高自大，表现出民族中心主义，也不妄自菲薄，觉得自己文化各方面的发展程度都不如对方文化，要秉承"和而不同"的理念，自主、平和地进行跨文化传播。

　　总之，汉语教师要有一种文化传播的责任感，遵守理性原则，坚信中国文化的优点和特色，在充分了解接受者思维方式和风俗习惯的基础上深入探索文化传播的途径、方法、手段、技巧等，以恰当的方式进行传播。

（四）掌握文化传播的具体策略

　　汉语教师可以积极了解和掌握一些文化传播的具体策略，比如文化共性策略、国际化表述策略、本土化策略、陌生化策略等，以提升自己的文化传播能力，促进中国文化的传播。

　　1. 文化共性策略

　　文化共性策略是指汉语教师在传播中国文化时要淡化中国文化与接受者所属文化之间的差异，积极寻找两种文化中的共同点和契合点，比如爱情、亲情、友情、善良、家庭、坚强、勇敢、奋斗、好奇、探险、社会民生、自然环保、关怀弱势群体、追求公平正义、普通人的积极进取心等这些永恒话题，让接受者觉得所传播的内容在自己的文化中也有，跟自己有关联，而且可以对比自己文化中相应的内容进行学习，从而更容易接受和理解。

　　从传播学的角度来看，在跨文化传播过程中，接受者会倾向于选择了解甚至接受一些与自身经验或文化相近的内容。人类生活的共同本质使各种文化具有一定程度的相似性和共通性，中国文化中同样包含着能够被其他文化认同和接受的主题和元素。汉语教师可以先了解接受者的文化习俗、文化价值观等基本文化信息，再结合中国文化中类似的文化特征和行为，寻找两种文化交流的历史和现实，确定所要传播的文化内容；在此基础上，结合中国文化中具有地域性、民族性特色的内容（如建筑、服饰、礼仪、艺术、风俗人情等），形成典型的既有民族特色又有文化相似性和共通性的题材内容，引起接受者的共鸣，从而提高文化传播的有效性。

2. 国际化表述策略

国际化表述策略是指汉语教师对所要传播的中国文化内容进行编码时尽可能采用世界性符号。简单地说，就是"民族化的内容，国际化的表述"或者"用国际语言讲述中国故事"。跨文化传播的关键在于接受者能否对接收到的信号或符号系统进行解码并正确理解。如果采用世界性符号（比如图片、音乐、生活视频、纪录片、电影等）来编码具有中国特色的文化内容，接受者更容易识别、解读，并进行深层理解。尤其是生活视频、纪录片和电影，有画面、镜头、色彩、语言等大量文化信息，能提高文化传播的直观性和效率。应该说，这种形式更容易被世界各地的接受者所感知、理解和接受，进而使他们对中国文化产生兴趣。否则，接受者可能难以明白其意义，尤其是像中国文化这类高语境文化。国际化表述策略成功运用的典型例子是国际版的《故宫》纪录片。

当然，并不是说要把中国文化全部进行国际化编码。用以传播的中国文化最好既有国际化编码和表述，也有民族特色的本土化编码和表述。那些有中华民族特色的诗词、民歌、谚语、书法、国画、戏剧、音乐、建筑等，就可以用中国符号与世界性符号相结合的方式进行传播。比如对诗歌的传播，既可以通过吟诵的方式，也能以翻译的方式呈现，甚至可以用音乐的形式来传播；再如传播中国古典音乐，先用接受者母语进行相关主题的介绍，再播放原声的音乐；等等。采用多种形式，将传统文化推向世界，让接受者从各个角度全面了解中国文化，提高文化传播效果。

3. 本土化策略

本土化策略是指将中国文化内容融入新的文化环境之中，用当地接受者认同的方式（或者说更习惯的方式）进行传播，保证对方听得懂、听得进，做到潜移默化、润物无声。

传播中国文化时，汉语教师要充分利用所在地区的本土资源，贴近所传播国家和地区的本土文化，贴近接受者对中国文化的兴趣点，根据本土文化背景选择恰当的文化传播方式。比如，用当地政府或某个名人关于中国文化的观点作为开头论述或呈现观点；让接受者用汉语给《泰坦尼克号》《阿凡达》等经典电影配音。再如，在欧美国家和地区开展文化讲座，汉语教师的叙述要尽量符合接受者的直线思维，直接说明事物的文化内涵，避免让接受者产生理解困难[1]。

汉语教师可以先了解当地接受者的认知、审美、情感等方面的民族心理特点，积极寻找中国文化与当地文化的契合点，以及接受者对中国文化的兴趣点和了解需求，然后再根据当地接受者所属的文化特点对中国文化传播的策略和方法进行调整。

一般来说，中国文化与当地文化的契合点是中国当前的发展情况（比如政治、经济、民众生活等）和中国人对世界性热点的看法（比如环境保护、反恐问题等）等。接受者对中国文化的兴趣点一般是中国传统文化（比如书法、绘画、京剧等）和当前中国的现实问题（比如法律法规、教育、城镇化等）。

4.陌生化策略

陌生化策略是指将所宣传的中国文化中某些大众性的元素去除掉，留下（或增加）让接受者感觉新奇、陌生的一面，以激发接受者的兴趣，增强传播效果。陌生化策略成功运用的典型例子是纪录片《舌尖上的中国》。它将人们非常熟悉的一些食物陌生化为一个个人物故事，既有陌生

---

[1] 关世杰（1995）[136-137]曾转引过英文说服性文章常用的两种谋篇布局的思路。第一种思路是古典式的：（1）引言（introduction），在该部分，作者与读者建立联系，提出自己要讨论的题目，然后尽量使读者对自己所要说的内容抱有好感；（2）记叙与说明（narration and explication），在该部分，作者要摆事实，叙述事情经过，描述当前国家或社会的形势；（3）主张和分述（proposition and partition），在该部分，作者要明确阐述并论证自己的观点，要有顺序地提供证据，对重要观点分开论述；（4）证明（proofs），在该部分，作者力图进一步证实自己的主张；（5）驳斥（refutation），在该部分，作者对对立的观点进行批驳并展示这些观点的缺陷；（6）一些离题的话（digression）；（7）结论（conclusion），在该部分，作者对自己的论述进行总结，强调要读者记住的内容，也想要激发读者。第二种思路是美国心理学家罗杰斯所推崇的一种说服模式。它特别适用于敏感论题或对付怀有敌意的读者。其思路如下：（1）引言（introduction）；（2）对作者所反对的观点进行平心静气的陈述（fair statement of the opposing position）；（3）陈述所反对的观点在某种场合下可能是合理的（statement of contexts in which that position may be valid）；（4）对自己观点进行平心静气的陈述（fair statement of your own position）；（5）陈述自己的观点在何种环境中是正确的（statement of contexts in which your position is valid）；（6）陈述读者在接受你的观点后，至少能如何受益（statement of how readers would benefit by at least moving toward your position）。

的故事情节，也有陌生的叙述视角，使国内外的接受者颇感兴趣。

接受者尤其是西方的接受者，往往会觉得东方文化比较神秘，选取一些具有中国特色的古典文化题材，以及接受者所不知道的普通中国人日常生活的题材，也是陌生化策略的一种表现。

汉语教师在选择主题时应立足于中国文化的特色部分，使内容既在接受者的经验范围内，又采用陌生化的策略，让接受者有新鲜感，甚至觉得眼前一亮，然后再整合不同资源，从不同的角度进行介绍。

5. 细节化策略

细节化策略是指汉语教师在传播中国文化时应关注细节，以细节化的方式（比如具体、形象的实例）进行全方位、立体式的表述和传播；把现实生活中小人物丰富多彩的故事"原汁原味"地呈现给接受者，多用描述式语言，少用概括式语言，少一些空洞的数字和结论；尽可能详细地交代文化故事的背景（可以采取超文本链接的方式或提前发放背景资料的方式），而不是让接受者用自己的想象或生活经历去填补。

汉语教师进行的文化传播，不是强制传播，更不是文化征服；要注意把握文化发展与传播的规律，通过潜移默化、关注细节等方式去促进文化传播。比如，通过关注普通人的生活，突出东西方在具体个人方面的共识（比如追求卓越），体现出共享性，同时又在家庭观念、群己关系、伦理秩序等方面体现出中国文化的独特性。再如，以具体情景作为普通人的生活场景，用不同的故事串联呈现社会生活状况。2009 年法国达高出版社推出的漫画集《从小李到老李：一个中国人的一生》，就成功使用了细节化策略，通过讲述一个普通中国人的一生，向世界展示了一个真实的中国。

汉语教师所要传播的中国文化的很多方面，比如经济发展、文化发展、普通民众生活、环境保护、科技发展等，都可以采用细节化策略，以普通个人的视角切入，以讲故事的方式呈现，以具体情境来承载故事，以人类共同的情感作为主旋律，配以中国文化的特色进行传播。这既符合西方接受者的具体性思维习惯，也是人本化传播理念的体现，往往能达到较好的宣传效果。

总之，汉语教师传播中国文化时要多一些客观性、人文性、故事性、情境性，少一些说教味、宣传味、政治味，使用具体、实在、朴素、生动、鲜明的语言，力求贴近社会现实和大众生活，让接受者觉得亲切自然、鲜明准确。

6.典型化策略

典型化策略是指将某类中国文化的多种特征，集中体现在某个中国人（或中国家庭、事件）上的策略，突出某类事物中最为典型的个体或个案，使接受者通过典型个体或个案全面、深入地了解该类事物，以提高文化传播的效果。比如，以故宫为典型介绍中国的建筑，以西安为典型介绍中国的历史文化名城，等等。

汉语教师所从事的文化传播，有经济和时间等方面的成本制约，不可能呈现所有的中国文化内容。这也要求汉语教师选择某类事物的核心内容，赋予其典型化特征，提高文化传播的效率。

此外，汉语教师还可以选择利用新媒体、自媒体等现代传播媒介或利用日常生活、工作实践中的人际交际来进行文化传播。

第六章 国际汉语教师礼仪

　　礼仪是中国文化的重要组成部分。崇尚礼仪是中华民族自古以来就有的优良传统。荀子曾说"人无礼则不生，事无礼则不成，国家无礼则不宁"（《荀子·修身》）。作为中国文化的传播者和跨文化交际者，汉语教师更应该讲究礼仪，注重自己在礼仪方面的修养，用礼仪规范自己的言谈举止。汉语教师礼仪不仅能体现其道德修养水平，而且能在一定程度上反映中国社会的文明程度。

　　本章先对汉语教师礼仪进行基本的介绍，再谈一谈汉语教师主要活动场域的礼仪，最后讨论一下如何提高汉语教师礼仪水平。

第一节　对汉语教师礼仪的基本认识

国外学界更早关注到教师礼仪，Schorling et al.（转引自郑燕祥，1986）[87-88] 曾把教师的个人仪态作为其性格的重要表现之一，得体的礼仪包括以下标准：在每种场合的服饰都能适当；机警、泰然自若；有自我矜持之貌；衣着品位良好；表现文雅，富有教养；颜色搭配和谐；衣服整齐清洁；有健康之外表。

国内学界关注教师礼仪要晚一些，研究成果至今在数量上也不算多。在内容上，已有的相关文献主要围绕教师礼仪的概念、现状、问题、策略等方面展开论述，龚宝善（转引自郑燕祥，1986）[94-96] 认为优良教师的仪态有以下几点：健康的体格；端正的容貌；整洁的仪表；安详的举止；流利的语言；适当的礼节；愉快的表情；文雅的风度。在方法上，既有理论分析或经验阐述（如李树青等，2002；秦福来，2009；李艳萍，2010；李美莲，2010；郭华，2015），也有实证性调查分析（如徐英，2003）和行动研究（如王齐，2011），还有一些操作性的礼仪规范，比如 2010 年 9 月南京市教育局制定下发的《南京市中小学教师礼仪规范》，2005 年四川师范大学颁发的《四川师范大学教师礼仪》。具体到汉语教师礼仪的研究，成果更少，只有一些相对比较零散的成果，比如王钟华（1999）提到汉语教师服饰要得体、教态要自然，陈绂（2005）提到一名教师应有的礼仪风范、与人交往的基本规范等，张宁志（2012）提到国际汉语教师仪容仪表等方面的一些具体做法，姚苏美（2016）从跨文化适应的角度提到了中泰汉语教师礼仪的文化差异等。笔者没有发现有关汉语教师礼仪的专题性、系统性研究成果。

对汉语教师礼仪的基本认识主要包括含义、特征和意义等几个部分。

一、汉语教师礼仪的含义

从字面上看，礼仪就是礼貌、礼节、仪表、仪容、仪式等几个方面的统称。这几个方面也是礼仪的外延，即所涉及的范围。关于"礼仪"的内涵，学界有很多种看法（如李兴国等，2006；金正昆，2009；冉婷，2011；周俊奇，2014；郭华，2015；赵宝鹏，2017）。李兴国等（2006）[2]认为："所谓礼仪是指人类在社会交往活动中约定俗成的表示尊敬的行为规范与准则，具体表现为礼貌、礼节、仪表、仪式、礼品器物等。所谓教师礼仪，是指教师在从事教育、教务活动、履行职务时所必须遵守的礼仪规范。"金正昆（2009）认为，礼仪是指在人际交往中，自始至终以一定的、约定俗成的方式来表现自己的律己、敬人的规范化行为，由一系列的、具体的、表现礼貌的礼节构成。郭华（2015）[22]认为教师礼仪是社会礼仪的重要组成部分，它遵从社会礼仪的一般规范，在社会生活的方方面面都要遵从习俗、不违禁忌、言行得当、应对有据等；另外，教师礼仪是教师的职业身份所决定的，是学生礼仪的榜样。

在此基础上，结合汉语教师的职业特点，可以这么认为：

作为社会礼仪的重要组成部分，汉语教师礼仪是指汉语教师在其教育教学活动中所表现出来的一系列约定俗成、律己敬人的规范化行为；这种行为建立在教师的个人道德修养和中国的社会风俗之上，在长期的职业活动中逐渐形成，对学生具有极大的示范和榜样作用；主要表现为礼貌、礼节、仪表、仪容、仪式等几个方面，具有一定的稳定性和持久性。

它主要包含以下几层意思：

第一，它是教师教育教学活动中一系列律己敬人的规范化行为。说到底，汉语教师礼仪由其职业身份决定，属于职业道德范畴，是职业道德约束下的一系列规范、得体的行为；这些行为和规范约束自己（律己）、尊敬别人（敬人），久而久之，汉语教师在仪容仪表、言谈举止、为人处世和待人接物方面就能达到一定境界。

第二，它是社会礼仪的重要组成部分，遵从社会礼仪的一般规范。比如尊重他人、律己敬人等。

第三，它建立在个人道德修养和中国的社会风俗之上，在长期的职业活动中逐渐形成，对学生具有极大的示范和榜样作用。汉语教师礼仪是教师职业道德的一部分，跟个人道德修养有很大关系；是约定俗成的，也是中国文化的重要组成部分，是汉语教师共同认可和遵守的一种习惯和风俗；是中国文化和社会文明的示范，能对学生学习中国礼仪产生巨大的榜样作用。

第四，它主要表现为礼貌、礼节、仪表、仪容、仪式等几个方面，有一定的稳定性和持久性。汉语教师礼仪是一种道德素质和精神气质，通过礼貌的谈吐、周到的礼节、整洁的仪容、恰当的仪式等几个方面表现出来；既展现教师的精神风貌，也展现国家和民族的文明水平；一旦形成，具有一定的稳定性和持久性。

二、汉语教师礼仪的特征

李兴国等（2006）认为教师礼仪有两个特征：鲜明的强制性和强烈的形象性。可以这么认为，汉语教师礼仪具有以下几项特征：

（一）规范性

规范性是礼仪的本质特征，是指汉语教师在教育教学活动中的言谈举止、仪容仪表、为人处世、待人接物等各个方面都有一定的规则，受到规范和制约，以便其工作和生活更顺畅、更融洽。比如，汉语教师在课堂上的着装相对比较正式，有一定的要求，不能穿比较随便的衣服；汉语教师会见学生家长时在礼节上也有一定的要求。

（二）共识性和个人性

共识性是从社会层面来谈的，是指汉语教师礼仪在职业活动范围内应得到所在地区和学校以及交往对象（主要是学生、同事、校长、学生家长等）的普遍认同；交际主体都认同汉语教师的礼仪是积极的、得体的，有利于促进其职业活动的顺利开展。

个人性是从个人角度来说的，是指每个人对礼仪的认识理解不同，所表现出来的行为也有所差异，具有个人风格。跟社会上有的人可以在礼仪上故意标新立异，甚至特立独行不同，汉语教师在礼仪上要尽量符合周围人的共识，即便有个人风格，也应控制在一定范围之内。

（三）强制性和示范性

这两个特征是由教师这一职业本身决定的。教师应注重为人师表，要对自己的言谈举止等方面进行一定的克制，使其符合基本的礼仪规则，这是强制性。汉语教师的仪容、仪表和言谈举止极易被学生模仿，而且还会被成倍放大（即放大效应），对学生产生潜移默化的影响和作用，这是示范性。另外，汉语教师还是学生了解中国文化的窗口，其礼仪也代表了中国社会的文明程度，换句话说，汉语教师礼仪是中国文化的一个示范。

（四）传承性和时代性

从纵向传承的角度来看，汉语教师礼仪不是横空出世的，更不是某一个教师独自形成的，而是汉语教师群体在长期职业生活中逐渐积累起来的，是代代相传、不断融合时代礼仪而形成的。从横向融合的角度来看，随着国际交流的深入，很多西方的礼仪规范都被吸纳到汉语教师礼仪中，展现出鲜明的时代性。

（五）差异性和融合性

汉语教师礼仪主要建立在个人道德修养和中国社会风俗之上。道德修养因人而异，社会风俗则随着地域、民族、宗教等方面的不同而不同，汉语教师礼仪因此具有差异性。汉语教师遍布世界各地，在国外各地区执教的汉语教师要入乡随俗，积极适应当时当地社会的客观状况和要求，学习一部分当地教师的礼仪。

此外，汉语教师礼仪还具有完整性，具体体现在言谈举止等各个方面，而不是其中的某一个方面。

三、汉语教师礼仪的意义

郭华（2015）曾提到教师礼仪的基本功能：不仅是教师的个人行为规范，也是学生学习、践行礼仪的榜样，同时还是教育活动的基本要素。可以这么认为，良好的汉语教师礼仪具有丰富而重要的教育价值，是加强教育效果的基本要素和催化剂，是汉语国际教育事业发展的必然要求。

（一）规范汉语教师的职业行为，建立和谐人际关系，保障汉语教学活动的顺利开展

礼仪是内在素质和外在形象的综合表现，体现为一系列恰当、得体的规范化行为，其基本目的就是使人们能够轻松愉快地相互交往。拥有一定礼仪的汉语教师往往有较强的跨文化交际能力，能严格要求自己、尊敬对方，其教学行为也会更加规范，在人际交往中表现得更加得体、恰当，能有效保障汉语教学活动的顺利开展。

（二）提高汉语教师的威信和认可度，增强课堂教学效果

具有一定礼仪水平的汉语教师律己、敬人，能表现出较高的素质水平和良好的形象，比如大方得体的衣着、文明高雅的举止、风趣幽默的谈吐等，能够提高自己的威信和学生对自己的认可度。学生一旦认可了汉语教师，往往"亲其师"而"信其道"，可以大大增强汉语教学的效果。可见，一定的礼仪水平，既是课堂上、校园里的一道风景，也是一种巨大的教育力量。

（三）展示中国社会文明程度，促进文化传播

礼仪是中国文化的一部分，也是中国社会风貌和文明程度的一种体现。除了教汉语，传播文化也是汉语教师的重要任务。汉语教师礼仪充当了学生直观了解中国文化的窗口，而且具有相当的说服力。透过这一窗口，学生不仅可以学习汉语教师所表现出的中国礼仪，还能在一定程度上了解中国社会的文明程度。从这个意义上说，汉语教师所具有的较高的礼仪水平也属于文化软实力的展现，而且其功效比单纯的说教要强很多。

此外，作为汉语教师职业道德的重要组成部分，礼仪也是汉语教师个人修养的一种体现，有利于塑造其良好的职业形象。一定的礼仪水平能够有效调节汉语教师在工作、学习和生活中的各种关系，有利于汉语教师的自我发展和完善。

第二节　汉语教师礼仪的基本内容

汉语教师礼仪是普遍存在的，渗透在工作和生活的各个方面。考虑到汉语教师的职业特点，本节主要从课堂、办公室、社会活动等几个方面来论述汉语教师礼仪的基本内容。

一、课堂礼仪

课堂是传递知识、训练技能、传播中国文化的核心场所。教师是教书育人的神圣职业。所以，汉语教师在课堂上要注意自己的礼仪，穿着和举止不能太随便。课堂中的汉语教师礼仪主要包括服饰、仪容、举止等几个方面。

（一）汉语教师的服饰

1. 衣着

汉语教师的衣着要体现教师职业身份，基本要求为干净、整洁、美观、大方、得体。具体来说，汉语教师要根据自身的性别、年龄、身材等方面的特点选择着装，做到扬长避短；根据出席场合的环境来选择服装，包括遵循当地的习惯和要求；根据交往的对象和会面的时间来选择服装。汉语教师的衣服要勤于换洗，在公共场合，不穿脏或破的衣服，避免穿过短、过紧（尺码过小、太贴身）、过薄（透明，能透出内衣的轮廓或颜色）、过露（如吊带、露背装）等服装，比如背心、短裤、超短裙、无领或无袖的上衣、拖鞋等，也要避免衣服上有线头；即便是半袖的上衣，也应谨慎考虑当地的社会风俗再决定是否穿着；注意衣服与身体的协调（比如偏胖的教师宜穿深色、竖纹的衣服，偏瘦的教师宜穿浅色、横纹的衣服）。款式要得体，最好穿职业装，体现出教师身份和职业特点。男教师宜穿西装（注意把商标拆除）、衬衫（有些国家在课堂上不宜穿牛仔裤，长袖衬衫不能挽袖），注意袜子和裤子的颜色搭配，应同为深色，尤其注意穿西装时不穿运动鞋；女教师宜穿职业套装或套裙（泰国女教师正式的职业装都是裙装，在该国任教的汉语教师就不宜穿搭配裤子的套装），衬衣下摆塞进腰里，裙子长度应过膝，下摆与长筒丝袜口不能有间隔，鞋跟不宜太高，丝袜应完好干净，不能有挑丝或破洞。衣服应妥善放置，必要时提前熨烫，以免显得皱巴巴；衣服的颜色应协调，不要太花哨，最好以基本色为主，颜色控制在三种以内，即遵循"三色原则"。比如男教师一般是灰色西装、黑色皮鞋、白色衬衫（如果是正式场合，还应当使自己的公文包、皮鞋、腰带的颜色相同或相近，都是深色为佳），打领带，衬衫下摆一定要均匀地掖进裤腰内，西装口袋最好不要放东西。男女教师都不应穿容易引起误会的衣服，比如黑皮裙，在西方往往被认为是特殊行业从业者的服装。在室内不要戴帽子、手套和墨镜。

2. 饰物

饰物一般有发饰（如发卡）、耳饰（如耳环、耳坠）、颈饰（如项链、丝巾）、腕饰（如手镯、手链）、指饰（如戒指）等。这些种类的饰物，女性汉语教师都可以佩戴，但也以少为佳，男性汉语教师最好不要佩戴（婚戒除外）。女教师佩戴的饰物不宜太显眼（如项链闪光或反光、发卡形状奇特、耳环过大、丝巾颜色过于鲜艳等），以免分散学生的注意力，影响其学习；也要避免珠光宝气。汉语教师选择项链和手镯时要注意与宗教人士相应的配饰物相区别，链坠的选择也要谨慎；更不能因为佩戴饰物而影响到教学活动，比如板书时手镯碰到黑板发出响声，挂在腰带上的钥匙链发出声响，等等。

（二）汉语教师的仪容

谈到仪容，汉语教师首先要有良好的个人卫生习惯，保持头发、面部、脖颈、手等部位干净整洁并略加修饰。在此基础上，再从头发、面容、体态、化妆等几个方面来完善。

1. 头发

受职业特点的约束，汉语教师应经常理发，定期修剪，最好选择常规发型，传统庄重、美观大方、自然得体，不宜太前卫、怪异，也不要染各种奇怪的颜色；注意保持头发干净整洁，长短适中，每天梳理，避免蓬头垢面。男教师头发不宜过长，前面不遮眼，后面不遮压衣领，侧面不到耳朵；当然也不能过短，光头不可取；鬓角也不宜过厚或过长。女教师可以留短发，但不能太短，寸头就不合适。同时，在海外执教的汉语教师选择发型时还要考虑当地相应的社会风俗。

2. 面容

汉语教师要勤洗脸,保持面部干净、眼睛里没有分泌物,以及鼻孔、耳朵、牙齿清洁,不要当众擤鼻涕、挖鼻孔、掏耳朵;及时修剪鼻毛;按时刷牙,上课前不要吃葱、蒜、韭菜等气味较重的食品;及时剃刮胡须(有宗教信仰和民族习惯的除外);避免浓妆艳抹。汉语教师应保持面部表情温和、和蔼、亲切、友善,以拉近跟学生之间的距离。

3. 体态

因为要做很多动作,如带领学生操练等,手是汉语教师使用得比较多的身体部分。汉语教师要勤于洗手,保持清洁;及时修剪指甲和趾甲,不宜留长,最好也不要涂指甲油;肩部不宜裸露在外;不要在外人面前脱鞋等。

4. 化妆

在很多国家,女教师化妆不仅可以使容貌更美丽,也是完善自我、塑造教师职业形象的有利手段,还是向对方表示尊重和敬意的方式。基于此,汉语教师要正确认识自己的身体条件(如年龄、容貌、肤色),并结合参加活动的时间和场合来化妆,尽量做到扬长避短,应以淡妆为主,呈现朴实、干练、庄重、勤勉的形象;避免浓妆艳抹,也尽量不要在工作场所或公众场合进行化妆或补妆。

(三)汉语教师的举止

因要帮助学生理解教学内容和带领学生操练,汉语教师在课堂上会有大量的肢体语言。这方面的礼仪尤为重要。

汉语教师举止的基本要求是热情、亲切、自然、规范、沉稳、文明、恰当,有条不紊、得体适度、符合身份,合乎当地的风俗习惯,展示良好的文化素养,尽可能给学生一种赏心悦目的感觉。具体表现为按时上下课,不迟到、早退、拖堂,提前到教室等候上课,不踩着铃声进教室;在教室里不用手指指点学生,也不通过敲桌子来吸引学生注意;用微笑回应学生的问候,或者主动问候学生,不要让人觉得高高在上;坐立行走都要端庄大气,站如松,少依靠桌椅,不要弯腰弓背、颠脚颤腿,双腿不能分太开,坐如钟,入座时从容和缓,坐三分之二椅面,不要斜靠椅背、跷二郎腿，也不要有挠痒、伸懒腰等小动作；在讲台上不宜双手拄在讲桌上或斜倚在讲桌一角，也不宜频繁走动；在讲台下面走动时，身体放松，脚步要轻、稳、慢，不宜风风火火；无论讲课与否，都不要嚼口香糖或者双手插口袋，也不要坐在桌子上，更不要抽烟、随地吐痰。

主动选择恰当的方式与学生平等交往，亲切交谈、耐心倾听、积极沟通，对学生的学习进行指导和帮助，让学生感受到你的热情；礼貌得体，尊重学生人格、个性、自尊心等各个方面，多用"谢谢""请"等；提问时不要用手指着学生，耐心等待学生回答问题；尽量不要边跟学生沟通边做其他事情（比如看书、改作业、喝水等）；关心学生，记住学生的名字，了解学生的爱好和特长等基本情况，倾听学生的诉求；选择学生感兴趣的话题，营造轻松的交际氛围；付出自己的爱心，采纳学生合理的建议和要求，多鼓励和表扬；宽以待人，遵守规则，公平对待每一名学生，不因学生成绩好坏而区别对待；表扬和批评学生时都应实事求是、恰如其分，不嘲笑、讽刺、挖苦学生，尽量不模仿学生的错误发音；对特殊学生不歧视，不在众人面前明显照顾，在公平原则下给予适当帮助；允许学生有不同的兴趣、偏好和想法；尽量不带手机，更不要在上课期间接打电话、发送信息等；注意避免一味迎合、讨好学生，以及无原则的让步；批评学生时注意场合分寸，不要训斥、侮辱学生；如果教室里只有一个学生，最好打开房门；使用网络工具跟学生交谈时，勿忘教师身份，使用文明用语。

二、办公室礼仪

办公室也是汉语教师职业活动的重要场所。礼仪是同事间沟通感情的桥梁和纽带，也是实现同事间顺利合作的润滑剂。在服饰和仪容方面，办公室里的汉语教师礼仪跟在课堂上差不多。这里主要看"举止"，即同事之间的交往礼仪。

1. 工作上的交往礼仪

汉语教师在办公室要举止稳重、文雅，有礼貌、有分寸，不卑不亢，避免言行粗俗和与人相距过近；与人为善，平和谦让，主动打招呼，选择恰当的问候语进行问候；交谈时态度亲切、诚恳，使用文明语言（不讲粗话、脏话、怪话），多用敬语和谦语，声音大小适宜，语调平和，语气委婉谦和，多用征询口气，少用或不用反问句和命令式语气；避免不礼貌的小动作，比如挖鼻孔、掏耳朵、剔牙等；打喷嚏、咳嗽要捂嘴，事后说"对不起"；擤鼻涕、吐痰等应到卫生间去；尽量不讨论工作以外的事情，更不要随意评价他人；工作时间尽量不上网浏览跟教学无关的内容，更不能有网上购物或买股票等行为；工作时间如有外出，要告知同事。

跟当地教师一起准备课程时，可让对方先讲，自己认真听记；自己发表见解时，注意选择恰当的表达方式，态度谦和，表达清楚，虚心听取对方的意见和建议；到同事的课堂听课时要认真，不宜边听讲边跟身边的同事说话；如果同事讲课出现小错误，待到课下交流，课上不要流露出轻视、嘲笑的表情；课后讨论交流时，专心投入，手机保持静音状态，暂时不做与讨论交流无关的事情。

同在一个办公室的教师是一个集体。汉语教师要关心集体、热爱集体。要善于跟同事合作，彼此互助，相互学习，形成合力，提高教学效果；包容同事对汉语教学的不同的观点、不同的教学方案和模式，避免打断对方的发言；同事有好的工作表现，应替他高兴，不嫉妒；自己有了不错的表现，则要避免炫耀；同事提供帮助，要说"谢谢"；一起命题或评阅试卷时要特别认真、仔细；一起承担任务时要任劳任怨，积极负责。

要尊重、信任、关心、支持同事，不无事生非或搬弄是非，更不欺软怕硬；尽量不打扰同事，比如在同事备课或改作业时，不宜哼歌曲、大声聊天；走动时脚步轻慢；手机调到振动状态，通话时应离开办公室。对年长的同事，要敬重有加、虚心学习、多多请教；对年轻的同事，要热情、尊重、信任，也要给予关心；如同事需要帮助，应主动帮忙，但要适可而止，避免帮助过度、介入过度。

举止文明谨慎，对办公室的电话、电脑、打印机、复印机、空调、饮水机等公物，使用时要讲究先来后到，礼让为先，爱护珍惜，小心使用，以免损坏，不要以任何形式独占和私用，也不要在办公桌椅上进行刻画涂抹；因工作而打的电话要简短，语音语调要适宜，表情和语气不要太夸张，避免使用办公室电话处理私事；节约使用打印纸、签字笔等办公用品；空调温度不宜调得太高或太低；离开办公室时记得关掉电源等。

在办公室要讲卫生，积极主动打扫卫生，所谓"几案精严见性情"，办公桌要保持干净、整洁、有条理，必要的办公物品（教材教参、学生作业等）要码放整齐，废纸等垃圾分类放入垃圾桶；不要在办公室脱鞋光脚；男教师不在办公室刮胡子，更不要抽烟、喝酒；女教师不在办公室梳头、化妆；不在办公室用餐、吃零食。

同事之间的个性、习惯、兴趣等都不相同，尤其是在国外任教的汉语教师面对的几乎都是外国同事，注意求同存异，相互包容，避免以自己的好恶评价同事；收到礼物，无论喜欢与否，都应表示感谢，不宜拒绝。

2. 生活上的交往礼仪

汉语教师跟同事在生活上要相互尊重、真诚相待。在尊重同事观点的同时，及时坦诚地表达自己的看法。以和为贵，如果不能接受对方的观点或建议，要心平气和地讲道理，避免与同事发生争执，更不要当着他人的面指责对方。宽以待人，用一颗宽广的心去包容对方的各个方面，如非原则性分歧、无心的过错、对自己的善意批评等；对自己严格要求，养成站在对方的角度考虑问题的习惯；跟别人聊天时，要有礼貌，专心倾听，眼睛看着对方（一般是看着眼睛到下巴的部分），不宜左顾右盼；共同活动时，不卑不亢，自然大方。

跟同事相处，汉语教师要谨言慎行、重诺守信，如有约定，一定要遵时守约，讲究信誉；语言文明，有分寸，有节制，避免没完没了地向同事倒苦水、发牢骚，也避免对事情捕风捉影、添油加醋、夸夸其谈、妄加评论，更不宜谈论同事、领导的长短和隐私；聊天主题高雅，不讨论格调不高的事；倾听对方说话时，要全神贯注，聚精会神，有一定的语言呼应，避免冷场，但不要随意插嘴；做出承诺前要慎重考虑、量力而行，一旦做出了承诺，就要全力以赴去实现，否则失去信誉，就很难再与他人相处；关心同事，同事需要帮助时，尽量给予支持。

接受外国同事送的礼物时要双手捧接，如果有包装，当面打开并道谢。送礼物给外国同事，要量力而行，突出中国文化特色（最好是小工艺品，如剪纸、中国结等），注意不送容易引起误解的礼物（比如触犯对方的宗教或个人禁忌的东西，比如给阿拉伯籍的同事送酒，给英国籍同事送有孔雀或大象图案的东西）。

大部分国家和地区盛行 AA 制。生活中难免跟同事有经济往来（比如聚餐买单等），账目一定要记录清楚；如有向同事借款或借物，应及时偿还或归还。

参加会议或正式的聚餐，要按时到达，并根据当地礼仪就座；如果与同事同时到达，让长辈、女士先就座。坐姿要端正，上身挺直，双手减少不必要的动作（比如双手抱于脑后），眼睛看着前方或交谈对象，双腿并拢，最好坐到椅子的三分之二，不要有多余或夸张的面部表情；不给同事夹菜，也不用各种方法劝客人喝酒；自己不要喝多，避免失礼失态；嘴里有食物时，不要说话；同事嘴里有食物时，不要着急与其交谈；吃剩的菜、骨头应放在盘内，不要放在桌面上；跟同事一起吃自助餐时，排队、按顺序取餐，取餐可单次少量，分多次取，不宜一次性把餐盘堆得满满的，不要剩餐，更禁止外带；进门时，如果后面有人，应帮忙扶住门；离座时随手把椅子放回原来的位置。在国外任教时，聚餐一般是正式的西餐，就座、点餐、用餐、使用餐具等环节都有约定俗成的礼仪，汉语教师应提前详细了解并遵守。

如果约好到同事家做客，要穿戴整洁、从容优雅、如约而至、适时告退，还可带适当的礼物。同事到自己家或宿舍做客，要提前搞好卫生、准备好招待食物（包括水果、点心、饮料等），迎候、送别（至少送到家门口或楼门口），显示出待客热情；不要跟外国同事说一些过谦的话，比如"菜不好吃""没什么菜""将就一下""略备薄酒"等。

三、社会交往礼仪

在海外任教的汉语教师，免不了要参加职业范围内比较正式的社会交往活动，接触一些社会人士，比如学生家长、房东、社区民众等。这同样对汉语教师礼仪有一定要求。一般来说，尊重对方、自尊自立、平等交往、心存善念、自信自强、热情有度是社会活动中汉语教师礼仪的基本要求。具体来说，在衣着方面，社会活动中的汉语教师选择服饰时要注意区分场合，根据不同的活动时间、活动内容、活动地点、活动目的等选择所穿服装的种类、款式和颜色。在着装礼仪方面有个著名的

"TPO"原则，即人们选择衣服时应考虑时间（time）、地点（place）、目的（object）[1]等因素。在衣服颜色上，也有"三色原则"，即全身衣服的颜色不应该超过三种，否则会显得太花哨。在仪容方面，汉语教师要根据具体活动场合注意自己的言谈举止，以体现稳重、自信、真诚、积极的礼仪风貌。在这里，主要看"举止"方面的礼仪，具体从与家长交往、与房东交往、与社区民众交往等几个方面来陈述。

（一）与家长交往的礼仪

家长是教育教学的合作者。在国外中小学任教的汉语教师，避免不了与学生家长的交往。

家长到学校了解学生的汉语学习情况时，汉语教师要热情接待、尊重对方、谦虚真诚、诚恳交流、有礼有节；交谈时要正视对方，不宜左顾右盼或看手机等；说话注意分寸，多换位思考；评价学生时，全面、客观、实事求是；多给家长一些表达机会，多探讨共同教好学生的方法策略，避免在学生问题上责备家长配合不够；多表扬，忌"告状"，即便学生确实有做得不好的地方，汉语教师也要讲究沟通方式，以免伤了家长自尊；对来汉语课上帮忙的家长，要及时表达谢意；了解学生情况时，关注与学生学习相关的信息，不要过度关注隐私性信息。

开家长会时，汉语教师要提前准备好场地、资料、主要程序和议题等；准时开始，表示欢迎，按时结束；站立时直立挺拔，避免出现一些习惯性的动作（如双手插入口袋、背着手、弯腰驼背等）；积极营造轻松愉快的氛围；不在家长会上讨论私事，更不能因个人私事向家长求助；重视对家长意见和建议的处理，并把处理结果及时反馈给对方。

给家长打电话时注意选择时机（避开用餐和就寝时间，尽量避开节假日），先自我介绍，问对方是否方便，尽量减少对家长的影响；通话的态度要平和、彬彬有礼，言辞要清晰、简短、得体，注意对方的反应，见机行事；通话时间不宜太长（尽量不超过3分钟），说话简明扼要；通话结束后等对方先挂断。如果家长打来电话，接电话要及时，言语要得体，也要注意场合，避免表现得漫不经心。

---

[1] O也有说是指场合（occasion）。

（二）与房东交往的礼仪

很多在海外任教的汉语教师会住在当地人家里，房东便是海外汉语教师的重要交往对象之一。因为涉及饮食起居等生活上的接触，汉语教师更要注意自己的礼仪，一举一动、一言一行都事关国家形象。对待房东及其家庭成员要做到尊敬长辈，厚待同辈，关心晚辈。一般来说，尊重宽容、求同存异、入乡随俗、不卑不亢、礼貌为先、热情有度、维护友谊是汉语教师跟房东交往时应遵循的基本原则。各个国家、民族的礼仪和风俗都不相同，汉语教师要尊重房东家在礼仪风俗等方面的具体差异，遵守礼仪上的国际惯例。面对房东时不必自卑或过谦，也不要自大；向房东表示热情友好时，注意把握"度"，即自己的言谈举止不涉及对方的隐私、不给对方添麻烦、不令对方感到不快；未经房东同意，不带朋友回来住宿。

在房东家，汉语教师进入客厅时穿着要正式一点，夏天不能穿得太少；男教师在室内不宜戴帽子、手套和墨镜，走动时脚步要轻；落座时也尽量不弄出声响，一旦落座，不宜随便移动座位；除了客厅、厨房、卫生间等必要的房间，不要东看西转，房东主动邀请参观时除外；"入门而问讳"，提前了解房东对租客的各种"规定"，并加以遵守，比如有的房东要求洗澡不超过10分钟，有的房东不让在阳台上晾晒衣服，有的房东不让用厨房做中餐等；跟房东交谈时尊重对方，不要好为人师，不质疑、打断对方，不涉及国格人格的非原则性问题尽量不要纠正对方；对房东家的布局、陈设要不吝赞美；交谈时求同存异，尽量不与人争辩，不主动谈及政治问题，不随意议论学校的同事、领导和学生，不打听一些家长里短的小道消息，不询问涉及对方隐私的信息，比如收入、年龄、健康、职业经历等；交谈时要目中有人，给对方发言交流的机会，避免长时间自己一个人喋喋不休，每次发言尽量不超过3分钟；在了解的基础上尊重文化差异，尊重对方的风俗习惯，无论是宗教信仰还是饮食禁忌；就餐时要讲礼仪，进食不出声，尽量不把食物弄到桌上或地上，自己的垃圾自己处理。

乘房东家的车外出，汉语教师要主动礼让，不在车上吃喝，不大声喧哗，不妨碍他人，系好安全带；没有得到房东的允许，不要随意触碰车辆。

（三）与社区民众交往的礼仪

在国外任教的汉语教师，在学校开放日、到社区开展文化活动时，有很多机会与当地社区民众交往。一般说来，尊重不同地区和民族的文化和习俗，以平等的态度交往，求同存异、入乡随俗、热情友好是与当地社区民众交往的基本礼仪原则。

跟当地社区民众交往时，应使用文明礼貌用语（如请、打扰、对不起等）和必要的体态语（如微笑、鞠躬、礼让、鼓掌等）。

汉语教师可以主动进行简短的自我介绍，包括姓名、任职学校、所教学科等主要内容。见面礼仪一般是握手（视情况而定，有的地区是贴面或碰鼻），通常是年长的人先伸手，女士先伸手；握手时，注意语言和表情的沟通和互动，面带笑容，注视对方，手稍用力，避免敷衍了事、眼睛不看对方、用力过大等。

外出问路时要有礼貌，使用正规称呼（比如先生、女士等）；打扰到别人，要道歉；在公共场合（比如展览馆、博物馆、影剧院）参观游览，要保持安静，不要大声说话和评论，更不要随便触摸物品；乘电扶梯时，站在一边（左边还是右边应根据当地的习惯来定），把另一边留给赶时间的人；从容排队，避免加塞、插队；对别人的善意表示感谢。

其实，无论是与学生、同事，还是与家长、房东、社区民众交往，汉语教师都要先接纳对方、尊重对方，以宽容的态度与人交往，不因其性别、民族、肤色、宗教习惯、社会阅历等方面的不同而有所好恶；其次是欣赏对方，赞美对方，多肯定和赞赏对方的优点和长处。从这个基点出发，汉语教师才能从内到外展现自己的交往礼仪。

风趣幽默、礼貌得体的言语表达也属于汉语教师礼仪的重要组成部分。无论是在课堂、办公室，还是在社会交往中，无不如此。徐英（2003）就从教师控制性言语行为入手调查分析了外语教师对礼貌策略的使用情况。

第三节　汉语教师礼仪水平的提高

教师礼仪不是天生的，是教师在实践中不断学习、模仿后逐渐形成的。汉语教师礼仪同样如此。在教育界，有学者（如张晔，2011；高佩，2011；罗芳，2012；郭华，2015）提到了教师礼仪水平的提升途径。如张晔（2011）认为提升高校教师礼仪素养应遵循尊重和平等、宽容、慎独等原则，而且提到四种途径：教育行政管理部门要严格教师的准入制度；学校应该加强师德建设，以营造良好的礼仪环境；培养高素质的礼仪教师队伍；教师个人要有意识地加强自身礼仪修养，以塑造独有的教书育人的人格魅力。郭华（2015）认为教师提高礼仪修养的路径主要有两条：一是阅读、想象与模仿，二是教育实践与创造。这些成果可以作为汉语教师的相应参考。

一、增强礼仪意识

增强礼仪意识，是汉语教师提高礼仪水平的必要前提。试想，如果缺乏一定的礼仪意识，或者认为礼仪是可有可无的，甚至认为礼仪是虚伪、伪善的，汉语教师会主动提高自己的礼仪水平吗？当然不会。很多汉语教师可能会觉得礼仪并不重要，重要的是汉语知识和教学能力。恰恰相反，礼仪对于汉语教师是必要的，不是可有可无的。汉语教师要具备一定的礼仪意识。

所谓礼仪意识，是指汉语教师要充分认识到礼仪的意义和作用：认识到礼仪是汉语教师自尊自律的基本要求；认识到恰当的礼仪是一种教育力量，能够促进教学活动顺利开展，树立教师威信，增强汉语教学效果；认识到礼仪是师生、同事、教师与家长等重要人际关系的润滑剂；认识到恰当的礼仪还是展示中国文化的窗口，自己是学生学习中国礼仪的模仿对象；认识到礼仪不仅是汉语教师修养、品味、风度等个人素质的展现，还是中国社会文明程度的展示。认识越深刻，礼仪意识越强烈，汉语教师提高自己礼仪水平的动机也就越强。

有了一定的礼仪意识，汉语教师才会积极丰富礼仪知识，进行礼仪实践，把学习礼仪变成一种经常性的自觉行为，进而形成一种习惯，最终形成良好的教育教学礼仪，体现在汉语教学的方方面面。

二、丰富礼仪知识

除了较强的礼仪意识，汉语教师还应具备丰富的礼仪知识，才能提高自己的礼仪水平。具体来说，在国外任教的汉语教师需要了解当地教师礼仪，只有具备了相应的礼仪知识，才能付诸教学实践。"入竟而问禁，入国而问俗，入门而问讳"（《礼记·曲礼上》），其实说的也是对礼仪知识的了解。汉语教师了解和丰富自己礼仪知识的主要途径包括阅读、咨询和观察等。

（一）阅读

阅读是汉语教师丰富自己礼仪知识的主要途径之一。阅读范围包括教育界有关教师礼仪和职业道德方面的文献，文化界关于中外文化比较方面的文献、各国社会风俗方面的文献，跨文化交际方面的文献，语言教学界关于语言教师的文献，等等。这些都会涉及礼仪方面的知识，都是汉语教师需要了解、熟悉的内容。

（二）咨询

礼仪是文化的一部分，包罗万象。有些礼仪可以条分缕析地描述出来，形成某种形式的文献；有些礼仪则存在于实践之中，无法反映到文献上。这就需要汉语教师提前向同事或身边的人咨询和请教。对在国外任教的汉语教师而言，有关任教国家或地区的教师礼仪知识方面的文献可能找不到，或者找到了但叙述不详细，这种情况也需要汉语教师向本地同事或民众咨询和请教。

（三）观察

汉语教师礼仪存在于职业活动的方方面面。时时有礼仪，事事有礼仪，处处有礼仪。不同场合有不同的礼仪。汉语教师可以在办公室、会议室、听课的教室、校园等不同场合中观察其他教师（尤其是优秀教师）的言谈举止；在公共场所观察社区民众的言谈举止。看见得体优雅的礼仪，要模仿、学习；对不得体的行为，要反思背后的原因，争取避免同类情况出现在自己身上。

如果学校有教师礼仪方面的讲座或课程，汉语教师也可以积极参加，经常性地获得相关礼仪知识。这也是非常重要的丰富礼仪知识的途径。

三、积极进行礼仪实践

即便具备了一定的礼仪意识和相应的礼仪知识，汉语教师礼仪也只是一种理论。汉语教师礼仪是指汉语教师在其职业活动中所表现出来的一系列约定俗成的规范化行为。因此，只有积极进行礼仪实践，表现出得体、恰当的行为，汉语教师礼仪才算得到了提高。

（一）情景模拟和角色扮演

情景模拟属于虚拟实践，即在了解、熟悉有关礼仪知识的基础上，汉语教师想象自己处在某个情景时的言谈举止，甚至可以自己对着镜子练习，借此来提高对礼仪的认识和理解。

角色扮演也属于虚拟实践，即在情景活动中，汉语教师扮演某个角色，根据需要来体验角色的言谈举止。

（二）模仿

对想提高礼仪水平的汉语教师来说，礼仪形象比较好、礼仪水平比较高的同事在职业活动中的言谈举止能起到示范作用。汉语教师应随时随地观察，然后在类似的情景中进行模仿、展示，相互学习、相互促进。

（三）录像反思

录像反思是指汉语教师创造条件（使用影像设备）把自己在课堂上的言谈举止录下来，反复观看，然后有针对性地进行反思，纠正、调整和改善自己不恰当的行为，从而提高自己。同时，也可以与同事一起观看、讨论录像，共同学习和提高。

在国内，汉语教学机构可以把礼仪列为汉语教师评价内容，在礼仪方面提出要求，督促汉语教师注意自己的职业礼仪，形成良好的礼仪习惯。另外，学院或教研室也可以开展专项礼仪实践活动，积极创造良好的礼仪环境和氛围。

第七章　国际汉语教师职业倦怠和教学效能感

　　汉语教师是在跨文化环境中从事汉语教育工作的一门职业。基于中外文化差异巨大、工作任务繁重、工作环境多变、学生背景不同、学生汉语水平不一等原因，汉语教师也是一个面临多重压力的职业。这些压力会影响到汉语教师的心理健康和工作质量，导致职业倦怠的产生。同时，汉语教师往往在心中对汉语教育的价值、对自己影响学生成绩的能力有自己的感受、体验和判断，这种感受、体验和判断被称为教学效能感。它在很大程度上影响着教师的教学自信心和职业倦怠的程度。可见，加强对汉语教师职业倦怠和教学效能感的研究，已经成为汉语教师队伍建设的一项重要课题。

　　在本章，我们首先采取问卷调查的方法对汉语教师的职业倦怠和教学效能感进行实证调查，在调查结果的基础上进行统计分析其形成原因和解决策略，最后对二者之间的关系进行探讨。

第一节　汉语教师职业倦怠[1]

职业倦怠是由 Freudenberger（1974）首先提出的一个概念，是指服务行业职员所感受到的一种身心极度疲惫（wear out）的综合反应状态。这种状态容易导致职员产生一些负面情绪和行为，进而影响工作质量和效率。因此，教育机构、医院等一些服务性行业都很重视对职业倦怠的研究。研究者中，Maslach et al.（1981）的贡献巨大，提出了一个得到广泛认同的操作性定义，即工作倦怠是由情感耗竭（emotional exhaustion）、去人性化（depersonalization）以及成就感低（diminished personal accomplishment）等三个主要维度构成的一种生理和心理上多维度的综合性症状。在此基础上，他们还设计了一个得到广泛使用的职业倦怠调查问卷（Maslach Burnout Inventory，简称 MBI）。

教师是职业倦怠的高发群体之一。国外在 20 世纪 80 年代就开始对教师职业倦怠进行研究，研究内容主要集中在职业倦怠产生的社会根源及其影响因素上（比如 Schwab，1982；Shaknarov et al.，1983；Schwab et al.，1986；Byrne，1992）（李江霞，2003）。研究发现，对外国教师来说，年轻、受教育程度高的教师更容易产生职业倦怠（Maslach et al.，2001）；工作负荷过重、教师缺乏自主性、角色模糊、学生问题以及缺乏社会支持等因素容易使教师产生职业倦怠感（Hallsten，1993；Potter，1996）。解决这些问题（比如工作负荷过重）本身也是缓解教师职业倦怠感的策略（Potter，1996）。国内对教师职业倦怠的研究主要是介绍西方有关职业倦怠研究的状况（如杨秀玉，2005）和测量教师的职业倦怠情况（如赵玉芳等，2003；周彦良，2006；赵守盈等，2010；范琳等，2017），也有通过访谈等定性研究方法来分析职业倦怠的成因并提出相应对策（如张庆宗，2011），研究对象主要是中小学教师和高校教师。具体到大学英语教师，相关研究并不多，能够查阅到的只有少数几篇论

---

[1] 本节部分内容曾以"对外汉语教师职业倦怠：现状与对策"为题发表在《语言教学与研究》2014年第6期。

文（如尹山鹰，2011；唐进，2011；刘英爽，2013；刘莉，2014；刘萍，2014；范琳等，2015）。笔者没有发现针对汉语教师职业倦怠的相关研究。具体就中小学教师职业倦怠研究来说，其中有较为一致的结论，比如认为中小学教师职业倦怠的总体状况并不严重，性别对教师职业倦怠没有显著影响（如赵玉芳等，2003；赵守盈等，2010等）；也有不一致的结论，比如赵玉芳等（2003）发现教龄和职称是影响教师职业倦怠的重要因素，而赵守盈等（2010）却发现这些因素对教师的职业倦怠没有显著影响。就大学英语教师来说，职业倦怠中的情感耗竭和去人性化有性别差异，而成就感低就没有；学历和职称对职业倦怠中的情感耗竭、去人性化和成就感低都没有显著影响（唐进，2011）。

一、汉语教师职业倦怠的基本情况

相对于其他学科教师，在国内任教的汉语教师所面对的学习者来自全球各个国家和地区，他们文化不同，秉性各异，更不容易管理，而且教师所教的内容（尤其是初级汉语）更基础、更简单，重复性也更强。根据已有的研究，这些都是职业倦怠的诱发因素。那么这些因素有没有造成汉语教师的职业倦怠呢？如果有，是轻还是重？这需要针对汉语教师职业倦怠情况进行调查研究，以便及时进行干预和疏导。本部分拟使用问卷调查和访谈等方法来了解汉语教师职业倦怠的情况，并在此基础上提出一些对策。从意义和价值层面来说，这一研究不仅有利于维护汉语教师身心健康和整个汉语教师队伍的稳定，而且对汉语教师的培养也有很重要的启示和借鉴意义。

（一）研究设计

1. 被试

本研究采取整群抽样的方法，从北京语言大学三个留学生学院抽取180名汉语教师作为被试进行问卷调查，得到有效问卷154份。其中，男被试46人（29.87%），女被试108人（70.13%）；本科学历被试13人（8.44%），硕士106人（68.83%），博士35人（22.73%）；助教职称被试15人（9.74%），讲师114人（74.03%），副教授25人（16.23%）；教龄5年及以下被试46人（29.87%），教龄6到15年被试73人（47.40%），教龄 16 年及以上被试 35 人（22.73%）[1]。

2. 方法和工具

本研究使用两种方法，即问卷调查法和访谈法。问卷调查法采用 Maslach 设计的职业倦怠调查问卷为工具。MBI 共有 22 个题目，包括情感耗竭（9 个题目）、去人性化（5 个题目）和成就感低（8 个题目）三个维度。情感耗竭是核心部分，是职业倦怠最明显的表征，是指教师对待教学缺乏热情，感觉到自己的感情损耗殆尽而处于极度疲惫的状态，职业幸福感很低；去人性化是指教师对学生表现出消极、否定、冷漠的行为，缺乏必要的同情心；成就感低是指教师无法从教学中体验到成就感，而且倾向于消极评价自己及自己所做的工作。MBI 采用 4 点计分法，"从未如此""很少如此""有时如此""经常如此"分别记 1~4 分，其中成就感低维度采取反向计分。各维度得分为本维度所有题目的平均分。被试在量表上的得分越高表示职业倦怠程度越高。该问卷信度和效度都很高（Maslach et al., 2001），具有跨文化的一致性（Enzmann et al., 1998），而且在业界被广泛使用（Schaufeli et al., 1993）[2]。在本次测量中，该问卷的情感耗竭维度内部一致性 α 系数为 0.792，去人性化维度为 0.561，成就感低维度为 0.789。

访谈法以书面访谈为主，口头访谈为辅。书面访谈通过邮件的形式对 12 名在性别、学历、职称、教龄等方面有代表性的被试进行访谈。访谈主要围绕三个方面展开:(1)您在汉语教学过程中有没有产生过很没劲、极疲惫、厌倦之类的感觉，或者感到很开心、觉得有意思？如果有，频率和程度如何？（2）如果产生过上述某种感觉，你觉得是什么原因导致的？是工作本身、周围环境，还是个人性格？（3）如果产生很没劲、疲惫或者厌倦之类的感觉，你是如何排解的？如果感觉一直开心、有意思，

---

[1] 教龄分段的依据是 Unruh et al.（1970）的教师生涯发展理论，教龄 5 年及以下属于初始教学期（initial teaching period），教师在例行教学工作、学生管理、组织教学、被同事认可等方面都存在一定问题；教龄 6~15 属于构建安全期（period of building security），教师逐渐在教学上感到安全，也为提升自己专业水平而积极努力，以达到更高的教学水平；教龄 16 年及以上属于成熟期（maturing period），教师在教学各方面都具有了相当的能力和水平，也能较好地改变自己而不再被视为威胁。

[2] 据统计，在已发表的有关工作倦怠的实证研究中，90%以上的论文和研究报告都采用 MBI 作为测量工具（李永鑫，2003；贾晓波等，2006）。

你是如何做到的？请列出几种方法。口头访谈主要利用吃饭、开会间隙等一些非正式工作时间进行，主要围绕以上三个方面的相关问题进行。

3. 数据收集与分析

问卷调查时间为 2013 年 5 月，发放问卷 180 份，三个留学生学院各 60 份，共回收 165 份，有效问卷 154 份。整理编号后，所有数据都被录入 SPSS18.0（数据分析软件）进行描述性和推断性统计分析。访谈文本回收后，采用内容分析法（content analysis）进行梳理分析。

（二）结果与讨论

1. 被试职业倦怠的总体情况

表7-1 被试在职业倦怠三个维度上的均值和标准差

	情感耗竭	去人性化	成就感低
均值	2.4697	1.5623	1.5519
标准差	0.5452	0.4190	0.4622

统计结果表明，汉语教师情感耗竭维度的均值接近于中数 2.5，近乎中度倦怠；去人性化和成就感低两个维度远低于中数 2.5，属于轻度倦怠。这说明：从总体上，汉语教师对教学缺乏足够的热情，总是感觉很疲惫，不太容易体会到职业幸福感，但也没有太多对学生表现出消极、否定和冷漠的行为，有一定的成就感。这是因为汉语教师的工作量较大，而且重复性较强。87% 的被试平均每天都有 2~3 节课，除了备课、批改作业、当班主任管理学生等常规任务，还有一定的科研工作。70.13% 的被试都有 5 年以上教龄，同一内容教了十几遍，甚至几十遍，繁重、重复的工作使教师们对教学缺乏热情，有疲劳感。汉语教师的去人性化属于轻度倦怠，没有对学生冷漠或刻意与学生保持距离，很大程度上可能是因为职业道德的约束。这个结论跟访谈结果也近似。81% 的访谈对象认为自己基本没有明显的厌倦或者不开心，有也是偶尔，但明显感觉到很累，甚至累得下课后一句话都不想说，只想好好睡一觉。这是典型的情感耗竭[1]。

---

[1] 本节中的访谈资料都来自本研究专门针对12位汉语教师的访谈。

2. 性别与职业倦怠

以职业倦怠三个维度为因变量，以性别为自变量对样本数据进行独立样本的 t 检验。结果表明，在情感耗竭上 t 值为 -0.127（$P=0.899 > 0.05$），在去人性化上 t 值为 -0.980（$P=0.329 > 0.05$），在成就感低上 t 值为 -1.235（$P=0.219 > 0.05$）。可见，不同性别的汉语教师在职业倦怠的三个维度上没有显著差异。

这说明，无论是在教学热情的高低上，对学生的态度上，还是体验到的成就感程度上，男教师和女教师都相差不大。这个结果与唐进（2011）对大学英语教师的研究结果不一致（他认为女教师成就感要高于男教师），但与其他一些有关中小学教师的研究结果（比如李永鑫等，2007）相符合。职业倦怠是一种身心疲惫的综合状态，跟工作任务的繁重程度、挑战性大小等变量相关性更大，跟性别关系不大，这与访谈结果也近似。访谈对象中男女教师提到的倦怠程度几乎相等，产生倦怠的原因也主要在工作和环境等方面，都没有提到与性别有关的信息。

3. 学历与职业倦怠

以职业倦怠的三个维度为因变量，以学历为自变量对样本数据进行方差分析。结果表明，不同学历被试在情感耗竭上 F 值为 3.551（$P=0.031 < 0.05$），在去人性化上 F 值为 1.354（$P=0.261 > 0.05$），在成就感低上 F 值为 2.893（$P=0.058 > 0.05$）。在职业倦怠中的情感耗竭维度上进行多重比较（Bonferroni 检验）后发现，本科被试的倦怠程度与硕士被试和博士被试都有显著差异（P 值分别为 0.035 和 0.040，都小于 0.05），而硕士被试和博士被试之间没有显著差异（$P=1.000 > 0.05$）。可见，不同学历汉语教师的情感耗竭有显著性差异，在去人性化和成就感低两个维度上没有显著差异，具体表现为本科学历汉语教师在情感耗竭维度上的倦怠程度显著高于硕士和博士学历的汉语教师，而在去人性化和成就感低两个维度上，不同学历汉语教师的倦怠程度差不多，没有明显差别。

这说明：第一，相对于硕士和博士学历的汉语教师来说，本科学历的汉语教师对待汉语教学相对缺乏热情，也更容易感到疲惫，很难体会到幸福感。这与唐进（2011）对大学英语教师的研究结果（认为不同学历大学英语教师在职业倦怠上没有显著性差异）有出入。本科学历背景的汉语教师大多在 20 世纪 80 年代和 90 年代前期开始从事汉语教学工作（此后进入高校当教师大都需要硕士及以上学历），如今年龄已不小，家庭压力和工作压力都相对较大，而且相当一部分教师的教学科研水平提高缓慢，进入了停滞阶段。Fessler（1985）的教师职业生涯周期理论也说明，这个年龄阶段的教师一般处在"稳定与停滞期"（stable and stagnant）和"职业消退期"（career wind down），情感耗竭更严重。第二，不同学历汉语教师在对待学生态度上和在教学中体验到的成就感程度上都差不多，而且倦怠程度都不高。因为汉语教师的职业倦怠是从情感耗竭开始，达到一定程度的倦怠，再蔓延到去人性化和成就感低两个维度。而本研究中情感耗竭的倦怠程度是中度，暂未蔓延到另外两个维度。这个结果也可以与之前所得出的"职业倦怠程度总体不高"结论相印证。

4. 职称与职业倦怠

以职业倦怠的三个维度为因变量，以职称为自变量对样本数据进行方差分析。结果表明，不同职称被试在情感耗竭上的 F 值为 2.037（$P=0.134 > 0.05$），在去人性化上的 F 值为 0.300（$P=0.741 > 0.05$），在成就感低上的 F 值为 0.273（$P=0.761 > 0.05$）。

可见，不同职称汉语教师在职业倦怠三个维度上没有显著差异，说明不同职称的对外汉语教师在对工作的热情程度、对学生的冷热程度、对教学成就的体验程度等方面都差不多，没有明显差距。这个结果与唐进（2011）对大学英语教师的研究结果相一致。一线教学单位以教学为主，汉语教师不论职称如何，几乎上同样数量的课，因此他们都感到疲惫，情感消耗也很大，甚至是透支。汉语教师对待学习者的态度也基本一致，没有明显差异。另外，一线汉语教师工资主要由上课多少（课时量）来决定，职称虽然也会对对外汉语教师的工资收入造成影响，但不是决定性的，这就导致职称相对较低的汉语教师也没有因为工资收入而出现明显的职业倦怠。这跟本研究的样本结构也有关系，因为在调查对象中，副教授职称的汉语教师只有 25 人（占 16.23%），其余都是中级和初级职称的教师。这些教师大概都因为自己属于大多数而有一种职业上的"安全感"，没有因职称产生职业倦怠。这也跟访谈结果近似，访谈对象中只有一位教师提到，曾因为跟自己差不多的同事比自己先评上更高一级职称有过短暂的不开心，但同时强调这与是否喜欢汉语教学无关。

5. 教龄与职业倦怠

以职业倦怠三个维度为因变量，以教龄为自变量进行单因素方差分析。结果表明，不同教龄组被试在情感耗竭上 F 值为 7.496（$P=0.001<0.01$），在去人性化上 F 值为 0.425（$P=0.655>0.05$），在成就感低上 F 值为 2.119（$P=0.124>0.05$）。在职业倦怠中的情感耗竭维度上进行多重比较（Bonferroni 检验）后发现，5 年及以下教龄组被试的情感耗竭程度与 6~15 年教龄组被试和 16 年及以上教龄组被试有显著的差异（P 值分别为 0.002 和 0.006，都小于 0.01），而 6~15 年教龄组和 16 年及以上教龄组被试没有显著差异（$P=1.000>0.05$）。可见，不同教龄的汉语教师在情感耗竭上的倦怠程度有显著性差异，而其去人性化和成就感低两个维度的倦怠程度没有显著性差异，具体表现为 5 年及以下教龄组汉语教师情感耗竭程度显著轻于另外两个教龄组的汉语教师，而不同教龄的汉语教师在对学生的消极态度上、所体验到的成就感程度上没有明显差别。

这说明：第一，5 年及以下教龄的汉语教师有一定程度的教学热情，不会觉得极度疲惫，能体验到职业幸福感。教龄较短的对外汉语教师在教材、学生、教学过程等方面还处在学习上升的阶段，其中的收获、成长和新鲜感往往能弥补其情感消耗。而教龄更长的汉语教师，无论是依据 Unruh et al.（1970）的教师生涯发展理论，还是依据 Fessler（1985）的教师职业生涯周期理论，往往都处于"构建安全期（period of building security）""成熟期（maturing period）""挫折期（career frustration）""稳定与停滞期（stable and stagnant）"，缺乏有效的收获和成长，加之课时量大，有关学生的事物繁杂，情感耗竭的程度便会很高。此外，就 6~15 年教龄组汉语教师来说，无论是从家庭负担（上有老、下有小）角度，还是从职业发展（如评职称）角度，都处在关键的奋斗期，各方面压力相对较大。教龄达到 16 年的汉语教师则大部分属于骨干教师和中坚力量，处于个人事业的高峰，工作任务繁重，家庭和事业压力相对较大。还有一部分汉语教师在个人事业上提高缓慢，进入了停滞阶段。所以这两个教龄组的汉语教师在情感耗竭维度上出现中度以上倦怠是可以理解的。赵玉芳等（2003）的研究也证明了这一点。访谈结果与问卷调查结果也基本相近。访谈中，一名有 3 年教龄的教师谈到汉语教学时明确说："我当然很开心了，因为工作以前学的都是理论，现在是实践，感觉一切都是新的，需要学习的东西很多，每年，甚至每次课都感觉到收获和成长，教学同时也是学习、提高。"而有两名具有 7 年左右教龄的教师则表示："现在教学虽然没有明显的倦怠，但没有刚工作那几年有意思了，因为对教材熟了，对教学过程熟了，对各种外国学生也熟了。"一名具有 20 年教龄的教师甚至表示，对他来说，汉语教学已变成"体力活"，各种课型的教材和教学流程都非常熟，闭着眼都能上课，就是重复以前的东西。第二，不同教龄的汉语教师在对学生的消极性态度上、所体验到的成就感程度上，都处在相近水平，没有表现出明显的消极性态度和行为，能体验到一定的教学成就感，且没有一味地消极评价自己的工作。前面提到，5 年及以下教龄的汉语教师刚工作不久，感觉一切都很新鲜，很少会有消极的态度和行为，而且其正处在学习上升的阶段，也能体会到教学成就感。而对教龄较长的汉语教师来说，虽然缺乏刚进入这个领域的新鲜感和上升阶段的收获感，但因为有职业道德的约束，也没有对学生表现出明显的消极态度，而且看到学生汉语水平提高，也能产生一定程度的教学成就感。访谈结果还显示，几乎一半的访谈对象都主动谈及职业道德，认为自己是老师，学生来学习，就应该对学生负责，让他们有收获；虽然上课很累，但也不会在学生面前表现出厌倦或疲惫。另外，几乎所有的访谈对象都谈到，汉语教学效果的好坏只是付出时间多少的问题，并没有觉得汉语教学工作在自己的能力范围之外。

（三）结论和问题

1. 结论

根据前文分析，在汉语教师职业倦怠方面，可以得到以下几个结论：

第一，汉语教师总体上表现出一定程度的职业倦怠，具体表现在情感耗竭维度上，属于中度倦怠；而在去人性化和成就感低两个维度上属于轻度倦怠。

第二，性别和职称两个变量对汉语教师职业倦怠三个因素的影响不显著。

第三，不同学历汉语教师的情感耗竭有显著差异，在去人性化和成就感低两个维度上没有显著差异，具体表现为本科学历汉语教师在情感耗竭维度上的倦怠程度显著高于硕士和博士学历的汉语教师，而在去人性化和成就感低两个维度上不同学历汉语教师的倦怠程度差不多，没有明显差别。

第四，不同教龄汉语教师在情感耗竭上的倦怠程度有显著差异，而其去人性化和成就感低两个维度的倦怠程度没有显著差异，具体表现为5年及以下教龄组汉语教师情感耗竭程度显著轻于另外两个教龄组的汉语教师，而不同教龄汉语教师在对学生的消极态度上、所体验到的成就感程度上没有明显差别。

2. 汉语教师职业倦怠方面的主要问题

根据前文分析，目前汉语教师职业倦怠方面的主要问题有：第一，汉语教师总体意义上的情感耗竭问题。第二，本科学历汉语教师在情感耗竭维度上的明显倦怠问题。第三，教龄长的汉语教师在情感耗竭维度上倦怠尤其严重的问题。

应该说，解决了这几个问题，就可以有效改善目前汉语教师的职业倦怠情况，大大提升汉语教师的职业幸福感，进而提高汉语教学的质量和水平。

二、缓解汉语教师职业倦怠的策略

（一）尽可能减少教师的课时量，缓解工作对汉语教师的情感消耗

汉语教师情感耗竭总体上属于中度倦怠，这很值得重视。根据 Maslach et al.（1981）的职业倦怠理论，首先，情感耗竭是职业倦怠的核心成分和明显表征，情感耗竭出现中度倦怠，就预示着一定程度职业倦怠的产生。其次，职业倦怠的三个维度是呈递进关系发展的。情感耗竭表示教师对教学的激情和对学生的热情、关心和耐心消耗量，如果倦怠程度严重，自然就不会对学生热情、不会关心学生等，这就造成了去人性化维度的倦怠。对学生和教学缺乏热情、激情和关心，自然不会从中体验到成就感，这又会造成成就感极低的情况。如果三个维度都发生中度以上的倦怠，会对汉语教师的身心健康造成很大的伤害，也会极大

地影响汉语教学的质量和水平。

从访谈结果可知，几乎所有的汉语教师感到疲惫或厌倦都是因为上课太多。每天 4 节（甚至 6 节）课，再加上备课和批改作业，教师需要付出太多情感。当付出的情感超出了补给的情感（比如新鲜感、成就感和收获等）时，教师就会倾向于疲惫、倦怠、少付出，也就是情感耗竭。

基于此，首先，应减少一线汉语教师的工作量，将工作量控制在教师能接受的范围内，而不是使其疲于应付。综合访谈对象的意见，每周以不超过 10 节课为宜。这样能给教师一些自由支配的时间和精力，避免其情感的过度付出，有助于其产生并补充积极情绪。其次，鼓励和引导教师之间的支持和合作，让消耗的情感得到适当补给。教师工作具有很强的个体性（无论备课、上课，还是批改作业，教师基本上都是在"单兵作战"），遇到困难时往往会产生孤立无援的感觉，但如果有了同事的支持和合作，这种感觉不但会减轻，而且能得到来自同事的情感补给。支持和合作包括分享有效的教学技巧和管理经验（避免重复"弯路"，减少挫败感）、相互倾诉工作中的不快（减轻负面情绪困扰）、必要时互相给予一些精神抚慰等。

（二）引导教师做科研，增强教学的探索性和创造性，让工作更有意思

教育机构要积极引导汉语教师结合教学做一些科研，增强教学的探索性和创造性，让工作更有意思，进而降低职业倦怠程度。就工作本身来说，汉语教学主要是传递汉语知识和训练言语技能。从性质上说，这是一种知识和技能的再生产，而非探索性、原创性的高端知识创造。教学内容的浅显性、固定化和重复性，教学方式的惯例化、模式化和单调性，对于身为母语者的汉语教师来说，都属于职业倦怠的诱导因素。所以，应该引导汉语教师从熟悉的教学内容和方式中择取一些自己感兴趣的题目做些研究，既可以结合教学进行（即行动研究），也可以做一些调查或实验（即量化或实验研究），这不仅能满足汉语教师求新求异和探索创造的高端心理需求，使其觉得工作有意思，而且可以极大增强其成就感，使其产生愉悦感等积极情绪。访谈结果也表明，能结合教学（比如留学生常犯的一些语言错误等）进行一些研究，是很多教师认为汉语教学有意思、感到很开心的原因。如果将调查发现整理成文章等科研成果，还

能对自己晋升职称有所帮助。

（三）帮助教师提高教学水平，打破专业发展的瓶颈

本次调查还得出一个结果，即 6 年教龄以上汉语教师的情感耗竭程度较重，需要着重解决。因为这部分教师是汉语教师的主体，在本次随机调查中，占到样本总数的 70.1%；教龄长代表教学经验多，这些教学经验是一代代汉语教师传下来的集体智慧结晶，是巨大的财富，对汉语教学非常有益，还要传给下一代教师。另外，根据 Fessler（1985）提出的教师发展阶段理论，从事教学工作 5 年后，汉语教师会遇到专业发展的瓶颈，处于职业挫折期，教学水平难以提高，容易产生厌倦、疲惫等现象，尤其是对教学和学生的激情和热情大大减弱。访谈中一位教师明确提到，时间长了，教学技能基本到了一个瓶颈期，没有挑战的感觉了。因此，学校或者学院应该积极组织各种形式的专业发展活动来帮助教师提升工作积极性，增加其收获感、成就感，进而激发其专业发展的热情。比如，组织针对性讲座开拓思路、设立教学专家组以备教师求助和请教、建立教师专业成长档案袋等。

（四）建立民主、有序的组织氛围，让汉语教师感到有价值、有奔头

民主，主要是指让教师有参与管理和决策的机会，尤其在有关其教学的专业活动方面。在这样的环境中，汉语教师会感受到自己的主人翁地位，有责任感和归属感，进而对工作产生极大热情。访谈中，一位教师就谈到："有幸得到大家的信任，在教代会、党代会等一些场合真正为学校献计献策，让我有一种莫名的动力，也会推及教学方面产生积极情绪。"

有序，主要是指学校在涉及教师利益方面应该有一套公平、合理、细致、清楚且得到有效实施的规章制度。比如职称晋升和各种教学奖项评选的细则，尤其是应注意将教学与教师的职业发展联系起来。这样，汉语教师能更清楚自己哪方面需要努力，努力之后会得到什么样的结果，感觉到有奔头。被访谈的一位老师就谈到："之所以对教学感到没劲，是因为我准备一次课花 4 个小时还是 20 分钟，跟我的职业发展（比如评职称）没有任何关系。"

此外，访谈中也有教师提到不仅工作很辛苦，而且工资等收入待遇

也不如其他单位的同学或朋友好，让自己觉得很没劲。学校还应适当提高汉语教师的经济待遇，使其能够有尊严地生活。这不仅能够免除其工作时的后顾之忧，而且也能使其产生较强的工作动机和积极情绪。

（五）全面认识自己，扮演好"教师"这一基本角色

汉语教师在教学中有很多角色，比如教师、研究者、管理者、文化传播者、学生的朋友等，这些角色都能给汉语教师带来或好或坏的情绪。汉语教师不可能每个角色都做得很好，不要因为某个角色没做好就否定其他角色，应先扮演好基本角色——教师。比如，学校希望教师成为一个研究者，但实际上教师每天有上课、备课、改作业等任务，以及大大小小的班级琐事要完成和处理，很少有时间和精力去搞科研。这就造成了两个角色的冲突，但汉语教师不能因为科研没做好就否定自己在教学方面的成功。访谈中，多位教师还提到，对自己的教学感到开心还是没劲，主要看学生。如果碰上学生总体素质较高的班级，一切都开展得很顺利，就会比较开心；如果碰上相对较差的班级，学生不理解、不懂事、不服从管理，就会感到很郁闷。其实情绪的好坏应该由教师自己主动掌控，不能靠碰运气，关键是把课上好，让学生有提高、有收获。把握住这个根本，其他的不必过于在意。访谈中就有两位教师谈到，其实学生有比较和鉴别能力，心里很明白哪个老师在认真付出；当自己的辛苦付出得到大部分学生的肯定和感谢时，汉语教师就会有成就感，会感到非常开心。

（六）掌握一些缓解不良情绪的策略，学会放松，增强调适能力

汉语教师应掌握一些缓解不良情绪的具体策略，比如理性情绪行为疗法（Rational Emotive Behavior Therapy，简称REBT），即先改变不合理的信念，然后再改变情绪和行为方面的问题。对同一事件，换一个角度来考虑，往往就能避免不良情绪的产生，行为也会随之改变。访谈中不止一位教师谈到，在教学不开心时会进行自我心态调整，说服自己认识和接受汉语教学工作内容简单和重复操练的特点；也告诉自己汉语教学是谋生的职业，应当尽力做好。

再如转移法。如果在教学中感到特别疲劳、出现孤独等不良情绪，汉语教师不妨停下工作，做一些自己喜欢的、感到轻松的事情。访谈中，多位教师提到，自己觉得教学没劲时会看看电影、睡一觉，利用周末短

途旅游等，调节一下生活。

　　还有宣泄法，即找个适当的途径释放自己的不良情绪。聊天倾诉，进行体育活动、娱乐活动等都是很好的途径。访谈中，一位教师就谈到，有时很郁闷，到办公室一聊天，发现大家都差不多，说完也就忘了。

第二节　汉语教师教学效能感[1]

教师教学效能感是建立在 20 世纪 80 年代班杜拉（Albert Bandura）所提出的"自我效能"（self-efficacy）这一概念上的，是指教师对自己教学能力的一种认识和评价，属于教师信念的一部分。如果教师的教学效能感较强，那么他对自己的教学就会有较强的自信，愿意付出努力，而且敢于挑战较为困难的工作。相反，如果教师的教学效能感不强，则往往会对教学缺乏自信，容易否定自己，对教学也不太感兴趣，不肯付出更多的努力。

国外 20 世纪八九十年代的相关研究（如 Gibson et al.，1984；Hoover et al.，1987；Newman et al.，1989；Woolfolk et al.，1990；Hall，1992）主要是对教师教学效能感的概念、维度和相关因素进行了界定（俞国良等，2000）。1998 年到 2009 年，有关教师教学效能感的研究方法更加多样、研究领域更加具体、研究范围更加国际化（Klassen et al.，2011）。国内从 20 世纪 90 年代初开始对教师教学效能感进行介绍，并设计测量教师教学效能感的量表，阐释其结构和影响因素（如黄巍，1992；俞国良等，1995；俞国良等，2000；李红等，2000；徐彩华等，2007；徐彩华，2009），也有对其与课堂教学关系的研究（如屈卫国，1999）。2000 年以后，主要是对教师教学效能感与其他变量的关系进行研究：与教师教学行为的关系（如李晔等，2000；党彩萍，2003；邵思源，2012）；与职业压力、职业倦怠的相关研究（如刘晓明，2004；沈杰等，2005；李永鑫等，2007；周丽，2009；范琳等，2017）；与教师发展之间的关系探讨（如庞丽娟等，2005）等。国内外的这些研究，研究对象几乎都是中小学教师。其中针对英语教师教学效能感的研究不多（如 Yilmaz，2011；邵思源，2012；郑磊，2013），内容主要是调查其教学效能感的情况及其与教学行为的关系，结论也不相同。比如 Yilmaz

---

[1]　本节部分内容曾以"对外汉语教师教学效能感、职业倦怠及其关系"为题发表于《语言教学与研究》2017年第2期。

（2011）调查发现土耳其的中小学英语教师的教学效能感与语言基本技能呈正相关；而邵思源（2012）研究发现外语教师的教学效能感与其教学行为和教学效果并不一定呈正相关。针对汉语教师教学效能感的研究极少，笔者只检索到两篇期刊论文和一篇硕士论文。两篇期刊论文研究采用自陈评定量表的方法明确了汉语教师教学效能感的内容、特点和影响因素，以及专家型教师和新手教师在教学效能感上的不同（徐彩华等，2007；徐彩华，2009）。硕士论文即周丽（2009）的《对外汉语教师职业压力与教学效能感的研究》。该文研究了华东师范大学、东华大学和西北大学等学校的对外汉语教师（54人）的教学效能感在性别、学历、职称、年龄和教龄等变量上的情况，及其与职业压力的关系。

一、汉语教师教学效能感研究设计

（一）被试

本研究被试与上一节职业倦怠被试为同一群体。

（二）方法和工具

本研究使用问卷调查法，具体调查工具为教师教学效能感问卷。该量表是由俞国良等（1995）编制的，共有27个题目，包括个人教学效能感和一般教育效能感两个维度。个人教学效能感是教师对自己完成教学任务、教好学生的能力的一种认识和评价；一般教育效能感是教师对教与学的关系、教育在学生发展中的作用等问题的一般看法和判断。该问卷采用6点计分法，从"完全不符合"到"完全符合"分别记1~6分。题目中有16个题目采取反向计分。各维度得分为本维度所有题目的平均分。被试在量表上的得分越高表示其效能感越高。该问卷信度和效度都很高（俞国良等，1995）。在本次测量中，个人教学效能感的内部一致性 α 系数为0.883，一般教育效能感的内部一致性 α 系数为0.884。

（三）数据收集与分析

问卷调查时间为2013年5月，发放问卷180份，北京语言大学三个留学生学院各60份，共回收165份，有效问卷154份。回收整理编号后，采用SPSS18.0对数据进行统计分析，具体分析技术包括 t 检验、方差分析、相关分析和回归分析等。

（四）统计结果

1. 被试在教学效能感上的总体情况

表7-2 被试在教育教学效能感和职业倦怠各个维度上的均值和标准差

	教育教学效能感	
	个人教学效能感	一般教育效能感
均值M	4.7968	3.7429
标准差SD	0.6815	0.9281

由表 7-2 可知，被试在个人教学效能感和一般教育效能感两个维度上的均值和标准差分别为 4.7968 ± 0.6815 和 3.7429 ± 0.9281。

2. 被试教学效能感在人口统计学变量上的差异

以教育教学效能感的两个维度为因变量，分别以被试性别为自变量进行独立样本 t 检验，同时分别以被试学历、职称、教龄为自变量进行单因素方差分析。结果见表 7-3。

表7-3 被试在教学效能感上的具体情况

		个人教学效能感 $M \pm SD$	一般教育效能感 $M \pm SD$
性别	女（108）	4.7636 ± 0.6775	3.7926 ± 0.9515
	男（46）	4.8747 ± 0.6921	3.6261 ± 0.8696
	t值	-0.925	1.019
学历	本科（13）	4.9276 ± 0.7402	3.2923 ± 1.0805
	硕士（106）	4.7497 ± 0.7019	3.7877 ± 0.9255
	博士（35）	4.8908 ± 0.5939	3.7743 ± 0.8569
	F值	0.823	1.691
职称	助教（15）	4.4510 ± 0.8696	4.2667 ± 0.8740
	讲师（114）	4.7528 ± 0.6378	3.6693 ± 0.9322
	副教授（25）	5.2047 ± 0.5895	3.7640 ± 0.8698
	F值	$7.184**$	2.819
教龄	5年及以下（46）	4.6125 ± 0.6769	3.8761 ± 1.0493
	6~15年（73）	4.7623 ± 0.6759	3.7260 ± 0.8411
	16年及以上（35）	5.1109 ± 0.6051	3.6029 ± 0.9360
	F值	$5.841**$	0.883

注：$*P < 0.05$，$**P < 0.01$，下同。

采用独立样本 t 检验对被试教学效能感在性别上的差异进行分析，结果表明，性别对被试教学效能感的两个维度都没有显著影响（P 值分别为 0.356 和 0.310，都大于 0.05）。

采用方差分析对被试教学效能感在学历、职称和教龄上的差异进行检验，结果表明：

学历对被试教学效能感的两个维度都没有显著影响（P 值分别为 0.441 和 0.188，都大于 0.05）。

职称对被试教学效能感中的一般教育效能感没有显著影响（$P=0.063 > 0.05$）；对个人教学效能感有显著影响（$P=0.001 < 0.01$），多重比较（Bonferroni 检验）后发现，助教职称的被试和讲师职称的被试没有显著差异（$P=0.287 > 0.05$），而助教和讲师职称的被试与副教授职称的被试存在显著差异（P 值分别为 0.002 和 0.006，都小于 0.01）。

教龄对被试教学效能感中的一般教育效能感没有显著影响（$P=0.416 > 0.05$）；对个人教学效能感有显著影响（$P=0.004 < 0.01$），多重比较（Bonferroni 检验）后发现，16 年及以上教龄组被试的个人教学效能感显著高于 5 年及以下教龄组被试和 6~15 年教龄组被试（P 值分别为 0.003 和 0.034，都小于 0.05），而 5 年及以下教龄组被试与 6~15 年教龄组被试没有显著差异（$P=0.692 > 0.05$）。

（五）分析与讨论

1. 汉语教师教学效能感的总体特点

统计结果表明，个人教学效能感和一般教育效能感两个维度的均值都超过了中数 3.5。这说明汉语教师教学效能感总体较强，尤其是个人教学效能感，远远高于中数水平。调查对象都是中国教师，汉语是其母语，他们对所教内容都非常熟悉和精通，也有很强的把握能力；另外，96% 的调查对象都是对外汉语教学及相关专业出身，掌握了很多语言教学技巧和方法，当然会有较强的个人教学效能感。所以，这个结论是合理的。

2. 人口统计学变量对汉语教师教学效能感的影响

统计结果表明，不同性别的汉语教师在教学效能感上没有显著差异（$P > 0.05$）。这说明，无论是在对自己完成教学任务和教好学生的信心上，还是对教学在学生汉语发展中所起作用的看法上，男教师和女教师都在一个水平上。这个结果与周丽（2009）的研究结论（认为个人教学效能感在性别上没有显著差别,但在一般教学效能感上有一定差异[1])部分一致。教学效能感从本质上说是一种职业信念,是对能否胜任汉语教学工作的一种感受,跟男女性别关系不大。

不同学历汉语教师的教学效能感没有显著差异($P > 0.05$)。这说明不同学历的汉语教师都对完成教学任务、教好学生有相当程度的自信,在对"教学对学生汉语发展过程中所起作用"的认识上也差不多,都是积极性的。这个结果与周丽(2009)的研究结论(认为不同学历对外汉语教师个人教学效能感差异不显著,而在一般教学效能感维度上差异显著)部分一致。汉语教师都是中国人,汉语是其母语;而教学内容都是基本的汉语要素知识和技能,相对比较浅显,所以无论学历是本科、硕士,还是博士,教师们的教学效能感都很高(均值M=4.7968),其差异没有达到显著程度。

职称在个人教学效能感维度上有显著差异($P < 0.01$),在一般教育效能感维度上没有显著差异($P > 0.05$),具体表现为副教授职称的汉语教师的个人教学效能感程度明显高于讲师和助教职称的汉语教师,而不同职称的汉语教师的一般教育效能感程度差不多。这说明:第一,副教授职称的汉语教师比讲师和助教职称的汉语教师有更强的个人教学效能感,对自己的汉语教学行为和效果更有信心,也更愿意挑战较难的教学任务。这与周丽(2009)的研究结论相一致。职称是对汉语教师科研能力水平的认定。除了能带来精神上的满足感以外,较高的职称往往还能在科研方面给老师带来较强的效能感;在普遍认为科研比教学更难的观念下,高职称汉语教师在科研上的效能感比较容易延伸到教学层面;更何况,很多汉语教师的科研是针对汉语教学的,这本身也能提升其对汉语教学的理解和把握,进而提高其教学效能感;高职称的汉语教师通常教龄也长,教学经验更丰富,教学效能感也就更强。这个结论可与下文中教龄部分的结论相印证。第二,不同职称汉语教师在对"教学在学生汉语发展过程中所起作用"的认识上相对一致,没有明显差异。这种认识跟汉语教师对教育的了解和认识水平有关,跟汉语教师专业水平的指

---

[1]该文没有提供P值,不清楚这里的"一定差异"是否显著。

标（即职称）关系不大，所以没有明显差异。

不同教龄的汉语教师在个人教学效能感维度上有显著差异（$P <$ 0.01），在一般教育效能感维度上没有显著差异（$P > 0.05$）。具体表现为，16 年及以上教龄组汉语教师的个人教学效能感显著高于 5 年及以下教龄组和 6~15 年教龄组的汉语教师，而不同教龄的汉语教师的一般教育效能感没有明显差别。这说明：第一，16 年及以上教龄组汉语教师对自己的汉语教学更有信心，也更愿意挑战更难的教学任务，更相信自己能教会学生。这与周丽（2009）的研究结论基本一致[1]。按照教师职业发展理论（Unruh et al., 1970），16 年及以上教龄组汉语教师已经进入成熟期（maturing period），不仅在教学的各个方面具有相当的能力和水平，也能较好地改变自己来应对新问题，其个人教学效能感当然很强。而 5 年及以下教龄的汉语教师处于初始教学期（initial teaching period），教学经验不足，对汉语教学的复杂性认识也不足，以至于在教学工作和学生管理等方面都存在一定的问题，进而造成其个人教学效能感不高。6~15 年教龄组的汉语教师虽然在例行教学工作等方面逐渐感到安全，即进入了构建安全期（period of building security），但在某些较为复杂的方面仍然会感到自己的教学能力"不够火候"，造成其个人教学效能感仍显著低于处于成熟期（即教龄达到 16 年）的汉语教师。第二，不同教龄的汉语教师对"教学在学生汉语发展过程中所起作用"的认识是基本一致的，没有明显差别，都持一种较为积极的态度，即认为教学能够有效促进学生汉语水平的提升。前面提到过，这种认识跟汉语教师对教育的了解和认识水平有关，跟教学时间的长短（即教龄）关系不大，所以差别不明显。

（六）结论和问题

根据前面部分的分析，可以得出以下结论：第一，从总体上说，汉语教师教学效能感较强，尤其是个人教学效能感。第二，性别和学历对汉语教师教学效能感没有显著影响。第三，职称对汉语教师个人教学效

---

[1] 周丽（2009）将教龄分为四段：5 年以下、5~10 年、11~20 年和 20 年以上。虽与本文教龄划分不同（对方没有交代划分标准），但结论基本一致，即教龄越长，个人教学效能感程度越高。

能感有显著影响，对其一般教育效能感和职业倦怠没有显著影响。第四，教龄对汉语教师个人教学效能感有显著影响，对其一般教育效能感没有显著影响。

汉语教师教育教学效能感方面的问题主要是：第一，职称较低的对外汉语教师（讲师和助教）个人教学效能感不够高。第二，15年教龄以下的汉语教师个人教学效能感不够高。

二、增强汉语教师教学效能感的对策

（一）关注职称较低的汉语教师

职称较低的汉语教师很有可能是因为教学水平不够高，进而导致其个人教学效能感不高。如不干预，会引发一定程度的职业倦怠。因此，应积极关注这部分汉语教师，通过结对子进行教学指导、整合科研团队，带动其提高教学技能和科研水平，在此基础上积极促成其在职称上的进步，进而增强其个人教学效能感。

（二）关注低教龄的汉语教师群体

低教龄的汉语教师有的属于新入职教师，经验少，也有个别教师虽然有了10年左右的教龄，但在教学内容把握和方法选择等方面还欠火候，不够得心应手，教学成绩上不去，影响了教学效能感。教学机构可以考虑发挥教研室的作用，安排汉语教学骨干教师传帮带，一起研讨解决汉语教学中的实际问题；还可以安排学校教学督导对其进行重点帮扶（听课、反馈、指导、提高等）。这会大大提升低教龄汉语教师的教学水平，进而增强其教学效能感。

（三）切实提高汉语教师教学效能感的具体方法

1. 引导汉语教师加强课堂教学基本能力（比如导入、讲解、提问、反馈、制作PPT、指导语言练习活动等）的训练和提高。这是提高汉语教师教学效能感的"抓手"，教师把每个基本环节都做好了，整堂课上完就会有精神上的满足感。建议汉语教师从对自己课堂教学技能的反思入手，结合优秀教师的录像或案例进行比较学习，扎实提高。

2. 创造条件鼓励、支持汉语教师，促使其提高自己。比如，与同一课型的优秀汉语教师（或者叫专家型教师）合作，进行有针对性的学习提高。其实就是让汉语教师跟同事结对子，在与同事的对比中提高自己。再如，与优秀汉语教师上同一节课，细细对比分析优秀汉语教师和自己上课的录像，明确差距，再进行学习提高。

3.改革汉语教师的评价制度，建议采取发展性、全面性评价，保证评价体系的科学、有效，以增强汉语教师职业发展的动力。对汉语教师的评价应以教学为主（而不是以科研为主），有详细明确的细则，让教师觉得公平公正，有职业发展的动力；评价主体应包括专家、学生、同事、教师本人等；同时，针对汉语教师在评价中显现出来的不足，学校或学院应给予支持和帮助，以促进汉语教师教学水平的提高。

4.全面了解学生的汉语学习情况，丰富测试类型，增加测试频率。提高教学效能感的关键在于学生汉语水平的提升，让汉语教师感觉到自己教学工作的作用和意义。在原来期末考试的基础上，增加单元测试和每堂课的小测。测试类型丰富了，频率也随之增加。其主要目的是跟踪学生的进步，让汉语教师体会到教学成就感。

5.引导汉语教师形成良好的个人认识（比如教育观、教师角色观等）。汉语教师要对自己的汉语教学工作有一个正确的认识和评价，同时也要认识到语言教学的复杂性，并在此基础上形成对自己教学效果的正确认识和评价，能够进行积极、正确、恰当的归因。让教师认识到即便汉语课堂教学不顺利，或者学生汉语成绩不好，也未必是教师的原因。

此外，汉语教师要有终身学习的意识，不断学习汉语本体知识和教育学等工具性知识；有科研意识，坚持针对课堂教学问题进行行动研究，积累汉语教学的方法和技巧，注重良好的人际关系和学习环境的营造，这些都有利于提高个人教学效能感，减轻职业倦怠。

第三节 汉语教师教学效能感与职业倦怠的关系[1]

教学效能感和职业倦怠都是影响教师教学行为和情绪的重要因素，教学效能感和职业倦怠的关系值得研究。就汉语教师来说，目前相关的少量研究都是针对教学效能感或者职业倦怠的调查，对二者之间的关系进行探讨的研究还没有。基于此，本研究的主要目的是探讨汉语教师教学效能感和职业倦怠之间的关系，明确教学效能感对职业倦怠是否具有预测作用，并为有效缓解汉语教师的职业倦怠提供研究支持。

一、研究设计、统计结果以及讨论

（一）研究设计

1. 研究问题

本研究旨在探究汉语教师教学效能感和职业倦怠相互之间的关系。

2. 被试

本研究被试与本章前两节的被试为同一群体。

3. 研究工具

本研究采用问卷调查法，具体调查工具分别为第一节所用的职业倦怠调查问卷和第二节所用的教师教学效能感问卷两个量表。

4. 数据收集与分析

采用SPSS18.0对数据进行统计分析，具体包括相关分析和回归分析。

（二）相关分析统计结果

被试个人教学效能感、一般教育效能感与情感耗竭、去人性化和成就感低等因素的相关系数见表7-4。

---

[1] 本节部分内容曾以"对外汉语教师教学效能感、职业倦怠及其关系"为题发表于《语言教学与研究》2017年第2期。

表7-4　被试教学效能感与职业倦怠的相关系数表

	情感耗竭	去人性化	成就感低
个人教学效能感	-0.195*	-0.552**	-0.565**
一般教育效能感	-0.231**	-0.329**	-0.241**

注：* 表示 $P < 0.05$，** 表示 $P < 0.01$，下同。

由表 7-4 可知，被试个人教学效能感与其情感耗竭、去人性化和成就感低的相关系数分别为 -0.195（$P=0.016 < 0.05$）、-0.552（$P=0.000 < 0.01$）和 -0.565（$P=0.000 < 0.01$）。被试一般教育效能感与其情感耗竭、去人性化和成就感低的相关系数分别为 -0.231（$P=0.004 < 0.01$）、-0.329（$P=0.000 < 0.01$）和 -0.241（$P=0.003 < 0.01$）。可见，被试教学效能感两个维度与职业倦怠三个维度呈显著的负相关。

为更具体地了解教学效能感与职业倦怠各维度之间的关系，以职业倦怠三个维度为因变量，以性别、学历、职称、教龄、个人教学效能感和一般教育效能感为自变量，进行多元线性逐步回归分析。回归分析结果见表 7-5。

表7-5　被试职业倦怠各维度影响因素的回归分析结果

因变量	自变量	R	R^2	$\triangle R^2$	F值	$\triangle F$	B	β
情感耗竭	个人教学效能感	0.356	0.127	0.072	10.972**	12.491**	-0.223	-0.279
	教龄	0.234	0.055	0.055	8.788**	8.788**	0.217	0.310
去人性化	个人教学效能感	0.552	0.305	0.305	66.731**	66.731**	-0.380	-0.618
	教龄	0.599	0.358	0.053	42.140**	12.501**	0.129	0.240
成就感低	个人教学效能感	0.565	0.319	0.319	71.339**	71.339**	-0.430	-0.633
	教龄	0.614	0.377	0.058	45.742**	14.029**	0.148	0.250

由表 7-5 可知，以"情感耗竭"为因变量时，依次进入回归方程的是教龄和个人教学效能感，它们与因变量的多元相关系数（R）为 0.356，平方复相关系数（R^2）为 0.127，最后模型整体性检验 F 值为 10.972（$P=0.000 < 0.01$）。以"去人性化"为因变量时，依次进入回归方程的是个人教学效能感和教龄，它们与因变量的多元相关系数（R）为 0.599，平方复相关系数（R^2）为 0.358，最后模型整体性检验 F 值 42.140（$P=0.000 < 0.01$）。以"成就感低"为因变量，依次进入回归方程的是个人教学效能

感和教龄，它们与因变量的多元相关系数（R）为 0.614，平方复相关系数（R^2）为 0.377，最后模型整体性检验 F 值为 45.742（$P=0.000 < 0.01$）。

（三）对统计结果的分析与讨论

相关分析的结果表明，汉语教师教学效能感两个维度与职业倦怠三个维度呈显著的负相关。这说明，汉语教师个人教学效能感和一般教育效能感越强，其职业倦怠程度就越低。个人教学效能感是教师对自己教学能力（或者说影响学生学业成绩的能力）的一种认识和评价，是一种教学自信心，很具体地渗透在日常教学活动中。个人教学效能感越强，汉语教师越能感觉到自己有能力完成任务和教会学生，成就感就越高；在教学过程中有成就感，就会对学生持积极和热情的态度，学生也会喜欢教师，形成良性互动，去人性化维度的倦怠程度就低；有了成就感和学生喜欢等积极性的情绪补偿，汉语教师的情感会得到及时有效的补充，产生情感耗竭的可能性也就降低了。

一般教育效能感是教师对教育和教学一般性的看法。汉语教师的这种看法越积极，越容易体验到更多的积极情绪和更少的消极情绪，呈现情感耗竭的可能性就越小（李永鑫等，2007）；对教育作用的看法越积极，越愿意接触和帮助学生，就越不会发生疏离学生、对学生冷淡的情况；在此过程中，汉语教师也能获得成就感。

进一步的回归分析表明，情感耗竭依次受到教龄和个人教学效能感两个变量的影响，总体上可有效解释"情感耗竭"12.7% 的变异量，两个变量的解释率依次为 5.5% 和 7.2%，都是有效预测变量；教龄是正向预测，个人教学效能感是负向预测。这与李永鑫等（2007）对中小学教师的研究结果（认为个人教学效能感不能有效预测情感耗竭）不符。主要原因是，中小学教师所教的内容都相对简单，个人教学效能感普遍较高，但其面对的都是未成年的青少年学生，他们学习上的自觉性和主动性较差，具有上课时注意力不稳定、不持久等特点，中小学教师在管理上就需要十足的耐心、细心，需要耗费大量的情感资源，从而造成相当一部分中小学教师的情感耗竭程度较高。汉语教师作为母语者教汉语，普遍有较高的教学效能感，由于他们在工作中面对的大都是成年人，在管理上耗费的情感资源较少，而且很大部分学生都是自费来学习汉语的，学习上认真努力，教师在工作上的努力能换来学生较高的学业成绩；另外，汉语教师的工作有跨文化性，会有一些有意思的文化对比。综合这些情况，汉语教师个人教学效能感能够有效预测情感耗竭，是合理的。去人性化依次受到个人教学效能感和教龄两个变量的影响，总体上可有效解释"去人性化"35.8%的变异量，两个变量的解释率依次为30.5%和5.3%，都是有效预测变量；个人教学效能感是负向预测，教龄是正向预测。成就感低同样依次受到个人教学效能感和教龄两个变量的影响，总体上可有效解释"成就感低"37.7%的变异量，两个变量的解释率依次为31.9%和5.8%，都是有效预测变量；个人教学效能感是负向预测，教龄是正向预测。

可见，个人教学效能感和教龄是汉语教师职业倦怠的有效预测变量。其中，个人教学效能感是负向预测，β 值为负，个人教学效能感程度越高，其教学自信心就越强，越有成就感，职业倦怠程度越低。这个结论可与前面的相关分析部分的结论相印证。教龄是正向预测，β 值为正，即教龄越长，汉语教师职业倦怠的程度越高。同时，这也与本研究的样本结构有关系。被试中6到15年教龄的有73人（47.40%），16年及以上教龄的有35人（22.73%），也就是说108名6年以上教龄的教师中副教授只有25人，讲师则有83名，甚至有10名是16年教龄以上的老讲师。这部分具有6年以上教龄的汉语教师或多或少地遇到了职业发展的瓶颈，相对更容易产生职业倦怠。所以，教龄越长，职业倦怠情况越严重。

二、结论及启示

（一）结论

汉语教师教学效能感两个维度与其职业倦怠三个维度呈显著的负相关。个人教学效能感和教龄是汉语教师职业倦怠三个维度的有效预测变量。具体表现为汉语教师的个人教学效能感越强，其职业倦怠程度越低；汉语教师的教龄越长，其职业倦怠程度越高。

（二）启示

要预防或减轻汉语教师的职业倦怠，在关注其他导致职业倦怠因素的同时，应采取有效措施积极提高汉语教师的教学能力和水平，增强其个人教学效能感。

第八章 国际汉语教师评价

汉语课堂教学水平的高低在很大程度上取决于能否培养建设一支数量足够、具有一定专业水平的高质量汉语教师队伍。那么，如何判定汉语教师是否具有一定的专业水平？是否属于高质量的教师？这就涉及科学、有效的汉语教师评价。从业界既有的研究现状来看，汉语教师评价的维度、标准、主体、方法、目的等各个方面都存在这样那样的不足，需要通过研究来加以完善。基于此，我们应该重视"汉语教师评价"这一课题。

在本章，我们先对汉语教师评价的研究现状、内涵、特征、基本要素、类型和作用等方面进行概述，然后再尝试建立一个汉语教师评价的标准，最后介绍如何进行评价。

第一节　对汉语教师评价的基本认识

对汉语教师评价的基本认识主要包括对汉语教师评价的研究现状，及其内涵、特征、基本要素、类型和作用等几个方面的理解。

一、汉语教师评价的研究现状

汉语教学界针对汉语教师评价的研究不多，其中有探讨来华留学生对汉语教师评价的研究（王学松，2008；熊玉倩，2014），也有针对网络汉语教师评价的研究（许宏鉴，2003）。另外，杨翼（2008）曾探讨过汉语教师评价的目的、类型、形式、内容和方法等方面。在实践层面，国内高校里的汉语教师基本上都实行"德（主要是思想、职业道德、廉洁自律等方面的表现）、能（主要是教学能力）、勤（主要是指出勤情况）、绩（主要是指教学、科研的成绩）"年度式评价，具体体现为汉语教师每个学年末（7月上旬）填写一个包含"德、能、勤、绩"等四项内容的年度考核表，其实质是自上而下的对过去一年的工作表现和业绩的总结性评价，评价结果除极少一部分教师是优秀外，绝大多数都是合格，对汉语教师专业发展的促进作用有限，以至于在很多教师眼里该年度式评价只是一个例行的常规工作，并没有将此作为自己专业发展提升的契机。另外，在每个学期课程结束后，国内高校的教务部门还会组织学习者对自己的汉语教师进行评价，学习者在校园网上查询自己考试成绩的同时填写一个表格（具体见附录2），主要是对汉语教师的教学表现进行评价。

从整体上说，由于缺乏充足的理论依据，国内汉语教师的评价内容结构还不够明确；评价标准也不够规范、科学，没有考虑对不同汉语教师群体的适切性；评价主体相对单一，主要是管理者对汉语教师进行评价，缺乏自我评价和同行评价；评价方法主要是问卷式的量化评价，较少使用质性方法；评价目的主要是对汉语教师的鉴定，对汉语教师的专业发展关注不够。

二、汉语教师评价的内涵

（一）教师评价

在普通教育界，很多学者都界定过"教师评价"。比如顾明远（1990）[50]认为："教师评价是对教师的教学活动及其效果的测量和判断。"王汉澜（1995）[354]认为："教师评价是依据学校的培养目标和人民教师的根本任务，运用现代教育评价的理论和方法对教师个体的工作质量进行的价值判断。"陈玉琨（1999）[98]提到："教师评价是对教师工作现实的或潜在的价值做出判断的活动。"陈永明等（2003）[346]则认为："教师评价是指通过教师素质以及教师在教育教学工作中的行为表现状况的测量，评价教师的素质和教育教学效果，为进一步提高教师的素质水平和教育教学效果提供切实可行的建议。"

不难看出，学者们对"教师评价"的认识是越来越深入、越来越清晰的。教师评价的内容越来越丰富，从"教学活动及其效果"到"教师素质、教师在教育教学工作中的行为表现状况、教育教学效果"；评价一开始只有"测量和判断"，后来还增加了"提供切实可行的建议"，突出了评价的发展性。

（二）汉语教师评价

综合教育界对教师评价的界定，再结合汉语教师的特点，可以这么认为：

汉语教师评价是指评价主体以正确的语言教育价值观为指导，运用科学、有效的方法收集、整理学习者汉语成绩等各方面的评价信息，依据科学、合理的评价标准，按照一定的程序对汉语教师的胜任力、教学绩效和课堂教学行为的有效性进行价值判断的活动，并据此提出相应的建设性建议，以保证汉语教师队伍和汉语教学质量，并促进汉语教师的专业发展。

它包含以下三层意思：

第一，汉语教师评价的实质是对汉语教师的胜任力、教学绩效和课堂教学行为进行价值判断的活动。同时，这种价值判断活动是建立在评价主体与评价对象之间的交流和协商之上的。

第二，这种价值判断活动不是随意而为，而是以正确的语言教育价值观为指导，运用科学、有效的方法收集、整理学习者汉语成绩等各方面的评价信息，依据科学、合理的评价标准（主要是学习者汉语成绩和教师课堂教学行为表现），按照一定的程序进行的。

第三，汉语教师评价是一种管理手段，评价主体会在评价结论的基础上提出相应的建设性建议，促进汉语教师的专业发展。促进专业发展而非甄别才是汉语教师评价的主要目的。

三、汉语教师评价的特征

陈永明等（2003）认为当代教师评价在总体上具有以下几个方面的基本特点：注重教师评价在教师专业发展和素养与能力提高方面的促进作用；重视教师的自我评价，关注教师的未来发展；注重定性与定量、内部评价与外部评价的结合。在此基础上，结合对汉语教师评价内涵的理解，可以认为汉语教师评价具有以下特征。

（一）评定性和发展性的统一

汉语教师评价是对汉语教师胜任力、教学绩效和课堂教学质量进行价值判断的活动。经过相应的评价，有的汉语教师属于合格教师或优秀教师，有的汉语教师可能属于不合格教师。有的汉语教师教学绩效很高，有的汉语教师教学绩效可能不太高。这些属于评定性。当然，评定和鉴别往往伴随着奖惩等管理行为。

另一方面，汉语教师评价的根本目的在于通过价值判断来发现问题和不足，并给以解决和弥补，进而提高汉语教师的教学质量和水平，最终实现其专业发展。即便汉语教师评价的结果不理想，也应以动态、发展的眼光来看待，在汉语教师现有水平的基础上挖掘其发展潜力，并提供具体支持。这些都体现了发展性。汉语教师评价不排斥对汉语教师的评定和鉴别，但其根本目的在于促进汉语教师的专业发展。

（二）多元性

汉语教师评价的多元性主要体现在三个方面：第一是评价内容的多元性。无论是哪种类型的评价，都应考虑汉语教师的综合素质水平，包括专业知识、专业能力、人格特质、职业道德、心理素质等方面，更重要的是学习者的汉语学业成绩等。第二是评价主体的多元性。一般包括汉语教师本人、汉语教学专家（或教学督导）、管理者、同事、学习者等。评价主体的多元性更容易保证评价的全面和客观。第三是评价方式的多元性。为了保证汉语教师评价的客观和准确，需要进行问卷调查和统计学生成绩等量化评价方式；为了得到深入、全面、详细的信息（比如需求、动机、态度、情感等），也需要对汉语教师的课堂进行观察，并在此基础上对汉语教师进行访谈、建立档案袋等。另外，还应同时使用形成性评价和总结性评价。只有把多种评价方式结合起来，才能全面、准确、客观地对汉语教师做出评价。

（三）区分性

对不同教龄的、处于不同专业发展阶段、不同课型的汉语教师，都应有不同的评价标准、评价周期和评价方式。比如，对新手教师的评价内容可能集中在课堂教学的几个主要方面（比如如何制订教学计划、实施课堂教学、应付各种突发性课堂教学事件等），而对熟手教师要评价的内容就会更全面一些。熟手教师的评价周期相对较为固定（一年或两年），而对新手教师的评价可能在一个月、两个月、学期末、学年末等时间节点上都要进行。评价熟手教师的目的主要是促进其专业发展，而评价新手教师的目的，除促进其专业发展之外，还要帮助其对教学和评价建立信心和正确的态度。

（四）循环往复性

汉语教师评价秉承现代评价理念，注重评价主体与评价对象之间的互动，不再是自上而下的单向评价。评价主体在完成评价后把评价结果等有价值的信息反馈给汉语教师；汉语教师如果对评价结果不满意，可以提出异议及其原因和解释；评价主体依据新信息重新进行评价，把新的评价结果再次反馈给汉语教师。通过这种针对性反馈，汉语教师能够清楚了解自己的优缺点，并在此基础上积极改善和提高自己的课堂教学行为和质量。学校管理者或其他评价主体要时常提醒汉语教师，引导其将自己的教学表现、成绩跟既有的评价标准进行比较对照，以便及时进行调整和改善。这也是循环往复性的体现。

此外，还有公平性、客观性、人文性等特征。公平性是指同一类的汉语教师所依据的评价标准是统一的、公开的、清楚的、有效的，后续所赋予的相应奖惩和支持也是一致的；客观性是指汉语教师评价活动要真实、客观，以便评价结果能够被认可、被信任；人文性是指汉语教师评价要以汉语教师为本，从汉语教师的实际出发，关心其实际利益，最终目的是满足其发展需求，实现汉语教师的专业发展。

四、汉语教师评价的基本要素

规范、合理的汉语教师评价至少能够清晰回答以下四个问题：谁来评、评什么、怎么评、为什么评。其答案就是汉语教师评价的四项基本要素。

（一）评价主体

评价主体是对"谁来评"这一问题的回答。传统意义上汉语教师评价的主体一般是管理者或专家担任的教学督导。科学、合理的汉语教师评价主体具有多元化特征。除了管理者（校长、院长、教务处处长等）和专家担任的教学督导，评价主体还应包括汉语教师本人、同事、学生、学生家长等。他们依据自己得到的信息进行评价，分别对应专家评价、教师自我评价、同事评价、学生评价等评价类型。如果在国外的中小学任教，还可能有学生家长评价。当然，不同类型汉语教师评价的目的不同，各个方面评价信息的权重也有差异。需要注意的是，主导评价活动的评价主体（比如管理者、专家等）应接受适当的培训，提升其选择和运用评价方法的能力，收集、分析、处理数据的能力，课堂观察，访谈，甚至撰写评价报告等能力。王斌林（2005）曾论述过多个教师评价主体及其适用的评价方法。

（二）评价内容

评价内容是对"评什么"这一问题的回答，即从哪些维度对汉语教师进行评价。传统意义上的汉语教师评价内容往往不够清晰。不同类型的汉语教师评价有不同的评价内容。汉语教师胜任力评价的内容是汉语教师素质的各个方面。汉语教师绩效评价的内容主要是汉语教师的工作量、学习者的成绩等。汉语教师教学有效性评价的内容主要是教学行为和学习者的成绩等。具体评价时还要把评价内容细化成量表的形式。后文将会对此进行详细论述。

（三）评价方法和步骤

评价方法和步骤是对"怎么评"这一问题的回答。不同类别汉语教师评价的具体方法各不相同。汉语教师胜任力评价常用的评价方法有笔试、面试、试讲、提供教学录像等。汉语教师绩效评价常用的评价方法有课堂观察、录像评价、问卷调查、访谈、统计学生考试成绩等。评价步骤则根据方法的不同而不同。比如美国加州教师评价步骤就包括课前观察座谈、课堂观察以及课后自我评价三个部分（彭小虎，2004），加州的熟练教师评价步骤包括课堂观察前会议、课堂观察、课堂观察后会议、总结性会议、附加评价（李双飞等，2008）。王斌华（2005b）曾论述过教师绩效考评的流程和步骤。

（四）评价目的

评价目的是对"为什么评"这一问题的回答。汉语教师评价有两个基本目的：第一是考核、评定汉语教师课堂教学能力水平及其工作量，确保教学任务能够保质保量地完成；第二是引领、促进汉语教师的专业发展，提升教学质量和水平。传统意义上汉语教师评价的目的主要是第一个，即考核、评定汉语教师课堂教学能力及工作量。合理的汉语教师评价应以引领、促进汉语教师专业发展为主，兼顾考核、评定其课堂教学能力及工作量。另外，在这两个基本目的之上，还有一些衍生目的。比如，让汉语教师准确了解自己、加强对汉语教师的管理、据此进行人事升迁和奖惩、提高学校的整体教学质量等。蔡敏（2007）曾提到美国中小学教师评价的 10 种目的和功能。

五、汉语教师评价的类型

在教育界，教师评价类型一般有两种划分方法：第一，依据评价理念和目的的不同，教师评价往往被区分为奖惩性评价和发展性评价两种（刘尧，2001；杨建云等，2003；王斌华，2005a）。奖惩性评价主要是一种面向过去的终结性评价，即把教师评价的结果作为奖惩（比如晋级、评优、加薪等）的依据来管理教师；发展性评价主要是一种基于过去、面向未来的形成性评价，即以引领、促进教师专业水平的提高作为教师评价的直接目的。第二，依据信息收集方式的不同，教师评价被分为胜任力评价、绩效评价、有效性评价三种（蔡永红，2001）。第三，依据评价内容的不同，教师评价可以分为素质评价、教育教学行为评价和教育教学结果评价（陈永明等，2003）。具体到汉语教学界，杨翼（2008）曾把汉语教师评价分为成果评价、行为评价和素质评价三类。下文在已有成果的基础上，根据评价内容和评价重点的不同，将汉语教师评价分为三大类：汉语教师胜任力评价、汉语教师绩效评价和汉语教师教学有效性评价。

（一）汉语教师胜任力评价

汉语教师胜任力评价在本质上是一种素质评价，即依据一定的标准对汉语教师所具备的与汉语教学有直接关联的知识、能力、信念等素质进行的价值判断，比如汉语教师是否具备从事汉语教学所应具备的知识、能力和信念等素质。如果不具备，不能胜任汉语教学工作；如果具备，就基本能够从事汉语教学工作；如果具备且能灵活运用，则完全能够有效从事汉语教学工作。

汉语教师胜任力评价通常在教师入职时或遭遇信任危机时使用，它直接影响着教师的教学成绩。一般采取笔试、面试（包括面谈和试讲）等方法来评价。

（二）汉语教师绩效评价

汉语教师绩效评价在本质上是一种教学行为表现和教学结果评价，即依据一定的标准对汉语教师在实际工作中的教学行为表现及其教学效果进行价值判断。汉语教师如果做得多，而且教学效果和成绩突出，就会获得较高评价；如果做得少，教学效果和成绩一般，就很难获得较高评价。

汉语教师绩效评价通常被汉语教学机构作为日常管理的一种方式和手段，其评价结果往往被作为奖惩汉语教师的依据。

（三）汉语教师教学有效性评价

汉语教师教学有效性评价在本质上是对教学行为进行的有效性评价，即依据一定的标准对汉语教师教学行为的效果进行价值判断，比如汉语教师的讲解等教学行为是否产生相应的教学效果。如果教学效果不明显，说明汉语教师的教学行为是无效的或低效的；反之，说明汉语教师的教学行为是有效的或高效的。

汉语教师教学有效性评价通常在学校教学质量评估时使用，它专注于教师教学质量和效率的提高。

（四）三种汉语教师评价类型之间的关系

三种汉语教师评价的关系极其密切，但性质、依据、目的、主体等各方面都不相同。在性质上，汉语教师胜任力是指能做什么，汉语教师绩效是指做到了什么或做出了什么，汉语教师教学有效性是指教学行为有没有效果。就评价依据来说，汉语教师胜任力评价的主要依据是汉语教师素质结构，汉语教师绩效评价的主要依据是汉语教师的职业规范、工作职责和岗位要求，汉语教师教学有效性评价的主要依据是学习者学习成绩的进步情况。就评价目的而言，汉语教师胜任力评价的目的在于判断汉语教师是否具备从事汉语教学工作的基本素质；汉语教师绩效评价的目的在于判断汉语教师岗位职责的履行情况，看其是否达到了岗位规范和要求；汉语教师教学有效性评价的目的在于判断汉语教师的教学是否有效及其效率的高低。就评价主体而言，汉语教师胜任力的评价主体通常是学科教学专家、学科专家、教育心理方面的专家等；汉语教师绩效的评价主体往往是管理者、学习者以及教学工作涉及的其他人员（如教学督导、同事、教师本人等）；汉语教师教学有效性的评价主体是学习者和学科教学专家等。就评价时机和频率而言，汉语教师胜任力评价往往发生在其接受聘任和晋职之前；汉语教师绩效评价往往是一种年度例行工作，在每个学年（或者学期）结束时进行；汉语教师教学有效性评价是一种诊断性、支持性的工作，可能由学校统一组织，也可能在汉语教师自我专业发展时进行。

六、汉语教师评价的作用

陈永明等（2003）认为教师评价具有以下作用：鉴定教师的资格、评判教师的工作业绩、提高教师素质和促进教育教学工作、为教师队伍管理提供客观科学的材料。同样，无论对汉语教师本身，还是对汉语课堂教学，科学、合理、有效的汉语教师评价都具有很大的促进作用。

（一）对汉语教师的专业发展具有导向、激励、改善、提高的作用

汉语教师评价有合理的评价内容和指标，它指引着汉语教师专业发

展的方向；汉语教师评价对合格和优秀教师的评定，激励汉语教师付出更多的努力和时间来发展自己的专业；汉语教师评价结果的反馈有利于汉语教师改善和提高自己的教学行为和专业水平，即便有所偏离，也可以通过评价活动得到反馈、矫正和改善。

（二）保障和提高汉语课堂教学质量和学生的学习成绩

有效的汉语教师评价可以判定汉语教师能否达到最低标准，以便筛选和聘任合格的汉语教师，为学生提供合格甚至是优质的教学服务，进而保障课堂教学的质量和学生的学习成绩。合格教师和优秀教师评价活动还可以给其他同事提供积极、有效的教学经验，供其参考。

（三）为汉语教师的奖惩和升职提供科学依据

有效的教师评价能够区分出处在不同发展阶段的汉语教师，也能区分出不同汉语教师教学水平的高低，这就是教师评价的鉴定和筛选功能。其结果是奖励或惩罚汉语教师的依据，也是提升职称的依据，还是调整汉语教师收入和待遇的依据。

此外，有效的教师评价有利于学校领导、同事、学生、学生家长等对汉语教师的教学水平进行了解，进而为相应的学术研究、学校发展提供数据。

第二节 汉语教师评价的维度和标准

评价维度就是评价内容的不同方面。例如四川外语学院（今四川外国语大学）对外国教师教学工作的评估就是从教学态度、教学能力和教学效果三个维度进行的（张林，1990）。从总体上看，汉语教师评价的维度主要是教师的专业知识、专业能力、教学表现、人格特质、职业道德、工作量、学习者的学习成绩等几个方面。评价的标准是汉语教师在各个评价维度上所应达到的程度，是评价的方向和准绳，也是成功进行汉语教师评价的基本前提。

不同类型的汉语教师评价有不同的维度和标准。评价维度应该是系统的、合理的，符合教学的实际情况，表明汉语教师应该重视什么，且能得到评价主体和评价对象的一致认可；评价标准应是清晰的、明确的，能够引导汉语教师努力的方向。王斌华（2009）曾讨论过教师评价标准的错误倾向、范畴、层次、指标体系、操作策略等诸项。

为了给汉语教师提供更为具体、细致的参考，下面对各个类别的汉语教师评价分别进行探讨。

一、汉语教师胜任力评价的维度和标准

汉语教师胜任力评价的依据是汉语教师素质理论，一般从知识、能力、心理、道德等几个方面进行评价。

知识维度：权重一般为40%，评定等级一般为优秀、良好、合格、不合格。

表8-1

知识维度	具体内容	评定等级
汉语本体知识	包括汉语语音、词汇、语法和汉字的基本知识，以及相应的语用知识，等等	

续表

知识维度	具体内容	评定等级
汉语教学知识	包括汉语作为第二语言教学的一般原则和基本概念，语音、词汇、语法、汉字的基本教学原则和技巧，听力、口语、阅读、写作等技能教学的基本原则和技巧，汉语测试和评价的基本概念、原则、方法和特点，第二语言教学的基本流派，不同类型的汉语课程和教材，国内外主要汉语教学项目，能够辅助汉语教学的有关教育技术知识，学习者掌握语言的一些基本原理、流派，等等	
教育学、心理学知识	包括有关教育本质、教育作用、教育目的、教育制度、课程、教学原则、教学方法、教师，有关学习者身心发展特点、认知特点、语言学习规律、学习策略等方面的理论知识	
通识类、文化类知识	包括中国国情（比如政治、经济概况）、中华文化、外国文化、跨文化交际的基本原则等	

能力维度：权重一般为 40%，评定等级一般为优秀、良好、合格、不合格。

表8-2

能力维度		具体内容	评定等级
教学能力	汉语教学认知能力	把握教学大纲 熟悉学习者情况 了解教学环境 认识教学主体	
	汉语教学设计能力	制订教学目标 把握教学内容 明确重点难点 预测学习者问题 利用教学资源 安排教学流程 设计课堂活动 制定教学策略 制订长时计划 编写课时教案 导入学习状态 把握教学节奏 结束课堂教学	

续表

能力维度		具体内容	评定等级
教学能力	汉语教学实施能力	激发学习动机 使用课堂话语 运用体态语言 设计板书板画 运用教育技术 讲解教学内容 巩固所学内容 引导迁移运用 指导学习方法 促进汉语学习 把握提问技巧 提供有效反馈	
	汉语教学管理能力	管理课堂秩序 管理教学时间 管理课堂空间	
	汉语教学评价能力	评价学业表现 评价教学效果	
跨文化交际能力		外语能力 认知不同文化的能力 换位思考能力 得体交往能力 移情能力 沟通协商能力 一定的交际策略	
文化传播能力		语言（外语）表达能力 文化认知能力 文化表述能力 中华才艺表演能力	
科研能力		反思课堂教学的能力 总体设计和规划能力 发现和解决问题的能力 资料和数据的收集和处理能力 理论创新能力 综合表达写作能力	

第二节　汉语教师评价的维度和标准

心理素质维度：权重一般为 10%，其评定等级一般为优秀、良好、合格、不合格。

表8-3

心理素质维度	具体内容	评定等级
认知品质	包括敏锐的觉察力、准确的记忆力、类比拓展力、丰富的想象力、较强的逻辑思维力等	
个性品质	包括正确的自我意识、积极稳定的情绪、坚忍不拔的意志、强烈的责任感等	
适应能力	包括身心协调能力、情绪适应能力、环境适应能力、人际适应能力、挫折承受力、应变能力等	
职业意识	包括职业认知、职业动机和职业价值观等	

职业道德维度：权重一般为 10%，评定等级一般为优秀、良好、合格、不合格。

表8-4

职业道德维度	具体内容	评定等级
热爱	体现在热爱本职工作、热爱学习者、热爱汉语和中国文化等方面	
公正	体现在汉语教学的各个方面	
责任感	体现在汉语教学的各个方面	
奉献	体现在汉语教学的各个方面	
有耐心	体现在汉语教学中对待学习者时	
有亲和力	体现在汉语教学中对待学习者时	
诚实、正直	体现在同事关系、师生关系中	

美国外语教育协会曾在 2002 年颁布《外语教师培养课程标准》（*Program Standards for the Preparation of Foreign Language Teachers*）；同年，美国洲际新教师评价与支持联合会颁布了《入职外语教师许可标准》

（*Standards for Licensing Beginning Foreign Language Teachers*）（孙曼丽等，2008）[1]。浙江大学也曾设计一个高校教师的素质评价体系（浙江大学人事部师资办，2004）。这些成果都可供我们参考。

二、汉语教师绩效评价的维度和标准

对汉语教师的绩效评价主要在教学、科研和行政或社会服务等三个维度上进行。其评定等级一般为优秀、良好、合格、不合格。

汉语教学维度：权重一般为40%。其中，完成教学任务（主要是课时量）占10%；学习者和督导对课堂教学的评价占10%；开设一门新课或实验新教学方法课占10%；培养研究生或指导青年教师占10%。

科研维度：权重一般为50%。其中，成功申请并完成科研项目（课题）占10%；发表论文或著作（提供咨询报告）占30%；科研成果获奖情况占5%；参加各类科研活动、学术会议情况及其表现占5%。

行政或社会服务维度：一般占10%。其中，行政职务占5%；担任本

---

[1] 美国外语教育协会曾在2002年颁布《外语教师培养课程标准》（*Program Standards for the Preparation of Foreign Language Teachers*），包括6项核心标准，每项核心标准又包括2~3项次标准，即标准1：语言、语言学、比较，包括（1）展示语言能力；（2）懂得语言学知识；（3）进行语言比较。标准2：文化、文学、跨学科的概念，包括（1）展示文化理解力；（2）理解文化语篇与语境；（3）整合教学原则。标准3：语言习得理论与教学实践，包括（1）运用语言习得知识创造良好的语言环境；（2）运用多种教学模式满足不同学习者的需求；（3）整合教学原则。标准4：外语学习的标准与课程、教学的整合，包括（1）将外语学习标准纳入课程计划；（2）将外语学习标准纳入语言教学；（3）用外语学习标准与课程目标来评价、选择、设计、调整教学资源。标准5：语言与文化的评价，包括（1）了解并恰当使用评价模式；（2）对评价结果进行反思；（3）汇报评价结果。标准6：专业化，包括（1）致力于专业发展；（2）懂得外语学习的价值。同年，美国洲际新教师评价与支持联合会（INTASC）颁布了《入职外语教师许可标准》（*Standards for Licensing Beginning Foreign Language Teachers*），包括10个标准，即标准1：学科知识，要求精通目的语及其文化，培养学生的语言能力与文化理解力。标准2：学生发展，要求掌握学生学习规律，使学生获得促进自身发展的学习体验。标准3：学习者的多样性，要求理解学生在知识、经验、能力等方面的差异，创造适合不同学习者的学习环境。标准4：教学策略，要求运用不同的教学策略帮助学生发展能力，培养批判思维。标准5：学习环境，要求创造互动、支持性的学习环境，激发学生的学习动机。标准6：交际，要求运用有效的言语与非言语交际、多媒体资源，培养学生多方面能力。标准7：教学规划，要求规划以目的语文化、标准化课程、学习者情况、学习环境为基础的教学。标准8：评估，要求运用不同策略监督学生学习，传授知识与文化，汇报学生进步。标准9：反思实践与专业发展，要求成为反思实践者，寻求专业成长的机会。标准10：社区，要求加强与同事、家长的联系，支持学生学习与发展。

领域学术期刊的审稿专家、编委等，或者在社会学术团体任职，或者凭借自身专业优势为社会做出贡献（如志愿者等）占5%。

房国忠等（2006）论述过一个高校教师综合绩效评价系统，包括资质、教学、科研、管理等几个维度。王光彦（2007）曾提到美国、加拿大高校教师评价也主要包括教学、研究和社会服务三个方面，比例依次为40%、40%、20%。张蔚磊（2012，2014）认为大学外语教师绩效评估的指标体系主要包括4个方面：素质（以师德为首）、教学、科研、服务。张蔚磊还提出了详细的三级评估指标体系。

三、汉语教师教学有效性评价的维度和标准

有关教师教学有效性的研究也不少。美国加州曾从教师课堂教学行为角度设计过一个评价标准（彭小虎，2004）。Rosenshine et al.（1973）在回顾一系列教师教学行为和学生学业成绩相关性研究的基础上认定了以下9项有效教学的关键特征：呈现清晰（clarity of presentation）、积极热心（teacher enthusiasm）、课上有丰富活动（a variety of activities during lessons）、成绩导向行为（achievement-oriented behavior in classrooms）、学习标准材料的机会（opportunity to learn criterion material）、包容和激发学生观点（acknowledgement and stimulation of student ideas）、少批评（lack of criticism）、课上使用结构化评论（use of structuring comments at the beginning and during lessons）、对学生答案的指导（guiding of student answers）。Graham et al.（1981）研究得出了教师的一系列有效教学行为，包括：热爱学生，乐于为学生答疑解惑，不贬低学生；期待学生努力并相信学生能够学习，给学生布置更多的家庭作业；以任务为导向，强调准时并在课堂上以身作则；十分了解他们所要教的内容和他们所教的学生等。霍李娜（2014）曾提出一个初中英语教师课堂教学行为有效性的评价标准。曹贤文等（2010）曾调查过对外汉语教师和欧美留学生对有效教师行为的评价。翟艳（2012）曾提到对汉语教师的评价关键是看其能否做到以下课堂教学行为以及做得是否充分。1. 教学操练，包括：（1）教学过程层次分明，思路清晰，环环相扣，重点突出；（2）教学展示正确、规范、清楚，有启发性；（3）教学操练

注重精讲多练，训练方法目的明确、针对性强、效果明显；（4）问题或练习具有开放性和实践性，针对不同层次的学生进行分类指导，因材施教；（5）板书（包括多媒体课件）有设计，运用得当；（6）总结有助于学生理清思路、明白重点和难点；（7）布置作业注意区分预习和复习、巩固和扩展、创造和运用不同类别。2.语言、教态，包括：（1）讲授语言正确、简明、通俗易懂；（2）指令清楚、精练；（3）态度亲切、目光柔和；（4）衣着得体、大方。3.课堂管理，包括：（1）激发学生动机，积极地评价、回应和交流；（2）尊重学生，公平对待每一个人；（3）师生关系融洽，课堂气氛活跃；（4）教学秩序井然有序；（5）对迟到、缺席的学生有管理措施，在学习上有特别要求；（6）时间控制良好，无拖堂或前紧后松现象；（7）课间或下课后跟同学有交流、谈话。

汉语教师教学有效性评价主要从学习者汉语水平提高的幅度（即成绩）和汉语教师教学行为表现两个维度进行。学习者汉语水平提高的幅度，权重一般占到80%。汉语教师教学行为表现，权重一般占到20%。其评定等级一般分为优秀、良好、合格、不合格。

Alexander（转引自郑燕祥，1986）[118-119]曾提出20个教学质量（有效性）的指标：

教学质量指标	高质量	低质量
A. 对学生工作方面：		
1.作业分配	因学生而异	全部一致
2.师生关系	友善，个人化	十分正规化
3.师生商谈	经常，帮学生	只为训导
4.学生作业	小心审阅，迅速派回	疏忽处理，不查出错误
B. 策划与准备方面：		
5.每日连续性	每日相关	每日工作并不相关
6.教师知识	给学生补充资料	不能解答简单问题
7.课文规划	在黑板上，或者很明显	无规划显示
8.进一步的安排	准备充足	缺乏所需

续表

教学质量指标	高质量	低质量
C. 教具运用方面：		
9.课本运用	学生知道如何运用	学生不熟悉课本的特色
10.图书馆运用	学生能有效运用图书馆工具	学生不能自己找到资料
11.视听教具运用	小心安排，联系学习	无进一步解释所用之教具
12.野外考察	补充或引导课堂学习	作为假日
D. 提供学生不同学习经验方面：		
13.经验形式	许多不同	接近一式
14.师生策划	尽可能让学生参与策划	没有
15.学生责任	自己准备外，还为班级服务	只准备自己的工作
16.推动技巧	使学生感到学习有趣和重要	只有恐吓和批评
E. 活动领导能力方面：		
17.学生领袖的运用	在监察下，给予领导经验	教师休息
18.游戏或娱乐经验运用	在指导下，给予平衡课程	教师休息
19.处理行为问题	迅速一致地处理不安者	不相称的过大或强硬
20.讨论	真正普及参与	仅一小部分人参与

诺兰和胡佛（2007）提到，丹尼尔森曾从计划和准备、课堂教学环境、教学以及专业责任等 4 个维度制定出教师教学评价 22 项具体标准，其中 1~6 项为计划和准备维度（1.演示内容和教育学知识；2.演示学生的知识；3.选择教学目标；4.演示资源的知识；5.设计连贯的教学；6.评价学生学习）；7~11 项是课堂教学环境维度（7.创造尊重和善的教学氛围；8.建立学习的文化；9.安排上课步骤；10.管理学生行为；11.组织活动空间）；12~16 项是教学维度（12.清晰恰当地交流；13.使用提问及讨论技巧；14.促使学生学习；15.为学生提供反馈；16.演示教学灵活性和反应能力）；17~22 项是专业责任维度（17.教学反思；18.保持真实记录；19.与家长沟通；20.为学校和社区做贡献；21.发展专业能力；22.表现专业精神）。

诺兰和胡佛（2007）总结前人的成果，提出了一套包含 8 个项目的评价标准：

1. 教师要对所有教学内容有深刻理解。

　　A. 要理解该学科的中心概念以及探究过程

　　B. 向学生正确陈述内容

　　C. 将内容与学生经历联系起来

　　D. 跟上该门学科的最新发展

2. 教师要制订适合学生的并与地区课程及国家标准一致的长期和日常计划。

　　A. 制订清晰、可达到的学习目标

　　B. 按合理的顺序计划课程

　　C. 根据学生以前的知识来做出计划决定

　　D. 使用与长短期目标一致的活动

　　E. 在计划教学中寻求各种资源，包括技术资源

3. 教师要采取各种教学策略，包括有效的提问来使学生投入学习并提高对内容的深层理解。

　　A. 运用各种正确的教学策略

　　B. 使用目的是深层理解而不是表面理解的活动

　　C. 使用各种方法陈述内容，包括举例、类比、演示以及动手动脑的活动

　　D. 抓住"可教授的瞬间"最大化学生的参与

　　E. 帮助学生认识学科的重要性和相关性

　　F. 与学生进行清楚有效的交流

　　G. 运用有效的提问来提高和评价学生对内容的理解

　　H. 在教学中加入适当的技巧

4. 教师要经常对学生的理解做出评价，给予反馈，并运用评价来指导教学。

　　A. 运用各种正式和非正式的评价技巧，包括测验、小竞赛、课外自修项目、调查表、示例、非正式记录

　　B. 在教学中对学生的理解进行持续的评价

C. 设计或选择与课程目标一致并适合学生发展的评价工具

D. 及时给予学生高质量的反馈

E. 根据评价资料，如有需要，重新教授

F. 保持准确的评价记录并保密处理这些资料

5. 教师要建立一种有组织的、有助于学生学习的积极课堂气氛，并有效地管理学生的行为。

A. 建立一种尊重学生的课堂气氛

B. 建立途径和程式来组织课堂环境以支持学习活动

C. 注意管理使学生参与有意义的学习活动

D. 采取有效的转换 / 过渡使教授时间最大化

E. 在处理不合适的行为时，要帮助学生学会控制自己的行为

6. 教师要理解和回应学生的多样性，包括有文化差异和有特殊需要的学生。

A. 进行区别性指导以满足学生需要

B. 提供机会让学生从多种角度观察事件

C. 与协作团队一起满足有特殊需要的学生

D. 对于每个学生都寄予厚望，尊重每个学生

7. 教师是终身学习者，要寻求各种反思自己的实践及有助于自己专业成长的机会。

A. 通过提问来反思和提高自己的教学实践水平

B. 通过学生、同事以及其他人的反馈来提高自己的教学实践水平

C. 寻求并利用各种有助于专业发展的机会

D. 利用各种专门组织和杂志的资源来提高发展

E. 在合适的时机向同事展示

8. 教师要与家长和同事进行专业互动，并为学校做贡献。

A. 与家长和同事进行真诚互动

B. 定期就学生的表现与家长进行交流

C. 理解并尊重不同的家庭信仰、传统和价值观

D. 有效地执行非教学性职责

E. 尽最大努力为学校工作

Borich（2007）[8-30]曾提到有效教学所必备之五项关键行为：1.清晰授课；2.多样化教学；3.任务取向教学；4.引导学生投入学习过程；5.确保学生成功率[1]。同时还提到了实践关键行为的五项辅助行为：1.使用学生意见；2.架构；3.提问；4.探索；5.教师情感。另外，美国马萨诸塞州的教师评价量表也是基于"有效教学"的理念而开发的。该量表由"有效教学"的4个标准组成，分别为"课程、计划和评价；教授所有学生；参与学生家庭和社区；专业文化标准"。这4个标准具体又分为16个指标。其中"标准一：课程、计划和评价"又分为课程和设计、评价、分析等三个指标；"标准二：教授所有学生"又分为教学、学习环境、文化水平、学习期望等四个指标；"标准三：参与学生家庭和社区"又分为参与度、合作、交流等三个指标；"标准四：专业文化标准"又分为思考、专业发展、合作、做决定、责任分享、专业责任等6个指标。16个指标中，每个指标又包含若干个组成要素，具体描述每个指标所对应的行为和技能。（林倩，2014）

这些都可以作为汉语教师教学行为有效性评价的参考标准。

---

[1] 每项关键行为的具体指标参见附录3。

第三节　汉语教师评价的原则

郑燕祥（1986）[189] 提到，恩菲尔德公立学校（Enfield Public Schools）的教师评价手册中曾提到教师评价的几条原则：1. 所有的评价都是合作过程的结果，评估教师表现时，评价者与被评价教师之间是积极的关系氛围；2. 评价者与被评价教师会合作制定一些准则，作为教师评价过程的基础；3. 让教师知道"谁来评价"和"怎么评价"；4. 教师职位的普通责任和特殊任务要清晰界定，这是教师评价的参考架构；5. 自我评价是评价过程的一部分，教师应有机会用积极性和建设性途径评价自己；6. 评价的诊断性成分较多，判决性成分较少；7. 评价过程将提供清楚的、个人化的、建设性的反馈；8. 评价时，应考虑教学资源条件对教学情境的影响，以及外在因素对师生的影响；9. 所有评价的操作是公平的，没有种族、教条、信仰、国籍、姓名、年龄等偏见。陈永明等（2003）[355-356] 认为科学的教师评价应该在公开、公正和公平的原则下进行，具体包括根据目的确定恰当的评价内容、评价标准不受主观因素影响、全面收集评价信息与资料并客观分析、评价者与被评价者之间保持良好关系、评价者之间保持良好的伙伴关系等原则。周成海等（2007）在综述几个学者有关教师评价原则的观点后提到多元性原则和主体性原则是两条最受重视的原则。在此基础上，可以认为，科学、合理的汉语教师评价一般遵循以下几个原则。

一、客观性

对汉语教师的教学情况进行客观、全面、公正的评价，是汉语教师评价所应遵循的首要原则。这就要求评价教师时应做到：以客观事实和教学业绩为基础，尽量不掺杂人为因素；使用具有较高信度和效度的问卷对汉语教师进行调查，增强科学性，减少偶然性；收集资料、分析资料时注意减少主观因素的影响；评价标准要客观、适当、合理，降低随意性；评价者在评价意见上有明显分歧时要给评价对象解释的机会，重视来自学习者的成绩和评价信息；尊重数据分析结果，充分考虑其他评价主体的意见等。

二、主体性

主体性就是尊重汉语教师自身在评价活动中的主体地位和积极作用。传统的教师评价是一种自上而下的单向性评价，汉语教师只是被动的评价对象。而相对科学合理的汉语教师评价则会从汉语教师的实际情况出发，充分尊重汉语教师，既对汉语教师的各个方面进行实事求是的评定，也能有效引领其专业水平有较好的发展。进行评价前，评价者可以跟汉语教师进行沟通，了解其想法和需求。在评价过程中，鼓励汉语教师将自己的教学能力等各个方面的优点充分展示出来；重视汉语教师自我评价的结果，林立等（2001）就介绍过美国 Myrna Delson-Karan 拟定的第二语言教师自我评定表。开展教师评价工作时，应允许汉语教师参与评价的整个过程，把相关信息告知汉语教师，听取其反馈和解释；汉语教师要积极吸收评价中的意见和建议，积极反思、改进自己，促进自己的专业发展。这才是汉语教师评价的目的，也是汉语教师主体性的集中体现。

三、全面与重点相结合

作为课堂教学的执行者和主体，汉语教师对学习者的影响是全方位的。汉语教师的举手投足（甚至是不经意的一句话）都会对学习者产生重要影响。因此，汉语教师评价内容应力求全面，具体进行评价时尽可能全面考虑各种情况（既考虑到现在的表现，也考虑到过去的表现和未来的发展情况），进行多层次、多指标、全方位的分析和判断。除了在评价内容上要注意全面性，评价主体也要多一些，不局限于管理者或者教学专家，要包括教师本人、学习者、同事等。评价方法也要尽可能全面，以保证评价的科学性。评价等级也要全面、多层次，改变只有合格、不合格两种标准的状况，可以拓展为多个层级，比如优秀、良好、合格、不合格等。

受评价目的和评价类型的影响，收集汉语教师评价信息时还要照顾到重点方面，比如来自教学专家和学习者的信息。在汉语教师绩效评价中，学习者成绩的进步情况是重点，所占权重就高。在汉语教师行为有效性评价中，汉语教师的课堂教学行为是重点。同样，就评价方法来说，学习者的学习成绩量化分析和课堂观察是重点。而如果是进行汉语教师胜任力评价，教师资格考试就是主要评价方法。

在具体进行汉语教师评价时，既要照顾到各个方面（即全面性），也要突出重点。

四、定性和定量相结合

这个原则主要是针对评价方法来说的。汉语教师评价内容的很多方面，比如知识、动机、经验、学习者成绩和教学效果等，可以通过考试和调查问卷的方式进行定量评价。但汉语课堂教学过程中一些具有动态性、复杂性的方面，比如汉语教师的观念、态度、能力、情感、意志、需求、兴趣等，还有汉语教师所促成的学习者的改变等，仅凭定量评价往往很难做到客观、准确。这就需要采用访谈、观察、档案袋评价等定性评价方式。

其实，大部分评价项目仅凭一种评价方式（无论是量化，还是质化）很难得到较为客观、准确的数据。只有将两种评价方式结合起来，形成优势互补，才能得到全面、客观、准确的评价数据，保证汉语教师评价结果的科学性。

五、个性化原则

个性化评价即根据汉语教师专业发展阶段的不同而进行区分性评价（或者叫差异性评价、分层评价）。这也是以人为本、充分尊重多元价值和汉语教师个别差异性的一种表现。从这个意义上说，汉语教师评价要尊重个性差异，并在此基础上对汉语教师的素质、绩效、教学有效性进行判断，以达到保证教学质量和促进专业发展的目的。

根据专业发展阶段的不同，汉语教师可分为新手教师、熟手教师、专家教师、处于职业困境的教师等不同群体。不同的汉语教师群体有不同的教学水平和各自的发展需要，对他们进行评价的标准也不相同。评价周期不同，新手教师评价周期最短，一般一年一次（有的教学机构甚至一学期一次）；专家型教师一般是三年或五年一次。评价内容也不同，新手教师的胜任力评价标准在程度上较低一些，一般要求在各个教学环节上达标或合格，评价的维度也少一些，而熟手教师的有效性评价标准在程度上要高一些，不仅仅要达标或合格，而且还要表现出效果，评价的维度也多一些。主要评价方法也不同，新手教师的胜任力评价主要采用笔试、面试、课堂观察、教学录像等方式，而熟手教师的有效性评价则主要采用测量学习者成绩、增值性评价、课堂观察等方式。高翔等（2009）曾讨论过教师的分层次管理、差异性评价行为模式。

六、可行性原则

可行性原则即汉语教师评价在内容和方法等方面要有操作性。它包括以下层面：第一，评价内容和指标要能够反映汉语教师的实际工作内容，不能盲目搬用，最好得到汉语教师的认同；第二，评价标准要适中，避免要求过高或过低，过高会使大多数汉语教师达不到标准，挫伤其积极性，过低则使评价的作用降低；第三，评价方法要简单、有效，适合汉语教师的工作内容和环境特点，能被评价主体所掌握；第四，评价活动要与汉语教师的日常教学结合在一起，不宜因为评价而增加其额外负担；第五，具体评价方法、信息收集手段、评价流程等都应提前告诉作为评价对象的汉语教师。

汉语教师评价还有目的性原则。评价其实是一种管理手段，要牢牢把握其根本目的是提高汉语教师的教学水平，促进其专业发展。

第四节　汉语教师评价的方法及其选择

我们先提出几种常用的汉语教师评价方法，然后再讨论选择汉语教师评价方法的原则。

一、汉语教师评价方法

在教育界，郑燕祥（1986）[188] 曾提到过教师面试、教师测验、同僚审查、课堂观察、学生评分法、学生成就法、教师素养间接量度法、自我评价等教师评价方式。陈永明等（2003）[360-361] 提到分析法与综合法、自评法和他评法、相对法和绝对法等。王斌林（2005）总结过 10 种教师评价方法：课堂观察、课堂绩效评定、学生学业成就、成长档案袋评价、学生 / 家长评价、同行评议 / 协助、教师自评 / 行动研究、纸笔测验 / 测试、问卷与面谈、后设评价。王斌华（2005b）就绩效考评也提到了 12 种方法。还有学者（如孙静，2007；田莉，2013）提到美、英等国家中小学教师评价主要采用的增值性评价、同行评价、因材施评、档案袋评价、课堂观察等几种典型评价方法。

不同的汉语教师评价类型各有其比较常用的评价方法。汉语教师胜任力评价常用方法有纸笔测验、面试、课堂观察等；汉语教师绩效评价常用方法有课堂绩效评定、教师自评、学习者学业成就或价值增值法、档案袋评价、学术成绩梳理等；汉语教师教学行为有效性评价常用方法有课堂观察、学习者成绩测验、学习者评价、教师自评、调查问卷等。

（一）增值性评价

增值性评价是一种基于学习者汉语学习成绩的前后差异（即进步的幅度）而对汉语教师进行评价的一种方法。在汉语教师任教前先对学习者的成绩进行前测，在汉语教师任教一个学期或一个学年之后再对学习者成绩进行后测，在明确学习者汉语学习成绩增长幅度的基础上进行评价。这是一种兼顾了教师表现和学习者学业成绩的综合性评价方法。庞威（2009）也曾讨论过美国中小学的增值性教师评价。

学习者成绩的进步情况具体该如何计算呢？有两种计算方法：学习者进步百分数法（SGP）和学习目标达成法（SLO）。学习者进步百分数法反映的是学习者的进步情况与原来同一水平的学习者相比，所得的百分数是多少。这是一种横向比较法。比如一名 B 班学习者，期末汉语考试考了 90 分，而该学习者进入 B 班前的汉语成绩是 80 分，提高了 10 分，与同样在进入 B 班前汉语成绩为 80 分的其他同学相比，该学习者提高的幅度高于 50% 的学习者，那么该学习者的 SGP 成绩为 50。学习者的 SGP 值越高，说明其进步越大。SGP 值可以进行跨课型、跨阶段比较。学习目标达成法反映的是学习者经过学习后达到学习目标的程度。该方法首先对学习者的汉语水平进行前测，然后综合前测成绩等各方面情况，提出特定时间段（比如一学期或一学年）的学习目标，经过汉语教师的教学，再进行一次测试（即后测），检验所定学习目标的达成程度。需要注意的是，这两种计算方法都建立在对学习者学业成绩进行科学（有较高信度和效度）、客观、全面测试的基础之上。王斌华（2005c）曾详细讨论过该种教师评价法。

当然，学习者汉语成绩的提高受到很多因素的影响，除教师这一主要因素外，还有父母、家庭、学校环境、个人智商和主观努力等多种因素。这是增值性评价方法的不足，也是我们在具体进行汉语教师评价时将其与其他评价方法结合的原因。

（二）档案袋评价

档案袋评价是一种以质性评价为主的评价方法。档案袋主要由汉语教师在日常教学工作中建立，包含体现汉语教师教学成果、教学行为表现、工作职责描述的主要材料，比如具有代表性的学习者作业、学习者成绩总结、汉语教学理念的描述、学期和单元计划、每一课的教学设计、具体的班级活动、课堂秩序管理、讲授视频（15 分钟左右，包括词汇或语法点的完整讲解）、提问策略、板书照片、对学习者的个别指导、专业发展规划和活动记录、与家长沟通的信息、教学反思日志，有时也包括汉语教师对档案袋内材料的概括、分析和反思，等等。建立档案袋的过程也是依据一定的目的和标准对以上材料进行收集、选择和组织的过程。如果建立有特定评价目的的档案袋，汉语教师应围绕所对应评价内容的各个维度，面向特定的评价主体来收集信息和数据，比如评价汉语教师教学行为有效性，就应围绕第五章第二节所提到的汉语教师课堂教学能力框架中的34项具体技能来收集资料。

档案袋构建完成以后，汉语教师与其他评价主体（比如教学督导等专家、学校或部门领导等管理者）通过面谈、讨论或书面通信来进行价值判断，得出评价结果。

很多学者（刘淑杰等，2002；马海涛，2003；王斌华，2004；谢安邦等，2005）都曾详细论述过教师教学档案袋评价。

（三）课堂观察和录像分析

这是一种较为传统的教师评价方法，即评价主体（管理者或教学专家）随机到汉语教师课堂上听课，观察并记录其教学技能、行为、师生互动等情况，据此对汉语教师教学水平做出价值判断。观察课堂时，评价主体既可以随机挑选课堂，完整观察一节课；也可以提前计划好，规律性地对同一名教师的课堂进行观察，比如每月1次，持续1个学期。需要注意的是，课堂观察应是自然、随机的观察，而不是观察"包装"后的教学表演；观察记录要全面，记录一切有意义的教学行为和结果，既包括原有课堂观察表格上已有的常规项目（比如教学目标、教学内容、教学策略和方法、教学流程、教学评价、师生互动等），也包括汉语教学过程中生成的动态项目（比如课堂气氛的调动、学习者参与学习活动的积极性、师生交往中的出彩之处等），以便能给汉语教师一个较为全面、客观的评价。

与课堂观察类似，录像分析也主要是通过观察教师的教学技能、行为和师生互动等情况来对汉语教师进行评价。录像分析的优点是某些细节可以回放、反复观看，以便评价主体做出更准确的评价。

（四）学习者评价、同事评价和专家评价

这主要是从评价主体角度所做的区分，与其说是一种评价方法，不如说是一种评价类型。学习者评价是指学习者对其汉语教师做出的价值判断。国内高校的汉语学习者几乎都是成人，而且亲身经历了汉语教师一学期（甚至一学年）教学的全过程，有能力也有权利对汉语教师的教学（即自己所受到的服务）做出独立、客观的评价。学习者评价一般是

采用调查问卷的方式进行量化评价（附录 2 就是北京语言大学留学生对教师进行评价的问卷）。评价维度涉及汉语教师在教学中所展现的各个方面。熊玉倩（2014）就提出过一个让留学生对汉语教师进行评价的量表，具体包括 16 项内容：（1）教师对工作热情、积极，每天都笑容满面，精神饱满，课堂语言生动活泼。（2）教师熟悉每课的重点，能清楚地告诉我们并对其他教学内容运用自如。（3）教师认真地回答我们课内外提出的问题。（4）教师经常通过眼神、手势或言语鼓励我们。（5）教师讲课声音大而清楚，语速不快也不慢。（6）教师非常关心我们的听课情况以及效果，并根据学生的意见随时调整教学。（7）教师经常在上课时提问学生或进行分组讨论与练习。（8）教师能遵守上下课时间，不迟到早退，不拖堂。（9）教师善于运用多媒体进行教学。（10）教师能合理安排语言知识和文化知识的教学。（11）教师像朋友一样与学生相处，师生关系融洽。（12）教师经常帮助学生纠正语音错误。（13）教师能够管理好课堂秩序，合理安排时间，使教学有序进行。（14）教师能认真批改学生作业，清楚地指出需要学生修改的地方。（15）教师了解学生的学习习惯，及时发现学生的困难和问题。（16）教师的讲解与指导确实帮助学生提高了汉语水平。当然，学习者的评价结果要辩证看待，合理使用，必要时（比如评价分值普遍偏低）要用其他评价方式来验证，比如委托教学督导或专家进行课堂观察等。

同事评价是指汉语教师同事之间（主要是资深老教师对新教师，也包括同一水平的同事之间）对彼此的胜任力、绩效、课堂教学有效性等方面做出的价值判断。严玉萍（2008）就论述过美国中小学教师之间的同行评价。同事往往属于同一专业，工作相同或相似，能够全面、深入地理解工作中的难点和重点，因此其评价结果具有一定程度的公信力和说服力。同事评价的维度涉及汉语教师课堂教学的各个方面；评价的方法一般是在课堂观察中填写评价量表，也有访谈和对提交上来的材料进行评价等方式，也包括根据平时的一些印象进行评价。需要注意的是，具体由哪个同事来评价也需要甄选，要选择那些具有过硬的专业知识、必要的评价素养、敏锐的洞察力和较好的人品（至少应公平公正、不徇私情）的同事进行评价，要注意避免事不关己式的随便评价和拉帮结派式的过高评价。赵雪晶

（2013）曾讨论过教师评价素养及其提升策略。杜海平（2011）曾讨论过教师同行评价的伦理问题。

专家评价是指学科专家或教学督导对汉语教师做出的价值判断，一般是通过课堂观察的方式进行。评价维度主要是教师在汉语课堂教学中所展现出来的素质和特点。作为评价主体的专家要在汉语教学界有一定影响。从长远考虑，可以建立一个专家数据库，具体需要时随机选择，以保证公平性。必要的话，还需要采用回避或推荐的方式来保证公平。

此外，还有汉语教师自我评价、学习者家长评价、管理者评价、微格教学评价法等，这些也都很重要。以汉语教师自我评价为例，汉语教师都是专业人员，比较了解自己在教学方面的优点和特长，知道自己在哪些方面需要帮助提高；一旦有了发挥主体性进行自我评价的机会，会投入更多的精力审视自己、判断自己、认识自己、发展自己。

二、选择汉语教师评价方法的原则

Clark（1993）曾提到有效的教师评价方法必须包括以下几点：评价标准应该反映出有效教师的构成要素，参与评价的所有人员都认同此标准；评价过程最好采用课堂观察、学生评价、学术成就、档案袋等几种方法；评价者应该是多元的，观察也应该是多元的；必须清楚地界定评价政策和程序，以确保公正性；教师和评价者之间有开放的沟通渠道，对教师个人的评价成果可以用于学校成员的发展，改进学生的学习状况。代蕊华等（2006）论述过几个教师评价方法的选用标准：效用标准、公平标准、效率标准、影响标准和适切性标准。

综合前人的研究，结合汉语教师评价的特点，可以认为，选择汉语教师评价方法应遵循以下原则。

（一）有效性

即所选择的评价方法具有一定的信度，要能有效测出汉语教师的教学水平，对其胜任力、绩效和有效性做出具有针对性的描述和分析，帮助汉语教师改善教学行为，提高教学水平，提高汉语教学质量。否则，汉语教师评价的目的就无法实现，其意义也无法体现出来。

（二）适切性

即所选择的评价方法适合评价的目的、汉语教师本身的特点及其教学情境。比如对国内的汉语教师和海外的本土汉语教师进行评价的方法就不相同，即便是同一个汉语教师，对其在国内高校时进行评价的方法和在海外孔子学院时进行评价的方法也不一样。

适切性还包含着可行性，即所选择的评价方法能够顺利地操作实践。如果一个汉语教学机构里有几百名汉语教师，年度考核评价就很难运用档案袋评价，因为档案袋评价的工作量太大了，在这种情况下，该种评价方法的适切性就不强。

（三）公平性

即选择评价方法时能考虑到不同教师间的个体差异（比如新手教师、熟手教师、专家教师等），评价方法和标准能被所有参评的汉语教师所认可和接受，汉语教师们的胜任力、绩效和有效性也都能得到准确、恰当的评价。对同一类汉语教师（比如新手教师）的评价则要确保评价方法和标准的一致，以保证公平性。

（四）多样性

因为每一种评价方法都有自己的局限和不足，不可能适合所有的汉语教师及其教学情境，所以在具体评价时，评价主体可以选择多种评价方式，比如课堂观察、纸笔测试、学生学业测试、档案袋评价等；要保证评价方法中既有质性评价，也有量化评价，既有终结性评价，也有形成性评价；等等。

参考文献

（一）

阿符钦尼科夫，1982.教师的教育信念及其形成［J］.杨进发，译.教育理论与实践（5）：25-28，24.

安然，2015.对外汉语教师语法教学新年初探［D］.北京：北京外国语大学.

ARUNEE WIRIYACHITRA，1996.阅读课上教师的作用［J］.姜玲，译.国外外语教学（2）：35.

白益民，2000.学科教学知识初探［J］.现代教育论丛（4）：27-30.

鲍嵘，2002.论教师教学实践知识及其养成：兼谈教师专业发展的基础［J］.高等师范教育研究（3）：7-10，6.

贝文力，1997.外语教师的职业角色［J］.国外外语教学（4）：49-50.

毕继万，2009.跨文化交际与第二语言教学［M］.北京：北京语言大学出版社.

BIDDLE B J，1990.教师角色［M］//中央教育科学研究所比较教育研究室.简明国际教育百科全书·教学（上册）.北京：教育科学出版社：281-295.

蔡敏，2007.美国中小学教师评价改革的有益经验分析［J］.中国教育学刊（7）：65-68.

蔡铁权，陈丽华，2010.科学教师学科教学知识的结构［J］.全球教育展望（10）：91-96.

蔡亚平，2005.论教师实践性知识的失语与建构［J］.教育理论与实践（学科版）（11）：16-18.

蔡永红，2001.对教师绩效评估研究的回顾与反思［J］.高等师范教育研究（3）：73-76.

蔡子亮，2005.论学生跨文化交际能力的培养［J］.教育评论（2）：105-107.

曹群英，2009.教师在学生网络自主学习中的角色定位［J］.外语学刊（6）：174-176.

曹贤文，王智，2010.对外汉语教师与欧美留学生对"有效教师行为"的评价［J］.语言教学与研究（6）：16-23.

曹正善，2004.论教师的实践知识［J］.江西教育科研（9）：3-6.

常海潮，2011.教学法"死亡"了吗？：论外语教学中教师中心角色的回归
［J］.外语界（3）：36-43.

陈冰冰，陈坚林，2008a.大学英语教学改革环境下教师信念研究（之一）：
大学英语教师信念与实际课堂教学情况分析［J］.外语电化教学（2）：14-20.

陈冰冰，陈坚林，2008b.大学英语教学改革环境下教师信念研究（之二）：
"基于计算机和课堂的英语多媒体教学模式"的认知与实际课堂教学情况分析
［J］.外语电化教学（4）：11-15.

陈大伟，2005.教师的专业生活与教师的实践性知识：兼谈教师教育课程改
革［J］.成都教育学院学报（5）：1-10，42.

陈德珍，1996.谈谈提高中小学教师素质问题［J］.普教研究（5）：3-5.

陈红，2009.教改背景下的大学英语教师教学信念体系的构想与设计［J］.
外语与外语教学（12）：27-29.

陈弘，高惠蓉，2006.教师双语能力在澳大利亚 TESOL 教育中的作用［J］.
国外外语教学（4）：61-63.

陈吉棠，1996.英语听力课教师的课堂角色［J］.外语电化教学（1）：6-8.

陈梅，李龙，2009.关于信息技术教师能力培养的思考［J］.中国电化教育
（4）：91-94.

陈开印，2009.英语教师教科研能力现状及培训对策［J］.上海教育科研（9）：
42-43.

陈明初，1983.精读课教师的任务及作用［J］.现代外语（1）：61-63.

陈培瑞，2002.时代呼唤教师进行新的角色定位［J］.教育发展研究（10）：
61-64.

陈爽，邹为诚，2016.英语专业师范生在重复性课堂教学中的教师学习研究
［J］.中国外语（3）：65-72.

陈薇，王艳融，2013.论对外汉语教师的职业技能及其培养［J］.集美大学
学报（教育科学版）（2）：10-13.

陈向明，2003.实践性知识：教师专业发展的知识基础［J］.北京大学教育
评论（1）：104-112.

陈向明，等.2011.搭建实践与理论之桥：教师实践性知识研究［M］.北京：教育科学出版社.

陈晓明，刘宇慧，2005.从多媒体和网络技术环境下的口语教学看教师角色的再定位［J］.外语电化教学（3）：37-40.

陈欣，2012.从跨文化交际能力视角探索国际化外语人才培养课程设置［J］.外语界（5）：73-78.

陈燕，蒋宇红，2014.职前外语教师整合ICT的学科教学能力研究［J］.外语界（1）：64-70.

陈永捷，关键，1985.美国中学外语教师资格［J］.国外外语教学（2）：16-17.

陈永明，朱益明，胡章萍，等，2003.教师教育研究［M］.上海：华东师范大学出版社.

陈玉琨，1999.教育评价学［M］.北京：人民教育出版社.

程文华，2012.高校英语教师课堂教学中的专业学习模式研究［J］.外语教学与研究（6）：912-924.

程伟民，2000.论对外汉语教师的素质［J］.清华大学教育研究（2）：142-146.

成泅涌，2016.翻转课堂模式观照下的大学英语教师中介作用实施现状调查［J］.外语电化教学（2）：48-53.

储丹丹，2012.在学生眼里，我是一个仪表整洁的老师吗？［M］∥张宁志.国际汉语教师手册：新教师必备81问.北京：商务印书馆：27-28.

崔丽涛，2009.大学新手英语教师实践知识的叙事研究［D］.兰州：西北师范大学.

崔希亮，2010.汉语国际教育"三教"问题的核心与基础［J］.世界汉语教学（1）：73-81.

崔艳丽，2014.英语教师信息化教学能力提升探究［J］.中国教育学刊（5）：76-79.

代蕊华，王斌林，2006.教师评价方法的选用标准［J］.教师教育研究（2）：58-60.

戴曼纯，张希春，2004.高校英语教师素质抽样调查［J］.解放军外国语学院学报（2）：42-46.

党彩萍，2003.教师教学效能感对课堂教学的影响［J］.内蒙古师范大学学报（教育科学版）（2）：135-137.

邓恩明，1991.谈教师培训的课程设置［J］.世界汉语教学（1）：48-54.

邓夫勤，2008.当代教师素质的四个维度［J］.教育理论与实践（5）：27.

刁培萼，吴也显，等，2005.智慧型教师素质探新［M］.北京：教育科学出版社.

窦岩，2015.大学外语教师的教师信念与教学行为研究［J］.外语教学理论与实践（3）：42-48.

杜海平，2011.教师同行评价的伦理审视［J］.中国教育学刊（10）：39-42.

端木义万，王慧玉，张琳，2012.高校英语报刊课程教师素质抽样调查［J］.外语研究（1）：61-65.

樊葳葳，1999.外语教育与跨文化交际能力的培养［J］.高等教育研究（2）：56-58.

范慧琴，2013.国际汉语教师传播能力的构成及培养［J］.现代传播（5）：146-148.

范良火，2003.教师教学知识发展研究［M］.上海：华东师范大学出版社.

范琳，杨杰瑛，2015.高校英语教师职业倦怠及应对策略探究：基于教师专业发展的视角［J］.外语教学（3）：44-49.

范琳，李梦莉，史红薇，等，2017.高校英语教师自我概念、教学效能感与职业倦怠现状及关系研究［J］.外语教学理论与实践（1）：53-59.

房国忠，孙杏梅，杨雪，2006.高校教师综合绩效评价系统设计［J］.东北师大学报（哲学社会科学版）（3）：156-160.

冯志亮，孙耀霖，2000.教师素质与素质教育［J］.郑州大学学报（社会科学版）（4）：60-62.

傅敏，刘燚，2005.论现代数学教师的能力结构［J］.课程·教材·教法（4）：78-82.

傅维利，姚秀颖，2002.美国得克萨斯州教师职业发展评价体系［J］.比较教育研究（3）：48-51.

甘正东，2000.反思性教学：外语教师自身发展的有效途径［J］.外语界（4）：

12—16.

高黎，王方，2007.跨文化交际能力的基本因素研究［J］.西北大学学报（哲学社会科学版）（3）：116–119.

高佩，2011.江苏省高校体育教育专业学生礼仪素养与礼仪教育现状调查与分析［D］.扬州：扬州大学.

高强，刘琳，2013.大学英语教师听力教学信念及其与教学实践关系探究［J］.外语界（2）：33–41.

高强，秦俊红，2010.大学英语教师语法教学信念与课堂教学实践关系探究［J］.外语教学理论与实践（3）：50–56.

高翔，杨远萍，2009.当前教师评价行为目标缺失及改进策略——分层次管理、差异性评价行为模式探索［J］.教育理论与实践（3）：26–28.

高艳红，2014.小学教师素质结构的教育生态学思考［J］.教育评论（8）：49–51.

高一虹，1998.跨文化交际能力的"道"与"器"［J］.语言教学与研究（3）：39–53.

高永晨，2014.中国大学生跨文化交际能力测评体系的理论框架构建［J］.外语界（4）：80–88.

耿淑梅，2009.多元文化背景下对外汉语教师的角色定位：以北京语言大学为例［J］.中国大学教学（7）：42–44.

龚亚夫，2011.创建我国中小学英语教师知识与能力体系：中小学英语教师专业等级标准的制订［J］.中国教育学刊（7）：60–65.

顾桂菁，1994.有的放矢：中加语言中心教师培训小结［J］.外语界（3）：47–51.

顾明远，1990a.教育大辞典（第1卷）［M］.上海：上海教育出版社.

顾明远，1990b.教育大辞典（第2卷）［M］.上海：上海教育出版社.

关世杰，1995.跨文化交流学：提高涉外交流能力的学问［M］.北京：北京大学出版社.

桂灿昆，1980.英语教师为什么要掌握语音学知识［J］.现代外语（1）:6–11.

郭桂杭，李丹，2015.商务英语教师专业素质与教师发展：基于ESP需求理论分析［J］.解放军外国语学院学报（5）：26–32.

郭华，2015.教师礼仪与修养［M］.北京：北京师范大学出版社.

郭睿，2010.汉语教师发展［M］.北京：北京语言大学出版社.

郭睿，2013.汉语教师应学会创造性使用教材［J］.海外华文教育（2）：131-138.

郭睿，2015.汉语课程设计导论［M］.北京：北京语言大学出版社.

郭睿，2017.国际汉语教师教学能力框架［M］.北京：北京语言大学出版社.

郭胜春，2012.高校对外汉语教师教学信念与教学行为个案研究［J］.高等函授学报（哲学社会科学版）（11）：58-61.

郭晓娜，2008.教师教学信念研究的现状、意义及趋势［J］.外国教育研究（10）：92-96.

郭燕玲，2012.ESP教师角色与教师专业发展［J］.中国外语（6）：86-90.

国家汉语国际推广领导小组办公室，2008.国际汉语教学通用课程大纲［S］.北京：外语教学与研究出版社.

韩宝成，曲鑫，2016.中外英语教师资格证书比较研究［J］.外语教学（6）：42-47.

韩东，2012.全球"汉语热"背景下的对外汉语教师素质研究［D］.南宁：广西大学.

韩海燕,2011.网络教学环境下跨文化交际能力的培养[J].中国电化教育（4）：101-104.

韩梅，1999.提高中学英语教师素质浅谈［J］.课程·教材·教法（8）：59-62.

韩孝平，1986.试论对外汉语教学工作的评估［J］.语言教学与研究（4）：44-61.

何道宽，1983.介绍一门新兴学科：跨文化的交际［J］.外国语文（2）：70-73.

何广铿，1997.从外语教学法的内涵看外语教师素质的构成［J］.华南师范大学学报（社会科学版）（2）：37-42.

何丽芬,2016.中外英语教师学科教学知识现状比较分析［J］.外语研究（2）：63-71.

何晓芳，张贵新，2006.解析教师实践知识：内涵及其特性的考察［J］.教师教育研究（3）：38-42.

洪秀敏，2008.关注与促进教师的自我信念：自我效能感理论的重要启示［J］.教育科学（3）：79-82.

胡文仲，1999.跨文化交际学概论［M］.北京：外语教学与研究出版社.

胡文仲，2013.跨文化交际能力在外语教学中如何定位［J］.外语界（6）：2-8.

胡新建，唐雄英，2012.大学英语教师对教学研究的认知和理解：一项文化主位取向的调查研究［J］.外语界（4）：30-38，43.

胡亦杰，黄可泳，2003.教师信念与口语错误的更正［J］.国外外语教学（4）：42-47.

华厚坤，2009.论高校课程改革中教师信念的转变［J］.江苏高教（6）：151-152.

华维芬，2001.试论外语教师在自主学习模式中的定位［J］.外语研究（3）：76-79.

黄甫全，2003.新课程中的教师角色与教师培训［M］.北京：人民教育出版社.

黄宇星，2003.信息技术环境下教师角色与能力结构分析［J］.福建师范大学学报（哲学社会科学版）（6）：122-125.

黄巍，1992.教育心理学中的教师功效理论［J］.心理科学（1）：62-63.

黄源深，2014.英语教师的语言基本功：一个亟待引起重视的问题：英语教学谈之四［J］.外语界（1）：35-39.

霍李娜，2014.初中英语教师课堂教学行为有效性评价标准的研究［D］.临汾：山西师范大学.

霍力岩，2001.教育的转型与教师角色的转换［J］.教育研究（3）：70-71.

汲传波，2016.职前汉语教师语法教学信念变化初探［J］.语言教学与研究（5）：11-19.

汲传波，刘芳芳，2012.教师认知视角下的职前汉语教师语法教学信念研究［J］.语言教学与研究（6）：1-8.

计道宏，2006.对外汉语教师综合素质浅议［J］.湖北教育学院学报（1）：106-108.

贾爱武，2005.外语教师教育与专业发展研究综述［J］.外语界（1）：61-66.

贾晓波，陈凤荣，2006.工作倦怠的测量及其干预研究综述［J］.心理与行为研究（1）：55-60.

贾玉新，1997.跨文化交际学［M］.上海：上海外语教育出版社.

江庆心，2006.论教师介入学生自主学习的重要性［J］.外语界（2）：10-15.

江新，郝丽霞，2010.对外汉语教师实践性知识的个案研究［J］.世界汉语教学（3）：394-405.

江新，郝丽霞，2011.新手和熟手对外汉语教师实践性知识的研究［J］.语言教学与研究（2）：1-8.

姜美玲，2006.教师实践性知识研究［D］.上海：华东师范大学.

蒋瑾，2013.跨文化能力分类及培养的思考［J］.比较教育研究（9）：18-24.

教育部师范教育司，2003.教师专业化的理论与实践［M］.修订版.北京：人民教育出版社.

金宁，顾圣皓，2000.论海外华文教师的基本素质［J］.华侨大学学报（哲学社会科学版）（3）：54-59.

金正昆，2009.当代青年礼仪规范［M］.北京：新华出版社.

金正昆，2007.教师礼仪概论［M］.北京：北京大学出版社.

靳莹，王爱玲，2000.新世纪教师能力体系探析［J］.教育理论与实践（4）：41-44.

拉斯韦尔，2013.社会传播的结构与功能［M］.何道宽，译.北京：中国传媒大学出版社.

赖学军，2010.重构聚变：优秀教师的创造思维能力［J］.高等工程教育研究（4）：109-113.

雷丹，2008.多媒体网络教学环境下教师角色的定位与构建［J］.外语电化教学（3）：51-56.

雷经国，2014.教师教育思想观念变革与核心能力体系建构［J］.贵州社会科学（8）：128-131.

李保军，1999.英语写作教学中教师作用的定位［J］.山东外语教学（4）：67-69.

李翠英，孙倚娜，2014.国外英语教师能力标准对我国英语教师发展的启示［J］.外语界（1）：57-63.

李丹丽，2012.二语课堂互动话语中教师"支架"的构建［J］.外语教学与研究（4）：572-584.

李德华，2005.新手教师实践性知识的建构：从教师生活史分析［J］.当代教育科学（12）：26-30.

李昊，2012.汉语国际传播视角下的跨文化交际能力及其培养［J］.现代传播（7）：119-122.

李红，郝春东，张旭，2000.教师教学效能感与学生自我效能感研究［J］.高等师范教育研究（3）：44-48.

李慧莲，2002.浅析教师信念对学生评估改革的影响［J］.外国中小学教育（3）：26-29.

李家黎，2009.教师信念的文化研究［D］.重庆：西南大学.

李家黎，刘义兵，2010.教师信念的现实反思与建构发展［J］.中国教育学刊（8）：60-63.

李江霞，2003.国外教师职业倦怠理论对我国的启示［J］.教育科学（1）：62-64.

李洁，刘孟欣，张凤华，2007.大学英语教师 KASIB 实证研究［J］.外语教学与研究（2）：128-135.

李晶洁，2002.教师作为辅助者在外语课堂语言互动中的作用［J］.外语界（1）：67-71.

李立国，胡莉芳，周平，2010.来华留学教育发展趋势与战略选择［J］.复旦教育论坛（1）：49-52，57.

李玲，刘其晴，2010.芬兰职教教师能力结构评析及启示［J］.西南大学学报（社会科学版）（5）：94-98.

李凌艳，2006.汉语国际推广背景下海外汉语教学师资问题的分析与思考［J］.语言文字应用（S1）：75-81.

李美莲，2010.乌海市初中教师礼仪修养探究［D］.呼和浩特：内蒙古师范大学.

李芹，2013.关于教师专业能力本质的思考［J］.中国教育学刊（S2）：

125–128.

李泉，2015.汉语国际教育硕士的教学信念和专业发展信念［J］.云南师范大学学报（对外汉语教学与研究版）（3）：1–8.

李双飞，蔡敏，2008.美国熟练教师表现性评价及其启示：以加利福尼亚州为例［J］.外国教育研究（11）：81–84.

李树青，薛德合，2002.礼仪与教师职业道德的价值实现［J］.道德与文明（1）：51–55.

李伟英，邹为诚，2017.专家英语教师知识系统发展途径探究：基于Korthagen的洋葱模型［J］.外语研究（3）：47–53.

李晓博，2008.教室里的权威：对日语教师个人实践知识的叙事研究［J］.外语研究（3）：46–50.

李兴国，田亚丽，2006.教师礼仪［M］.上海：华东师范大学出版社.

李岩，解月光，2009.信息技术教师专业发展中的教师信念重建［J］.现代教育技术（12）：12–15.

李艳，张卫东，2013.基于CDIO教育理念的外语专业学生跨文化交际能力培养模式的构建［J］.外语电化教学（6）：61–65.

李艳萍，2010.论高校教师的礼仪素质［J］.继续教育研究（3）：168–169.

李晔，刘华山，2000.教师效能感及其对教学行为的影响［J］.教育研究与实验（1）：50–55.

李一柯，1987.外语教师必需的教学技能［J］.外语与外语教学（5）：30–33.

李颖，2015a.高校优质双语/EMI课程的教师教学能力研究［J］.外语界（2）：80–87.

李颖，2015b.高校外语翻转课堂中的教师教学能力研究［J］.中国外语（6）：19–26.

李永鑫，2003.工作倦怠及其测量［J］.心理科学（3）：556–557.

李永鑫，杨瑄，申继亮，2007.教师教学效能感和工作倦怠的关系［J］.心理科学（4）：952–954.

李子华，2008.基于新课程的高中语文教师能力结构［J］.教育理论与实践（12）：18–20.

李中国,2008.教师角色转换中内涵性特征的缺失与补救［J］.教育研究（6）:
91-94.

梁永平,2012.论化学教师的 PCK 结构及其建构［J］.课程·教材·教法（6）:
113-119.

梁庆,2006.中小学教师教育研究能力缺失的根源与对策［J］.教育理论与
实践（2）:16-18.

廖锦超,2005.基于网络的英语教学中教师角色的定位［J］.外语电化教
学（1）:70-74.

廖元锡,2005.PCK:使教学最有效的知识［J］.教师教育研究（6）:37-
40.

林崇德,申继亮,辛涛,1996.教师素质的构成及其培养途径［M］.中国教
育学刊（6）:16-22.

林敦来,高淼,2011.教师评估素养:理论与实践［J］.外语教学理论与实
践（4）:29-37.

林立,杨传纬,2001.英语学科教育学［M］.北京:首都师范大学出版社.

林倩,2014.美国马萨诸塞州教师评价的研究［D］.上海:华东师范大学.

刘昌明,1990.论教师的角色作用［J］.上海高教研究（2）:91-93.

刘黛琳,卢丽虹,2012.论高职高专公共英语教师发展［J］.外语界（4）:
23-29.

刘东敏,田小杭,2008.教师实践性知识获取路径的思考与探究［J］.教师
教育研究（4）:16-20.

刘汉霞,2006.教师的实践知识:教师专业化的知识转向［J］.教育探索（1）:
116-118.

刘桦,2004.论英语教师信念体系［J］.西安交通大学学报（社会科学版）
（3）:93-98.

刘华,程浩兵,2014.近年来海外华文教育发展的现状、问题及趋势［J］.
东南亚研究（2）:82-88.

刘弘,2012.对外汉语职前教师课堂观察与分析能力研究［J］.世界汉语教
学（3）:419-430.

刘弘,2013.国际汉语教师信念研究现状及展望［M］//世界汉语教学学会

秘书处.第十一届国际汉语教学研讨会论文选.北京:高等教育出版社:181-185.

刘莉,2014.大学英语教师职业倦怠与信息技术环境中职业发展路径分析[J].外语学刊(6):136-139.

刘乃美,张建青,2016.高校外语教师学习共同体中隐性知识显性化研究[J].外语教学(4):51-55.

刘萍,2014.大学英语教师自我效能感和职业倦怠的关系研究[J].外语教学(6):68-72.

刘清华,2004.教师知识的模型建构研究[D].重庆:西南师范大学.

刘胜男,赵敏,2011.初任教师信念"ABCDE"塑造模式:基于"认知行为疗法"的启示[J].上海教育科研(1):53-55.

刘淑杰,陆兴发,2002.新课程理念下教师教学评价方法探微:美国教学档案袋述评[J].外国教育研究(5):30-34.

刘涛,刘富华,2013.国际汉语教师课堂教学能力培训策略研究[J].东北师大学报(哲学社会科学版)(1):185-188.

刘晓明,2004.职业压力、教学效能感与中小学教师职业倦怠的关系[J].心理发展与教育(2):56-61.

刘学惠,2003.跨文化交际能力及其培养:一种建构主义的观点[J].外语与外语教学(1):34-36.

刘珣,1996.关于汉语教师培训的几个问题[J].世界汉语教学(2):100-105.

刘珣,2002.汉语作为第二语言教学简论[M].北京:北京语言文化大学出版社.

刘阳美,杨丽珠,2000.大连市幼儿教师素质现状分析及其教育对策[J].教育科学(1):50-53.

刘尧,2001.发展性教师评价的理论与模式[J].教育理论与实践(12):28-32.

刘熠,许宏晨,2018.高校英语教师对于学习者自主学习的信念研究[J].外语与外语教学(1):92-100.

刘英爽,2013.基于性别差异的高校英语教师职业倦怠的统计学分析[J].

外语教学（3）：74–76.

刘元满，2000.日本的日语教学与教师资格［J］.外语教学与研究（4）：303–306.

柳友荣，1998.科研能力：信息时代教师素质的重要内涵［J］.中国教育学刊（6）：51–54.

楼荷英，寮菲，2005.大学英语教师的教学信念与教学行为的关系：定性与定量分析研究［J］.外语教学与研究（4）：271–275.

陆谷孙，2003.英语教师的各种素养［J］.外语界（2）：2–6，23.

陆俭明，2005.汉语教员应有的意识［J］.世界汉语教学（1）：60–63.

陆俭明，2010.汉语教学的新形势与汉语教学人才培养——兼论汉语师资培养要有针对性［R］.2010年全国高校对外汉语专业建设研讨会主题报告.

陆巧玲，李翠英，2002.外语教学中教师角色的嬗变［J］.四川外语学院学报（1）：139–141.

陆杨，2010.MCALL模式下英语教师角色动态发展的实证解析［J］.外语电化教学（1）：65–68，80.

陆忆松，邹为诚，2008.教育叙事视角下的英语教师素质研究［J］.外语教学理论与实践（3）：68–75.

陆云，2000.外语教师的素质结构探讨［J］.山东外语教学（3）：59–62.

吕必松，1989.关于对外汉语教师业务素质的几个问题［J］.世界汉语教学（1）：1–17.

吕国光，2004.教师信念及其影响因素研究［D］.兰州：西北师范大学.

吕林海，2008.课程变革视野下的教师信念转变［J］.江苏教育（11）：19–22.

吕筠，董晓秋，2010.职前外语教师学科教学知识研究［J］.外语教学理论与实践（4）：64–70.

罗芳，2012.高职院校礼仪教育问题及对策研究［D］.长沙：中南大学.

马海涛，2003.美国教师教学档案袋评价的研究［D］.上海：华东师范大学.

马琳，2014.对外汉语职前教师实践性知识的个案研究［D］.北京：北京语言大学.

马跃，1996.浅论21世纪外语教师的使命［J］.山东外语教学（3）：64–71.

孟雁君，1989.论外语教学中教师的"角色"意识［J］.山东外语教学（4）：82-85.

MILLER P，1987.优秀英语教师的十大素质［J］.刘骏，译.国外外语教学（2）：25-27.

莫尔，2010.课堂教学技巧［M］.刘静，译.北京：人民教育出版社，2010.

宁虹，2010.教师能力标准理论模型［J］.教育研究（11）：77-82.

诺兰，胡佛，2007.教师督导与评价：理论与实践的结合［M］.兰英，译.北京：中国轻工业出版社.

潘晓慧，1996.试析跨文化交际能力［J］.外语学刊（黑龙江大学学报）（2）：32-34.

庞丽娟，洪秀敏，2005.教师自我效能感：教师自主发展的重要内在动力机制［J］.教师教育研究（4）：43-46.

庞威，2009.美国中小学增值性教师评价研究［D］.重庆：西南大学.

彭军，2013.国际汉语教师跨文化交际能力调查研究［J］.辽宁师范大学学报（社会科学版）（5）：695-698.

彭小虎，2004.美国加州教师教学评价标准［J］.外国中小学教育（12）：12-15.

彭元玲，2007.论FLT的学科教学知识［J］.外语界（4）：28-36.

PMLA，1985.美国中学外语教师资格［J］.陈永捷，关键，译.国外外语教学（2）：16-17.

濮实，2014.外语教师教育课程与教师职业信念的发展［J］.解放军外国语学院学报（4）：67-73.

戚万学，王夫艳，2012.教师专业实践能力：内涵与特征［J］.教育研究（2）：95-102.

齐登红，王保云，2004.网络英语教学模式中的教师角色分析［J］.外语电化教学（4）：59-62.

秦德林，1989.试论师范生到教师的角色变换［J］.上海教育科研（5）：15-16.

秦福来，2009.教师礼仪，今天你留意了吗［J］.中国民族教育（1）：24-26.

秦美娟，何广铿，2009.大学英语教师信息素养内涵探讨［J］.外语界（5）：18-25.

覃成强，2007.论英语教师的教学信念与课堂教学实践的关系：一项基于认知调查和课堂观察的研究［J］.外语教学（5）：40-44.

邱莉，2011.教师课堂情绪调节能力的现状调查研究［J］.教育研究与实验（6）：35-39.

屈卫国，1999.教师教学效能感与教学效果的关系［J］.教育科学（4）：42-44.

冉婷，2011.大学体育教学中礼仪教育研究［D］.北京：北京体育大学.

任庆梅，2006.个案研究反思性教学模式在外语教师专业发展中的作用［J］.外语界（6）：57-64.

任庆梅，梁文花，2010.SLA研究在外语教师专业发展中的作用实证调查［J］.外语界（4）：76-83.

任友群，2000.日本教师的课程开发能力［J］.外国教育资料（5）：49-53.

任裕海，2004.跨文化感知能力的发展策略［J］.南京社会科学（12）：62-65.

阮咏梅，2002.对外汉语教师的教学机智和课堂教学［J］.宁波大学学报（教育科学版）（1）：104-105.

桑迪欢，2011.高校双语教学环境下教师能力的拓展［J］.江苏高教（2）：61-62.

单亚兰，2013.对外汉语教师的素质探究：从学生的角度看对外汉语教师的素质［D］.北京：中央民族大学.

上海师范大学外语系外语教学研究组和资料室，1979.外语师资培训及对教师能力的要求［J］.国外外语教学（4）：13-17.

邵思源，陈坚林，2011.一项对高中英语教师跨文化交际敏感度的调查［J］.外语学刊（3）：144-147.

邵思源，2012.一项对中学英语教师自我效能感的研究：以部分中学英语教师教学行为和教学效果为例［D］.上海：上海外国语大学.

申继亮，2006.新世纪教师角色重塑：教师发展之本［M］.北京：北京师范大学出版社.

申继亮，王凯荣，2000.论教师的教学能力［J］.北京师范大学学报（人文社会科学版）（1）：64-71.

申燕，2006.教师实践知识：教师知识的核心［J］.基础教育参考（10）：16-17.

沈杰，郑全全，2005.中学教师自我效能感与职业倦怠关系的研究［J］.教育研究与实验（2）：58-60.

史耕山，周燕，2009.老一代优秀英语教师素质调查［J］.外语与外语教学（2）：26-29.

史惠风，1997.英语听力课教师的特殊角色［J］.外语电化教学（4）：3-5.

舒晓杨，2014.TPACK框架下教师专业发展的全程透视：从教学辅助到课程常态化的融合［J］.外语电化教学（1）：54-58，64.

束定芳，庄智象，2008.现代外语教学：理论、实践与方法［M］.修订版.上海：上海外语教育出版社.

水易，2016.新手汉语教师词汇教学信念研究［D］.华东师范大学.

孙静，2007.当前美国中小学教师评价的主要方法［J］.外国中小学教育（7）：48-50.

孙曼丽，洪明，2008.美国外语教师质量标准的探析与启示［J］.外语界（1）：40-46.

孙淑女，许力生，2014.大学英语教学中计算机主导的跨文化能力培养研究［J］.外语界（4）：89-95.

唐进，2011.大学英语教师的工作倦怠研究［J］.山东外语教学（5）：56-61.

唐力行，叶华年，1998.关于我国英语教师对整体语言教学的意见调查报告［J］.外语界（4）：27-33.

唐松林，徐厚道，2000.教师素质的实然分析与应然探讨［J］.高等师范教育研究（6）：34-39.

滕祥东，2006.谈大学教师新的核心能力结构［J］.中国高等教育（21）：59-60.

田莉，2013.英国中小学校本教师评价的主要做法及启示［J］.外国中小学教育（4）：44-50.

万爱莲，2008.对外汉语教师创新素质的培养［J］.湖北第二师范学院学报（12）：95-96，105.

王斌华，2004.教师评价模式：教学档案袋［J］.教育理论与实践（7）：24-28.

王斌华，2005a.教师评价：绩效管理与专业发展［M］.上海：上海教育出版社.

王斌华，2005b.教师评价：绩效考评法［J］.全球教育展望（5）：47-51.

王斌华，2005c.教师评价：增值评价法［J］.教育理论与实践（12）：20-23.

王斌华，2009.教师评价标准的研究［J］.教师教育研究（6）：53-57.

王斌林，2005.教师评价方法及其适用主体分析［J］.教师教育研究（1）：42-46，50.

王传金，王琳，2007.论准教师实践性知识的习得［J］.教育理论与实践（10）：51-54.

王关富，张海森，2011.商务英语学科建设中的教师能力要素研究［J］.外语界（6）：15-21.

王光彦，2007.美、加高校教师评价制度研究［J］.教育发展研究（10B）：48-53.

王汉澜，1995.教育评价学［M］.开封：河南大学出版社.

王焕勋，1995.实用教育大词典［M］.北京：北京师范大学出版社.

王慧霞，2008.国外关于教师信念问题的研究综述［J］.宁波大学学报（教育科学版）（5）：61-65.

王鉴，徐立波，2008.教师专业发展的内涵与途径：以实践性知识为核心［J］.华中师范大学学报（人文社会科学版）（3）：125-129.

王姣莉，2017.教师信念研究［A］.北京：北京师范大学.

王俊菊，朱耀云，2008.师生关系情境中的教师学习：基于叙事日志的个案研究［J］.外语教学与研究（4）：287-292.

王立非，葛海玲，2016.论"国家标准"指导下的商务英语教师专业能力发展［J］.外语界（6）：16-22.

王齐，2011.教师的礼仪修养对学生品格修养的影响［D］.呼和浩特：内蒙古师范大学.

王升，李晓鹏，2009.基于学生感知的对外汉语教师能力评价理论初探［J］.中国市场（13）：142-143.

王素梅，2013.汉语国际教师的知识结构、能力结构及培养方法研究［J］.教育与职业（15）：78-79.

王兴芳,2006.基于网络课程资源的教师角色分析［J］.教育理论与实践（1）：24-25.

王学松，2008.来华美国留学生对汉语教师的评价标准：以 PiB "教学评价"为例［J］.东北师大学报（哲学社会科学版）（2）：158-160，封三.

王伟清，2016.二语教师口头修正性反馈的效果：对 25 项西方实证研究的元分析［J］.外语教学与研究（2）：274-286.

王艳，2007.自主学习者对教师角色的期待［J］.外语界（4）：37-43.

王艳，2011.优秀外语教师实践性知识的个案研究［J］.外语教学理论与实践（1）：68-76.

王一普，2005.新教学模式下的大学英语听说课授课教师角色定位及角色转换［J］.外语界（4）：28-34.

王有芬,2012a.应该具备哪些文化修养才能在跨文化交际中从容不迫？［M］//张宁志.国际汉语教师手册：新教师必备81问.北京：商务印书馆：43-44.

王有芬，2012b.与不同国家的人们交往时，要注意哪些有关禁忌的问题？［M］//张宁志.国际汉语教师手册：新教师必备81问.北京：商务印书馆：50-52.

王玉萍，2013.论外语教师 PCK 发展路径［J］.外语界（2）：69-75.

王枬，叶莉洁，2008.基于实践性知识的教师博客研究［J］.北京大学教育评论（1）：111-124.

王钟华，1999.初级阶段汉语教学四题［J］.语言教学与研究（3）：145-151.

王宗炎，1993.英语教师看语言和语言学［J］.现代外语（2）：1-6，20.

文秋芳，1999.英语口语测试与教学［M］.上海：上海外语教育出版社.

文秋芳，常小玲，2012.为高校外语教师举办大型强化专题研修班的理论与实践［J］.外语与外语教学（1）：1-5，10.

吴惠青，刘迎春，2003.论教师课程能力［J］.高等师范教育研究（2）：68-

71.

吴康宁，程晓樵，吴永军，等，1997.课堂教学的社会学研究［J］.教育研究（2）：64-71.

吴泠，2006.教师实践性知识的涵义［J］.现代教育论丛（6）：37-42，21.

吴泠，2008.教师实践性知识形成机制浅论［J］.教育探索（9）：99-100.

吴一安，2005.优秀外语教师专业素质探究［J］.外语教学与研究（3）：199-205.

吴一安，2008.外语教师研究：成果与启示［J］.外语教学理论与实践（3）：32-39.

吴志华，柳海民，2004.论教师专业能力的养成及高师教育课程的有效教学途径［J］.教师教育研究（3）：27-31.

武继红，2003.英语教师反思型教学实践初探［J］.外语界（1）：60-66.

夏纪梅，2002.大学英语教师的外语教育观念、知识、能力、科研现状与进修情况调查结果报告［J］.外语界（5）：35-41.

夏洋，赵永青，邓耀臣，2012.CBI课程改革背景下外语教师知识与教师心理的实证研究［J］.现代外语（4）：423-429.

项茂英，郑新民，邬易平，2016.国外语言教师信念研究回顾与反思：基于对6种应用语言学期刊的统计分析（1990—2014）［J］.外语界（1）：79-86，95.

项茂英，邬易平，2016.高校外语教师学习者自主信念调查［J］.外语与外语教学（5）：115-123.

肖祥忠，1997.对外汉语教师知识结构的合理化浅谈［J］.教育评论（2）：40-42.

肖正德，2013.基于教师发展的教师信念：意蕴阐释与实践建构［J］.教育研究（6）：86-92.

解芳,王红艳,马永刚,2006.大学英语教师信念研究:优秀教师个案研究［J］.山东外语教学（5）：84-88.

谢安邦，李晓，2005.电子档案袋在教师评价中的应用［J］.全球教育展望（11）：76-80.

谢安邦,朱宇波,2007.教师素质的范畴和结构探析［J］.教师教育研究（2）：

1-5.

谢佩纭，邹为诚，2015.英语新手教师实践性知识的叙事研究：基于三次重复性教学的学习经历［J］.外语研究（4）：57-62.

谢徐萍，2005.E时代英语教师信息素养探论［J］.外语界（4）：9-12，18.

谢翌，2006.教师信念：学校教育中的"幽灵"：一所普通中学的个案研究［D］.长春：东北师范大学.

谢翌，马云鹏，2007.教师信念的形成与变革［J］.比较教育研究（6）：31-35.

辛涛，申继亮，林崇德，1999.从教师的知识结构看师范教育的改革［J］.高等师范教育研究（6）：12-17.

刑利红，2011.当前高中生对教师素质需求调查分析［J］.中国教育学刊（9）：70-73.

熊玉倩，2014.来华留学生对汉语教师的评价研究［D］.大连：大连外国语大学.

徐碧美，2003.追求卓越：教师专业发展案例研究［M］.北京：人民教育出版社.

徐彩华，2009.对外汉语教师教学效能感的特点［J］.语言教学与研究（3）：33-39.

徐彩华，程伟民，2007.对外汉语教师自我教学效能感研究初探［J］.汉语学习（2）：77-82.

徐锦芬，程相连，秦凯利，2014.优秀高校英语教师专业成长的叙事研究：基于教师个人实践知识的探索［J］.外语与外语教学（6）：1-6.

徐泉，2011.高校英语教师信念影响因素研究［D］.武汉：华中师范大学.

徐泉，2014.英语教师群体教学信念构成研究［J］.中国外语（2）：14-19.

徐英，2003.外语课堂教师礼貌情况调查分析［J］.外语教学与研究（1）：62-68.

徐章韬，2010.数学特级教师学科教学知识的个案研究［J］.江西师范大学学报（哲学社会科学版）（6）：122-126.

许宏鉴，2003.网络对外汉语教师的评价研究［D］.北京：北京语言大学.

许力生，2011.跨文化能力构建再认识［J］.浙江大学学报（人文社会科学版）

（3）：132-139.

许力生，孙淑女，2013.跨文化能力递进—交互培养模式构建［J］.浙江大学学报（人文社会科学版）（4）：113-121.

许明，2002.美国关于教师素质的新界定［J］.教育评论（1）：49-52.

许悦婷，刘永灿，2008.大学英语教师形成性评估知识的叙事探究［J］.外语教学理论与实践（3）：61-67.

严玉萍，2008.美国中小学教师同行评价研究的新进展［J］.外国教育研究（7）：74-77.

颜静兰，2014.外语教师跨文化交际能力的"缺口"与"补漏"［J］.上海师范大学学报（哲学社会科学版）（1）：138-145.

杨彩霞，2006.教师学科教学知识：本质、特征与结构［J］.教育科学（1）：60-63.

杨翠萍，刘鸣放，2006.大学英语教师的信息化教育技术能力及其培养［J］.外语界（4）：57-62.

杨建云，王卓，2003.论教师发展性评价与奖惩性评价的关系［J］.中国教育学刊（1）：46-49.

杨鲁新，2016.集体备课对中学英语教师教学理念和实践的影响：四位新手教师的个案研究［J］.山东外语教学（3）：62-70.

杨蓉蓉，2009.海外在校汉语教育发展趋势初探：以英国为例［J］.全球教育展望（10）：86-89.

杨维嘉，2016.教学学术：高校外语教师实践性知识发展的重要途径［J］.外语教学理论与实践（4）：44-49，58.

杨秀玉，2005.西方教师职业倦怠研究述评［J］.外国教育研究（11）：67-71.

杨翼，2008.汉语教学评价［M］.北京：北京语言大学出版社.

杨盈，庄恩平，2007.构建外语教学跨文化交际能力框架［J］.外语界（4）：13-21，43.

杨豫晖，2010.教师教学信念的检视与反思：以小学数学教师为例［J］.课程·教材·教法（12）：100-106.

杨玉浩，苏雄武，2014.高校青年教师创新能力特征及培育思路：基于广东省高校的调查研究〔J〕.教育评论（8）：55-57.

姚苏美，2016.中泰语言教学中的文化差异〔D〕.南宁：广西大学.

叶澜，1998.新世纪教师专业素养初探〔J〕.教育研究与实验（1）：41-46.

尹山鹰，2011.大学英语教师职业倦怠现象探讨〔J〕.外国语文（S1）：140-142.

于森，1999.对外汉语青年教师的技能结构刍议〔J〕.北京第二外国语学院学报（6）：52-54.

余文森，连榕，等，2007.教师专业发展〔M〕.福州：福建教育出版社.

余杨，1994.教师教学能力的发展研究〔J〕.高等工程教育研究（4）：91-93.

俞国良，辛涛，申继亮，1995.教师教学效能感:结构与影响因素的研究〔J〕.心理学报（2）：159-166.

俞国良，罗晓路，2000.教师教学效能感及其相关因素研究〔J〕.北京师范大学学报（人文社会科学版）（1）：72-79.

喻梦林，1986.教师素质若干特征的探讨〔J〕.教育理论与实践（5）：29-34.

翟小宁，李学伟，2010.中学教师能力评价指标体系建构〔J〕.教育研究（5）：81-84.

翟艳，2012.怎样进行教学评价？〔M〕//张宁志.国际汉语教师手册：新教师必备81问.北京：商务印书馆：142-146.

展素贤，闫丽华，2015.基于学生视角的高校优秀英语教师素质研究〔J〕.山东外语教学（2）：42-48.

战菊，2010.大学英语教师的叙事分析：信念及其构建〔J〕.中国外语（5）：68-76.

张安柱，1990.兴趣与外语教学：兼谈外语教师的教学思想和业务素质〔J〕.山东外语教学（1）：69-71.

张波，2007.论教师能力结构的建构〔J〕.教育探索（1）：78-80.

张淳，2014.中国高校外语教师信念量化研究：基于跨文化交际能力的培养〔J〕.中国外语（6）：91-95，105.

张凤娟，刘永兵，2011.影响中学英语教师信念的多因素分析〔J〕.外语教学与研究（3）：400-408.

张凤娟,刘永兵,2012.外语课程改革环境下的教师信念取向及差异研究［J］.山东外语教学（3）：64-68.

张和生,2006.对外汉语教师素质与教师培训研究［M］.北京：商务印书馆.

张莲,2005.外语教师课堂决策研究：优秀外语教师个案研究［J］.外语教学与研究（4）：265-270.

张林,1990.四川外语学院外国教师教学工作评估报告［J］.外语教学与研究（4）：40-42.

张宁志,2012.国际汉语教师手册:新教师必备81问［M］.北京:商务印书馆.

张群芳,2015.对外汉语任务型教学中的教师角色［J］.教书育人（高教论坛）（4）：41-43.

张庆,沈永江,2011.希腊教师情感能力发展探析［J］.外国中小学教育（12）：44-46，8.

张庆华,2017.优秀英语教师阅读教学实践性知识个案研究："意象"视角［J］.山东外语教学（6）：51-59.

张庆宗,2000.论高校英语口语教师的角色定位［J］.外语与外语教学（8）：58-60.

张庆宗,2011.高校外语教师职业倦怠的成因分析及对策思考［J］.中国外语（4）：60-70，75.

张松松，顾云锋，2016.大学英语教师教育技术发展调研分析：以南京地方高校为例［J］.外语教学理论与实践（4）：65-70.

张卫东，杨莉，2012.跨文化交际能力体系的构建：基于外语教育视角和实证研究方法［J］.外语界（2）：8-16.

张蔚磊,2012.大学外语教师绩效评估指标体系研究［J］.中国外语（4）:9-16.

张蔚磊，2014.大学外语教师评价与质量提升研究［J］.中国外语（6）：96-105.

张香存，2005.中国大学英语教师对"Focus-on-Forms"和"Focus-on-Form"教学方法的认知［J］.外语教学（3）：65-68.

张学民，申继亮，林崇德，2003.小学教师课堂教学能力构成的研究［J］.心理发展与教育（3）：68-72.

张亚军，1990.对外汉语教法学［M］.北京：现代出版社.

张雁玲，郑新民，2011.课程与信息技术整合环境下外语教师信念探究［J］.外语教学（4）：52-56.

张杨，2012.从汉语学习的跨文化性浅谈国际汉语教师的跨文化能力［J］.语文建设（2X）：57-58.

张晔，2011.高校教师的礼仪素养研究［J］.黑龙江高教研究（9）：50-53.

张宜，王新，郭威，等，2003.大学英语教师素质调查报告［J］.外语与外语教学（10）：23-26.

张逸岗，丁方，1996.试论外语教师的基本素质［J］.外语界（3）：57-59，64.

赵宝鹏，2017.初中道德与法治课礼仪教育探究［D］.重庆：重庆师范大学.

赵昌木，2002.教师持续成长：信念的转变与适应［J］.全球教育展望（8）：22-24，58.

赵昌木，2004.论教师信念［J］.当代教育科学（9）：11-14.

赵金铭，2007.对外汉语教学理念管见［J］.语言文字应用（3）：13-18.

赵丽娟，1999.跨世纪高校外语教师应具备的素质［J］.外语与外语教学（5）：51-53.

赵丽玲，舒丽萍，2013.论国际汉语教师应备文化推广能力的构成［J］.湖北工业大学学报（3）：98-102.

赵晓光，马云鹏，2015.外语教师学科教学知识的要素及影响因素辨析［J］.外语教学理论与实践（3）：36-41.

赵雪晶，2013.基于听评课的教师评价素养提升策略研究［J］.教师教育研究（2）：57-61.

赵玉芳，毕重增，2003.中学教师职业倦怠状况及影响因素的研究［J］.心理发展与教育（1）：80-84.

赵守盈，陈维，2010.贵阳市小学教师职业倦怠现状［J］.教育研究与实验（3）：74-77.

浙江大学人事部师资办，2004.高校教师素质评价体系及评价方法初探［J］.教育发展研究（7-8）：43-46.

郑磊，2013.多媒体环境下高校外语教师教学效能感研究［J］.外语电化教学（6）：76-80.

郑新民，蒋群英，2005.大学英语教学改革中"教师信念"问题的研究［J］.外语界（6）：16-22.

郑燕林，李卢一，2010.中小学教师教育技术能力发展现状调查与分析［J］.课程·教材·教法（10）：85-91.

郑燕祥，1986.教育的功能与效能［M］.香港：广角镜出版社有限公司.

郑玉琪，2014.后方法时代外语教学中教师角色的调查与分析［J］.外语电化教学（1）：59-64.

钟华，樊葳葳，2000.非英语专业大学生的跨文化交际能力培养［J］.外语界（2）：14-16，38.

钟启泉，2001.教师"专业化"：理念、制度、课题［J］.教育研究（12）：12-16.

钟启泉，2004."实践性知识"问答录［J］.全球教育展望（4）：3-6.

仲伟合，王巍巍，2016."国家标准"背景下我国英语类专业教师能力构成与发展体系建设［J］.外语界（6）：2-8.

周成海，靳涌韬，2007.美国教师评价研究的三个主题［J］.外国教育研究（1）：1-6.

周俊奇，2014.当前中职生礼仪失范问题及其改善策略［D］.新乡：河南师范大学.

周风，1998.国外教改高度重视提高教师素质和能力［J］.外国中小学教育（6）：46-49.

周福盛，王嘉毅，2005.论教师个体知识观及其对教师知识管理的启示［J］.电化教育研究（11）：33-37.

周丽，2009.对外汉语教师职业压力与教学效能感的研究［D］.上海：华东师范大学.

周凌，张绍杰，2016.质量目标导向下高校英语教师素质建构［J］.外语教学（6）：64-67.

周奇，2002.论现代教师能力结构［J］.江西社会科学（5）：195-196.

周强，2008.论教师能力培养与提高的途径［J］.江苏高教（4）：152-153.

周世长，1985.谈教师的特殊能力结构［J］.江苏高教（1）：57-60.

周燕，2005.高校英语教师发展需求调查与研究［J］.外语教学与研究（3）：206-210.

周燕，2010.教师是外语学习环境下提高英语教学水平的关键［J］.外语教学与研究（4）：294-296.

周燕，张洁，2013.外语教师的课堂角色：重要他者［J］.中国外语（6）：96.

周燕，张洁，2014.外语教师的课堂角色定位探究［J］.外语教学理论与实践（1）：30-33.

周彦良,2006.普通高校教师职业倦怠状况调查研究［J］.辽宁教育研究（7）：60-62.

周颖，2008.网络教学中教师影响力的塑造［J］.外语电化教学（3）：57-60.

朱超华，2004.新课程视角下教师课程能力的缺失与重建［J］.课程·教材·教法（6）：13-16.

朱华章，2003.大学 ESL 教师的教学法知识研究［J］.外语教学与研究（3）：215-220.

朱嘉耀，1997.教师职业能力浅析［J］.教育研究（6）：71-73.

朱仁宝，2004.现代教师素质论［M］.杭州：浙江大学出版社.

朱淑华,2011.研究型教学模式与教师的角色定位［J］.长春师范学院学报（自然科学版）（4）：117-119.

朱彦,束定芳,2017.任务型语言教学中的教师信念和教师主导话语研究［J］.现代外语（1）：125-136.

朱涌河，2015.中国语境下英语教师语言意识实证研究［J］.外语界（2）：70-79.

邹为诚，2013.实践经验是如何改变外语教师的知识结构的？［J］.中国外语（1）：72-80.

祖晓梅，2003.跨文化能力与文化教学的新目标［J］.世界汉语教学（4）：59-66.

祖晓梅，马嘉俪，2015.汉语教师和学习者对课堂纠错反馈信念和态度的比较［J］.汉语学习（4）：66-75.

(二)

ABELSON R P, 1979.Differences between belief and knowledge systems [J].Cognitive Science, 3（4）: 355-366.

ALLWRIGHT D, 2003.Exploratory practice : rethinking practitioner research in language teaching [J].Language Teaching Research, 7（2）: 113-141.

ALLWRIGHT D, 2005.Developing principles for practitioner research : the case of exploratory practice [J].The Modern Language Journal, 89（3）: 353-366.

BAILEY K M, 1996.The best laid plans : teachers' in-class decisions to depart from their lesson plans [M] // BAILEY K M, NUNAN D.Voices from the language classroom : qualitative research in second language education. Cambridge : Cambridge University Press.

BALL D L, THAMES M H, PHELPS G, 2008.Content knowledge for teaching : what makes it special ? [J].Journal of Teacher Education, 59（5）: 389-407.

BEIJAARD D, VERLOOP N, 1996.Assessing teachers' practical knowledge [J].Studies in Educational Evaluation, 22（3）: 275-286.

BORG, MICHAELA, 2001.Key concepts in ELT : Teachers' beliefs [J]. ELT Journal, 55（2）: 186-188.

BORG, MICHAELA, 2004.The apprenticeship of observation [J].ELT Journal, 58（3）: 274-276.

BORG S, 2003.Teacher cognition in language teaching : A review of research on what language teachers think, know, believe, and do [J]. Language Teaching, 36（2）: 81-109.

BYRAM M, 1997.Teaching and assessing intercultural communicative competence [M].Clevedon : Multilingual Matters.

CALDERHEAD, JAMES, 1996.Teachers : beliefs and knowledge [M] // BERLINER D C, CALFEE R C.Handbook of educational psychology.New York : MacMillan.

CLARK, DAVE, 1993.Teacher evaluation : a review of the literature with implication for educators [M].ERIC Document Reproduction Service.

COCHRAN, KATHRYN F., DeRuiter, James A, King, Richard A, 1993.Pedagogical content knowing : an integrative model for teacher preparation [J].Journal of Teacher Education, 44 (4) : 263-272.

COLLIER M J.Cultural and intercultural communication competence : current approaches and directions for future research [J].International Journal of Intercultural Relations, 13 (3) : 287-302.

CONNELLY, MICHAEL F, CLANDININ, JEAN D, 1984.The Role of Teachers' Personal Practical Knowledge in Effecting Board Policy.Volume Ⅲ : Teachers' Personal Practice Knowledge [R].3-82.

CONNELLY, MICHAEL F, CLANDININ, JEAN D, 1986.On narrative method, personal philosophy, and narrative unities in the story of teaching [J]. Journal of Research in Science Teaching, 23 (4) : 293-310.

CONNELLY, MICHAEL F, CLANDININ, JEAN D, 1987.On narrative method, biography and narrative unities in the study of teaching [J].The Journal of Educational Thought, 21 (3) : 130-139.

CONNELLY, MICHAEL F, CLANDININ, JEAN D, 1990.Stories of experience and narrative inquiry [J].Educational Researcher, 19 (5) : 2-14.

DEARDORFF, 2012a.Framework : Intercultural competence model [M] // KATE B and Darla Deardorff Building cultural competence : innovative activities and models.Sterling : Stylus Publishing, LLC.

DEARDORFF, 2012b.Framwork : OBSERVE, STATE, EXPLORE, EVALUATE (OSEE) TOOL [M] // KATE B, Darla Deardorff.Building cultural competence : innovative activities and models.Sterling : Stylus Publishing, LLC.

DRIEL J H, BEIJAARD D, VERLOOP N, 2001.Professional development and reform in science education : the role of teachers' practical knowledge [J]. Journal of Research in Science Teaching, 38 (2) : 137-158.

ELBAZ F, 1981.The teacher's "Practical Knowledge" : report of a case study [J].Curriculum Inquiry, 11（1）: 43–71.

ELBAZ F, 1983.Teacher Thinking : A Study of Practical Knowledge [M]. London : Croom Helm.

ENZMANN D, SCHAUFELI W B, JANSSEN P, ROZEMAN A, 1998. Dimensionality and validity of the Burnout Measure [J].Journal of Occupational and Organizational Psychology, 71（4）: 331–351.

FESSLER, R, 1985.A Model for Teacher Professional Growth and Development [M] // BURKE P J, ROBERT G, HEIDEMAN R G.Career–long teacher education.Springfield : Charles C.Thomas Pub Ltd.

FREEMAN D, 1996.Renaming experience/reconstructing practice : Developing new understandings of teaching [M] // FREEMAN D, RICHARDS J C.Teacher Learning in Language Teaching.New York : Cambridge University Press.

FREEMAN D, JOHNSON K E, 1998.Reconceptualizing the knowledge–base of language teacher education [J].Tesol Quarterly, 32（3）: 397–417.

FREEMAN D, 2002.The hidden side of the work : teacher knowledge and learning to teach [J].Language teaching, 35（1）: 1–13.

FREEMAN S A, 1941.What constitutes a well–trained modern language teacher ? [J].The Modern Language Journal, 25（4）: 293–305.

FREUDENBERGER H J, 1974.Staff burn–out [J].Journal of Social Issues, 30（1）: 159–165.

GARDNER D, MILLER L, 1999.Establishing self–access from theory to practice [M].Cambridge : Cambridge University Press.

GESS–NEWSOME J, 1999.Pedagogical content knowledge : An introduction and orientation [M]// GESS–NEWSOME J, LEDERMAN N G.Examining pedagogical content knowledge : the construct and its implications for science education.Dordrecht : Kluwer Academic Publishers.

GOLOMBEK P R, 1998.A study of language teachers' personal practical knowledge [J].TESOL Quarterly, 32（3）: 447–464.

GOW, KEMBER, 1993.Conceptions of teaching and their relationship to student learning [J].British Journal of Educational Psychology, 63 (1): 20-23.

GRAHAM, GEORGE, HEIMERE, ELSA, 1981.Research on Teacher Effectiveness : A Summary with Implications for Teaching [J].Quest, 33 (1): 14-25.

GROSSMAN P L, 1990.The making of a teacher : teacher knowledge and teacher education [M].New York : Teachers College Press.

HOWEY K R, GROSSMAN P L, 1989.A study in contrast : sources of pedagogical content knowledge for secondary english [J].Journal of Teacher Education, 40 (5): 24-31.

HALLSTEN, 1993.Lennart Burning out:A Framework [M] // SCHAUFELI W B, MASLACH C, MAREK T.Professional burnout : recent developments in theory and research.Philadelphia : Taylor & Francis.

HATIVA N, BARAK R, SIMHI E, 2001.Exemplary university teachers : knowledge and beliefs regarding effective teaching dimensions and strategies [J].The Journal of Higher Education, 72 (6): 699-729.

KANE, SANDRETTO R, SUSAN, HEATH, CHRIS, 2002.Telling Half the Story : A Critical Review of Research on the Teaching Beliefs and Practices of University Academics [J].Review of Educational Research, 72 (2): 177-228.

KIM, YOUNG YUN, 1991.Intercultural Communication Competence : A Systems-Theoretic View [M] // TING-TOOMEY S, KORZENNY F.Cross-Cultural Interpersonal Communication.Newbury Park : SAGE Publications, Inc.

KLASSEN R M, TZE V M C, BETTS S M, GORDON K A, 2011.Teacher efficacy research 1998—2009 : signs of progress or unfulfilled promise ? [J]. Educational Psychology Review, 23 (1): 21-43.

KOEHLER M J, MISHRA P, 2005.What happens when teachers design educational technology ? The development of technological pedagogical content knowledge [J].Journal of Educational Computing Research, 32 (2): 131-152.

LITTLE J W, 2002.Locating learning in teachers' communities of practice : opening up problems of analysis in records of everyday practice [J]. Teaching and Teacher Education, 18 (8): 917-946.

LOUGHRAN J, MULHALL P, BERRY A, 2008.Exploring pedagogical content knowledge in science teacher education [J].International Journal of Science Education, 30 (10): 1301-1320.

MARKS R, 1990.Pedagogical content knowledge : from a mathematical case to modified conception [J].Journal of Teacher Education, 41 (3): 3-11.

MARTHA C, PENNINGTON, 1990.A Professional development focus for the language questions and tasks [M] // RICHARDS J C, NUNAN D.Second language teacher education.Cambridge : Cambridge University Press.

MASLACH C, JACKSON S E, 1981.The measurement of experienced burnout [J].Journal of Occupational Behaviour, 2 (2): 99-113.

MASLACH C, SCHAUFELI W B, LEITER M P, 2001.Job burnout [J]. Annual Review of Psychology, 52 (1): 397-422.

MCEWAN H, BULL B, 1991.The pedagogic nature of subject matter knowledge [J].American educational research journal, 28 (2): 316-334.

MEIJER P C, VERLOOP N, BEIJAARD D, 1999.Exploring language teachers' practical knowledge about teaching reading comprehension [J]. Teaching and Teacher Education, 15 (1): 59-84.

MEIJER P C, ZANTING A, VERLOOP N, 2002.How can student teachers elicit experienced teachers' practical knowledge ? : tools, suggestions, and significance [J].Journal of Teacher Education, 53 (5): 406-419.

National Board of Professional Teaching Standards, 2001.World Language Other Than English Standards (for teachers of students ages 3-18[+]) [M]. Washington D.C., Southfield MI : National Board for Professional Teaching Standards.

NESPOR J K, 1985.The role of beliefs in the practice of teaching : final report of the teacher beliefs study [D].1-231.

ORAFI S M S, BORG S, 2009.Intensions and realities in implementing communicative curriculum reform [J].System, 37 (2): 243-253.

PAJARES M F, 1992.Teachers' beliefs and educational research : cleaning up a messy construct [J].Review of Educational Research, 62 (3): 307-332.

PARK S, OLIVER J S, 2008.Revisiting the conceptualisation of pedagogical content knowledge (PCK): PCK as a conceptual tool to understand teachers as professionals [J].Research in Education, 38 (3): 261-284.

POTTER B A, 1996.Preventing job burnout : transforming work pressures into productivity [M].Rev.ed.Los Altos, Calif : Crisp Publications.

POWELL R G, AVILA D R, 1986.Ethnicity, communication competency and classroom success : a question of assessment [J].Western Journal of Speech Communication, 50 (3): 269-278.

RICHARDS J C, 1987.The dilemma of teacher education in TESOL [J].TESOL Quarterly, 21 (2): 209-226.

RICHARDS J C, LOCKHART C, 1994.Reflective teaching in second language classrooms [M].Cambridge : Cambridge University Press.

ROSENSHINE B, FURST N, 1973.The use of direct observation to study teaching [A].Chicago : Handbook of research or teaching : 122-183.

SCHAUFELI W B, DIERENDONCK D V, 1993.The construct validity of two burnout measures [J].Journal of Organizational Behavior, 14 (7): 631-647.

SCRIVENER, 1994.Learning Teaching : A Guidebook for English Language Teachers [M].Oxford : Macmillan Publishers Limited.

SHULMAN L S, 1986.Those who understand : knowledge growth in teaching [J].Educational Researcher, 15 (2): 4-14.

SHULMAN L S, 1987.Knowledge and teaching : foundations of the new reform [J].Harvard Educational Review, 57 (1): 1-22.

SMITH, BINNIE D, 1996.Teacher decision making in the adult ESL classroom [M] // FREEMAN D, RICHARDS J C.Teacher learning in language teaching.Cambridge : Cambridge University Press.

SMITH K E, 1993.Development of the primary teacher questionaire [J].The Journal of Educational Research, 87 (1): 23-29.

SPENCER-OATEY H, FRANKLIN P, 2009.Intercultural interaction : a multidisciplinary approach to intercultural communication [M].Basingstoke : Palgrave MacMillan.

SPITZBERG B H, CUPACH W R, 1984.Interpersonal communication competence [M].Beverly Hills, Calif : SAGE.

SPITZBERG B H, 2000.A Model of Intercultural Communication Competence [M] // SAMOVAR L A, PORTER R E.Intercultural communication : a reader.9th ed.Belmont, CA : Wadsworth.

STANLEY, CLAIRE, 1999.Learning to think, feel and teach reflectively [M] // ARNOLD J.Affect in language learning.Cambridge : Cambridge University Press.

UNRUH A, TURNER H E, 1970.Supervision for change and innovation [M].Boston : Houghton Mifflin.

VAN EK, J A, 1986.Objectives for foreign language learning, Vol.1 : Scope [M].Strasbourg : Council of Europe.

WALLACE M J, 1991.Training foreign language teachers : a reflective approach [M].Cambridge : Cambridge University Press.

WOODS D, 1996.Teacher cognition in language teaching : beliefs, decision-making and classroom Practice [M].Cambridge : Cambridge University Press.

YILMAZ C, 2011.Teachers' perceptions of self-efficacy, English proficiency, and instructional strategies [J].Social Behavior and Personality An International Journal, 39 (1) : 91-100.

ZHANG F J, LIU Y B, 2014.A study of secondary school English teachers' beliefs in the context of curriculum reform in China [J].Language Teaching Research, 18 (2) : 187-204.

附　录

附录1　跨文化能力：自我反思

第一部分：下列各项对发展跨文化能力，与其他文化背景的人进行有效、恰当沟通都很重要，请选出你所属的等级。

5= 很高（very high）　4= 高（high）　3= 一般（average）　2= 一般以下（below average）　1= 低（poor）

1. 尊敬（珍视别人的文化）　5　4　3　2　1

2. 开放（面向跨文化学习和来自其他文化的人群）　5　4　3　2　1

3. 模糊容忍度　5　4　3　2　1

4. 灵活性（在跨文化情境中使用恰当的交际方式和行为）　5　4　3　2　1

5. 好奇和发现　5　4　3　2　1

6. 暂缓判断　5　4　3　2　1

7. 文化自我意识／理解　5　4　3　2　1

8. 理解别人的观点　5　4　3　2　1

9. 文化知识　5　4　3　2　1

10. 社会语言学意识　5　4　3　2　1

11. 听、观察、解释的技能　5　4　3　2　1

12. 分析、评价、联系的技能　5　4　3　2　1

13. 移情（想让别人怎么待你，你就怎么善待别人）　5　4　3　2　1

14. 适应性（针对不同的交际方式／行为，针对新的文化环境）　5　4　3　2　1

15. 交际技能（在跨文化环境中恰当、有效的交际）　5　4　3　2　1

第二部分：反思需要跨文化能力的情境——什么使你的交际更恰当、更有效？如何继续发展你的跨文化能力，尤其是你相对比较弱的方面？

资料来源：Deardorff, Darla K.（2012a）Intercultural Competence Model［A］.In Kate Berardo and Darla Deardorff（eds.）Building cultural competence：innovative activities and models，50.Sterling，Virginia：Stylus Publishing，LLC.

附录2　学生评价表

北京语言大学教学质量学生评价表（语言教学类留学生用）

BLCU Teacher Evaluation Form For International Students of Language Programs

Please use the 5-point scale to indicate how much you agree with the following statements.

（1）Strongly disagree.（2）Disagree.（3）Neutral.（4）Agree.（5）Strongly agree.

	评估内容 Statements	评估等级 Points				
总体印象 Overall impression	1.对该教师的总体评价。 Overall evaluation of the teacher. （For this item，please rate your overall evaluation of the teacher on the 5-point scale，with 1 meaning "very bad" and 5 meaning "very good"．）	5	4	3	2	1
分项评价 Specific assessments	2.备课充分。 The teacher is well-prepared before class.	5	4	3	2	1
	3.讲解清楚、易懂。 The instructions are clear and easy to understand.	5	4	3	2	1
	4.教学方法好，有效。 The teaching methodology is effective.	5	4	3	2	1
	5.教学内容充实，学生有收获。 The class is enriching and students learn much from it.	5	4	3	2	1
	6.课堂互动好，练习机会多。 There're good interactions in class with many opportunities for practice.	5	4	3	2	1
	7.合理布置作业，认真检查学生完成情况。 Homework is helpful and is carefully graded.	5	4	3	2	1
	8.板书、PPT结合恰当，内容清楚。 Blackboard design and PowerPoint slides are clear and well-structured.	5	4	3	2	1

续表

	评估内容 Statements	评估等级 Points				
分项评价 Specific assessments	9.课堂内外耐心、热情解答学生问题。 The teacher is helpful in answering questions both in and outside class.	5	4	3	2	1
	10.课堂管理到位，按时上下课。 The teacher is punctual and manages class well.	5	4	3	2	1

开放式问题：

1.您认为该教师在教学上突出的优点是（What do you think are the most outstanding merits of the teaching? ）：

_____

_____

2.您认为该教师在教学上需改进之处是（What aspects of the teaching do you think should be improved? ）：

_____

_____

_____

附录3　有效教学评价指标参考

Borich（2007）[8-21]认为有效教学所必备之五项关键行为：1.清晰授课；2.多样化教学；3.任务取向教学；4.引导学生投入学习过程；5.确保学生成功率。

1. 清晰授课指标

清晰授课（有效教师……）	教学策略实例
（1）预先让学生知道教学目标（如：叙述何种行为会被考核或出现在考试或未来的作业中）	准备好与理想的复杂程度相匹配的课程行为目标。在课程一开始便告诉学生该行为在未来会以何种方式出现
（2）提供给学生一些内容组织技巧（如：将授课内容呈现在过去或未来要学的学习内容间）	查阅或准备单元计划时，确定在学习该单元之前，哪些先前的学习内容是这个单元课程所必备的，以及该先前的学习内容对这个单元课程具有何种代表性。开始教授该单元课程之前，务必让学生知道该单元课程只是整个大课程教材当中的一小部分而已
（3）开始授课之前，检查学生对相关的先前学习内容了解的程度有多少（如：确定学生对相关内容了解的程度，必要时重新讲授）	一开始上课时，向学生提问或检查学生作业，以确定学生是否具备学习之前的相关知识
（4）缓慢并清楚地指导学生（如：必要时重复指导内容，或将指导内容细分成数小部分，以方便学生理解）	将作业以循序渐进的方式进行布置，组织其完成的程序步骤，并且将口述内容附于随堂讲义中，以供学生参考
（5）知道学生的能力程度，并以学生的理解程度或略高于学生能理解的程度来教授内容（如：知道学生注意力维持的时间长短）	根据标准化测验、以往的作业及个人兴趣来评估学生的能力程度，以重新确立教学目标
（6）使用实例、图解以及示范来解释及澄清概念（如：使用视觉辅助器材来帮助解释及强化重点）	重述重点，叙述方式至少有一次与先前讲授时不同（如：视觉对听觉）

续表

清晰授课（有效教师……）	教学策略实例
（7）在每节课结尾时，提供复习或重点总结	使用关键抽象辞或符号象征，采用反复背诵等形式来帮助学生有效记忆内容

2. 多样化教学指标

多样化教学（有效教师……）	教学策略实例
（1）使用吸引注意力的技巧（如：以挑战性的问题、视觉刺激或实例开始授课）	以活动方式开始一堂课，而该活动不宜与前一堂课或前一个活动相同
（2）通过目光交会、语气及手势的变化表现热忱与活力（如：改变音调与音量，在转移到新活动的过程中四处走动，不固定站立在某处）	在有规律的时间间隔（如：每十分钟）中变化位置。改变说话速度或音量，以显示讲授内容或课程活动发生变化
（3）变化课程内容的呈现方式〔如：讲课、提问题、提供自修时间（每日）〕	事先建立每日活动的顺序，并以看、听及做的方式，做周期性循环
（4）混合使用奖励与强化刺激行为的方式〔如：加分、口头奖励、自修等（每周、每月）〕	建立奖励及口头称赞术语清单，随机选择使用。称赞时说明奖励原因
（5）将学生意见融入教学〔如：使用间接教学或发散性问题（每周、每月）〕	偶尔使用学生的意见来开始教学（如：如果……你会怎么做？）
（6）变化问题种类〔如：发散性问题、聚合性问题（每周）〕，以及试探〔如：澄清、探询，重新调整（每日）〕	使问题课程目标产生的学生行为及课程目标复杂性相匹配。根据单元计划，变化课程目标的复杂性

3. 任务取向教学指标

任务取向教学（有效教师……）	教学策略实例
（1）发展单元及课程计划，使其能反映出课程指南或所选课文最相关的特征（如：每一单元及课程计划都可以在课程指南或所选课文中找到依据）	对照单元计划、课程指南及所选课文，调整每一个课程，考察它们之间的相关性。与其他教师商议讨论有关课文及课程指南的相关部分
（2）有效处理行政事务（如：访客、宣布事项、财务处理、物资分配），可预先计划或处理部分行政事务，然后将其他行政事务推迟到非教学时段来完成	限制每小时的教学不得有超过10分钟的时间用于非教学事务上。将所有其他事务安排于课堂前或课堂后处理

续表

任务取向教学（有效教师……）	教学策略实例
（3）以影响整班秩序最小为原则，来预防或制止学生的不当行为（如：事先制定规则，以"保护"教学时间不受侵占）	对最常见的学生不当行为，建立规则标准，并以醒目的方式张贴公告。课堂上仅指出违规者及违规行为，惩处则待课堂结束后进行
（4）针对教学目标选择最合适的教学模式（如：对于侧重知识及理解能力培养的教学目标，主要运用直接教学法；侧重探究及解决问题能力培养的教学目标，则运用间接教学法）	使用单元计划、课程指南或所选课文时，将授课内容划分为事实、规则及动作顺序和概念、模式及抽象概念两项。一般说来，对第一项内容使用直接教学法，对第二项内容使用间接教学法
（5）根据清楚定义的活动来计划统筹单元成果（如：每周及每月的总结，学生回馈以及考试期）	制订进度表，以清楚明确的活动来开始和结束主要的课堂活动（如：小测验与主要测验、总结与回馈期）

4. 引导学生投入学习过程指标

有效引导学生投入学习过程（有效教师……）	教学策略实例
（1）在教学刺激后，立即诱发所期望的行为（如：安排学生做练习或回答习作问题，使学生有机会操作练习所被期望的行为）	每单元教学之后，安排练习问题
（2）在非评价性的气氛下，进行集体讨论鼓励学生提出他们的看法（如：第一次可以让学生以集体方式回答）	在每次的指导练习活动一开始时，让学生回答问题或非评价式地（如：团体式）让学生提出他们的看法
（3）必要时，使用个别活动或小组	活动（如：制定行为契约、播放光碟、进行游戏与模拟以及建立学习中心，作为培养或改善学习动机的辅助工具），准备个别化教学材料（如：补救性的练习或课文），以供学生使用
（4）使用有意义的口头赞美，使学生主动投入学习过程	借由提供有意义的口头赞美与鼓励，维持温暖、鼓励学生进步的学习气氛（如：解释答案为什么正确）。以附带条件的方式，称赞学生做出正确的答案

续表

有效引导学生投入学习过程（有效教师……）	教学策略实例
（5）监督学生课堂作业，并在学生自修时，经常检视其进步情形	当学生做课堂作业时，给予学生教学上相关的答案提示，每名学生每次限制大约30秒的时间。循环性巡视全班

5. 确保学生成功率指标

确保学生中高度成功率（有效教师……）	教学策略实例
（1）所建立的学习单位及课程内容能够反映学生过去的学习经验（如：安排课程顺序时，考虑学生过去课业的相关知识）	制订由上而下的单元计划，指出为达最高等级单元结果所必备的低等级单元结果，以符合逻辑顺序的方式，安排学习课程
（2）在学生最初的回答之后，立即纠正错误（如：在学生最初草率的回答之后，提供标准答案，并示范如何回答正确答案）	学生独立练习前，教师提供指导性练习，并在练习间隔中，提供学生自我检查方法（如：有正确答案的讲义）
（3）将教学刺激分成小部分（如：根据学生的学习程度，设计容易被学生吸收的小单位教材）	安排跨学科的主题单元，强调那些容易记忆的关联处
（4）以容易掌握的步骤顺序，安排新旧教材的转换（如：根据事先计划的教学主题模式改变教学刺激，使每一个新课程内容都成为先前课程的延伸）	将单元教案的阶级层次延伸到更具体专门的课程中，而这些课程和单一的单元主题及结果结合，置于教案中的上层
（5）变化教学刺激的步调节奏，并持续设计制造教学高潮	使用复习、提问及考试等方式，形成时而增强、时而减弱、间隔式的紧张与期待

资料来源：［美］BORICH G D. 有效教学法［M］. 郝永崴，郑佳君，何美慧，等，译. 台北：五南图书出版股份有限公司，2007：8-21.（编者有改动）

后　记

　　宋代李觏有言："善之本在教，教之本在师。"诚然，汉语国际教育发展的关键同样也是教师。然而就目前业界研究现状来看，有关汉语教师的研究还很薄弱。正巧，这也是笔者的研究兴趣所在。

　　掐指一算，笔者持续关注、从事国际汉语教师研究已然10年有余，陆续出了《汉语教师发展》(2010)、《国际汉语教师教学能力框架》(2017)等论著，然这两本书因囿于主题和篇幅之限，"遗漏"了有关汉语教师研究的很多内容，于是就有了这本《国际汉语教师研究》。

　　写作本书过程中，业界耆宿崔永华先生一如既往地给予了热情支持和宝贵建议，笔者在此表示衷心感谢。想起10年前，崔永华先生曾从学科建设的高度建议笔者把"汉语教师"作为研究方向，持续做深入研究。言犹在耳，眼下更感先生建议之高屋建瓴。前辈言之殷殷，后学行之切切。

　　感谢北京语言大学教授李宇明先生、人民教育出版社编审顾之川先生的提携和抬爱，使这本小书得以忝列于"中国语文教育研究丛书"之中。

　　为了尽可能呈现国际汉语教师研究的全貌，本书综述、引用了很多前辈和时贤的相关研究文献（书中都已注明），在此向他们表示衷心感谢。

2018 年 9 月 25 日